《国学经典藏书》丛书编委会

顾　问
　　许嘉璐

主　编
　　陈　虎

编委会成员

陆天华	李先耕	骈宇骞	曹书杰	郝润华	潘守皎
刘冬颖	李忠良	许　琰	赵晨昕	杜　羽	李勤合
金久红	原　昊	宋　娟	郑红翠	赵　薇	杨　栋
李如冰	王兴芬	李春燕	王红娟	王守青	房　伟
孙永娟	米晓燕	张　弓	赵玉敏	高　方	陈树千
邱　锋	周晶晶	何　洋	李振峰	薛冬梅	黄　益
何　昆	李　宝	付振华	刘　娜	张　婷	王东峰
余　康	安　静	刘晓萱	邵颖涛	张　安	朱　添
杨　刚	卜音安子

国学经典藏书

孔子家语

薛冬梅 译注

中国出版集团有限公司
研究出版社

图书在版编目（CIP）数据

孔子家语 / 薛冬梅译注. —— 北京：研究出版社，2024.1

（国学经典藏书）

ISBN 978-7-5199-1487-5

Ⅰ.①孔… Ⅱ.①薛… Ⅲ.①《孔子家语》—译文②《孔子家语》—注释 Ⅳ.①B222.2

中国国家版本馆 CIP 数据核字（2023）第 088781 号

出 品 人：赵卜慧
出版统筹：丁　波
责任编辑：谭晓龙

国学经典藏书：孔子家语
GUOXUE JINGDIAN CANGSHU：KONGZI JIAYU

薛冬梅　译注

研究出版社 出版发行

（100006　北京市东城区灯市口大街 100 号华腾商务楼）

河北松源印刷有限公司　新华书店经销

2024 年 1 月第 1 版　2024 年 1 月第 1 次印刷

开本：880毫米×1230毫米　1/32　印张：12

字数：248 千字

ISBN 978-7-5199-1487-5　定价：40.00 元

电话：（010）64217619　64217652（发行部）

版权所有・侵权必究

凡购买本社图书，如有印制质量问题，我社负责调换。

编者的话

经典是人类知识体系的根基,是人类的精神家园,是我们走向未来的起点。莎士比亚说过:"生活里没有书籍,就好像没有阳光;智慧里没有书籍,就好像鸟儿没有翅膀。"21世纪中国国民的阅读生活中最迫切的事情是什么?我们的回答是阅读经典!

中国有数千年一脉相传、光辉灿烂的文化,并长期处于世界文化发展的前列,尤其是在近代以前,曾长期引领亚洲乃至世界文化的发展方向。长期超稳定的社会发展形态和以小农生产为基础的、悠闲的宗法农业社会,塑造了中华民族注重实际、偏重经验、重视历史的文化心理特征。从殷商时代的"古训是式"(《诗经·大雅·烝民》),到孔子的"述而不作,信而好古"(《论语·述而》),可以清楚地看出这种文化心理不断强化的轨迹。于是,历史就被赋予了神圣的光环,它既是人们获得知识的源泉,也是人们价值标准的出处。它不再是僵死的、过去的东西,而是生动活泼、富有生命力,并对现世仍有巨大指导作用的事实。因而就形成了这样一种固定的文化思维方式,也就是"以铜为鉴,可正衣冠;以古为鉴,可知兴替;以人为鉴,可明得失"(《新唐书·魏徵传》)。中国的文化人世代相承,均从历史中寻求真理,寻求"修身、齐家、治国、平天下"的崇高理想模式。这种对于历史所怀有的深沉强烈的认同感,正是历史典籍赖以发展、繁荣的文化心理基础。历史上最初给历史典籍的研究和整理工作涂上政治、道德和伦理色彩的是春秋时期的孔子。当时的孔子因感"周室微而礼乐废,《诗》《书》缺",于是删订了《诗》《书》《礼》《乐》《易》《春秋》等"六经"(见《史记·孔子世家》),寄托了自己在政治上"复礼"和道德上"归仁"的最高理想。孔子以后,历史典籍的编撰无不遵循着这一最高原则。所以《隋书·经籍志》总序中就说:"夫经籍也者,机神之妙旨,圣哲之能事。所以经天地,纬阴阳,正纲纪,弘道德,显仁足以利物,藏用足以独善……其王者之所以树风声,流显号,美教化,移风俗,何莫由乎斯道?……其教有适,其用无穷,实仁义之陶钧,诚道德之橐籥也。……夫仁义礼智,所以治国也;方技数术,所以治身也。诸子为经籍之鼓吹,文章乃政化之黼黻,皆为治国之具也。"(《隋书·经籍志一》)由此可见,历史典籍的编撰整理工作,已不仅仅是文化技术问题,更重要的是它还负有"正纲纪,弘道德"的政治和道德使命。于是,在两千多年的历史发展过程中,先人们为我们留下了汗牛充栋的文化典籍。这些宝贵的精神财富,不仅是我们中华民族的骄傲,也是全人类的骄傲,并已成为世界文化宝藏的重要组成部分。

中国的先哲们一向对古代典籍充满崇敬之情,他们认为,先王之道、历史经验、人伦道德以及治国安邦之术、读书治学之法等等,都蕴藏于典籍之中。文献典籍是先王之道、历史经验、人伦道德等赖以传递后世的重要手段。离开书籍,后人将无法从前朝吸取历史经验,无法传承先王之道。在日新月异的当代,如何对待这份优秀的文化遗产?毛泽东同志早就指出:"中国的长期封建社会中,创造了灿烂的古代文化。清理古代文化的发展过程,剔除其封建性的糟粕,吸取其民主性的精华,是发展民族新文化、提高民族自信心的必要条件。……中国现时的新文化也是从古代的旧文化发展而来,因此,我们必须尊重自己的历史,决不能割断历史。但是,这种尊重是给历史以一定的科学地位,是尊重历史的辩证法的发展,而不是颂古非今。"(毛泽东《新民主主义论》)古代典籍,不仅对中华民族的形成与发展历史地发挥了巨大的凝聚力作用,而且在当今中华民族伟大复兴中,依然会发挥无可替代的重要作用。

在科学技术迅猛发展的当代社会,人们的生活、观念正在发生着巨大而深刻的变革,面对蓬勃发展的现代科技和汹涌而至的各种思潮,人们依然能深切地感受到中华传统文化无所不在的巨大力量。人们渴望了解这种无形的力量源泉,于是绚丽多姿的中华典籍就成了人们首要的选择。它能够使我们在精神上成为坚强、忠诚和有理智的人,成为能够真正爱人类、尊重人类劳动、衷心地欣赏人类的伟大劳动所产生的美好果实的人。所以,在今天,我们要阅读经典;当数字化、网络化带来的"信息爆炸"占领人们的头脑、占用人们的时间时,我们要阅读经典;当中华民族迈向和平崛起和民族复兴的伟大征程时,我们更要阅读经典。因此,读经典,这个我们习以为常的平凡过程,实际上就成了人的心灵和上下古今一切民族的伟大智慧相结合的过程。但由于时代的变迁,这些经典对现代人来说已仿佛谜一样的存在。为继承这份优秀的文化遗产,帮助人们更好地利用这些经典,在全国学术界诸多专家学者的支持下,我们策划了这套"国学经典藏书"丛书。

丛书以弘扬传统、推陈出新、汇聚英华为宗旨,以具有中等以上文化程度的广大读者为对象,从我国古代经、史、子、集四个部类的典籍中精选50种,以全注全译或节选的形式结集出版。在书目的选择上,重点选取我国古代哲学、历史、地理、文学、科技、教育、生活等领域历经岁月洗礼、汇聚人类最重要的精神创造和知识积累的不朽之作。既注重选取历史上脍炙人口、深入人心的经典名著,又注重其适应现代社会的人文价值趋向。丛书不仅精校原文,而且从前言、题解,到注释、译文,均在吸收历代学者研究成果的基础上精心编撰。在注重学术性标准的基础上,尽量做到通俗易懂。我们相信,本丛书的出版,对提高人们的古代典籍认知水平,阅读和利用中华传统经典,传播中华优秀文化,提高人们的民族自信心和文化自豪感,进而为中华民族伟大复兴作贡献,均将起到应有的作用。高尔基说:"书籍是人类进步的阶梯。""要热爱读书,它会使你的生活轻松,它会友爱地帮助你了解纷繁复杂的思想、感情和事件;它会教导你尊重别人和你自己;它以热爱世界、热爱人类的情感,来鼓舞智慧和心灵。""当书本给我讲到闻所未闻、见所未见的人物、感情、思想和态度时,似乎是每一本书都在我面前打开一扇窗户,并让我看到一个不可思议的新世界。"(《高尔基论青年》,中国青年出版社,1956年版)。流传千年的文化经典,让我们受益匪浅,使我们懂得更多。正如德国著名作家歌德所说:"读一本好书,就是和一位品德高尚的人谈话。"的确,读一本好书,就像是结交了一位良师益友。我们真诚希望,这套经典丛书能够真正进入您的生活,成为人人应读、必读和常读的名著。

陈　虎
庚子岁孟秋

前　言

《孔子家语》收录在《四库全书》和《四部丛刊》的子部,属儒家类,是学习儒家核心思想的重要文献之一。今传本十卷,四十四篇(章)。史书中对《家语》一书内容有所描述的,包括《汉书·艺文志》录二十七卷,《隋书·经籍志》录二十一卷,《旧唐书·经籍志》录二十一卷,《新唐书·艺文志》和《宋史·艺文志》录十卷。当代出土文献亦有与之紧密关联者。1977 年安徽阜阳双古堆西汉墓(汉文帝十五年,即公元前 165 年)出土的竹简目录所记载的四十六条章题多见于今本《孔子家语》;而 1973 年河北定县八角廊西汉墓(汉成帝绥和元年,即公元前 8 年)出土的竹简保存了较多的简文,其绝大部分内容散见于先秦和西汉著作之中,并多涉及《说苑》和《孔子家语》。八角廊竹简释文在公布时,题目拟定为《儒家者言》。上海博物馆藏战国楚竹书中也有与《家语》中的篇目形成参照者。所以,从历史文献的记载和出土文物来看,《孔子家语》的文本最晚在西汉时期已经初步形成。

今本《家语》相传为曹魏时期的王肃所注。据署名王肃的注者所言,《家语》为其从孔子二十二世孙孔猛处获得,是孔氏家学。王肃鉴于当时盛行的郑玄之学在义理等方面多有不妥之处,故借由注解《家语》以辨明孔子之学。此本后序则保存了以孔子后人孔安国之名对《家语》成书过程的记载。大体讲的是孔子弟子记录下来的孔子与公卿士大夫及弟子之间的问答,其中经核实无误且与他们亲历过的事情相合的编纂成了《论语》,其余则集录成为《孔子家语》。经秦汉之际世事浮沉,最终孔安国得到了《家语》。这一版本曾从汉秘府辗转流出,散落民间,为好事者增损,形成了多种抄本。汉景帝年间,《家语》被进献给朝廷,回到汉秘府,但已与诸国事和七十二子辞相混杂,又与《曲礼》乱简,故一并收藏,最终由孔安国抄录,并按照事类次序撰集成四十四篇的《家语》作为家学传承。直至孔猛将此书赠予王肃,经其注解才复得以在民间流传。

《家语》各章均将孔子的言谈举止置于或长或短的故事情节之中,紧紧围绕孔子的价值观、他对天人关系的理解而展开,内容丰富,可读性强。各章文字多与其他古籍中的篇目形成参照,如《诗经》《尚书》《礼记》《仪礼》《春秋传》《史记》《荀子》《说苑》等。因此,阅读《家语》一书可以让读者在较短的时间内对孔子其人、其事、其思想有所把握,也能借此一窥经、史、子三部中部分书籍内容的面貌,为读者初步了解儒家核心思想和中华文化的主体理念提供了便利。

当然,《家语》文本的真伪在历史上存在一些争论,现在学界更倾向于肯定其为真。同时,我们更应该注意到此书已经经历过漫长的学术传承检验,至今仍有相当深刻的时代价值。对《家语》文本的质疑有轻有重。轻者,如唐代颜师古在注《汉书·艺文志》时提出《孔子家语》二十七卷,"非今所有《家语》"。三国马昭,清代沈钦韩、钱馥等则认为王肃改动了《家语》的文本,但不能说为其所伪作。重者,如宋代王柏、陈振孙等认为《家语》为王肃所伪作。这一看法,一者与宋代的疑古思潮相关,二者与王肃注《家语》以反郑玄之学有关。而贯穿历史之中,对《家语》文本持肯定态度的,包括宋代朱熹、叶适,元代马端临,清代陈士珂等,他们都认为《家语》非为王肃所伪作。有关《家语》的真伪之辩,早已成为千余年来中国学术史上的一桩公案。随着现代考古工作的开展,《家语》文献的真实性趋于被肯定。李学勤先生认为,古代典籍的形成大多要经历一个漫长的编纂和改动过程,《家语》的形成也是如此,不应因此视其为伪书[《新发现简帛与汉初学术史的若干问题》,载于《烟台大学学报(哲学社会科学版)》1988年第1期]。而且,即使在文本真伪争辩的历史进程之中,《家语》也因其思想价值而传承不断。《四库全书总目》云:"特其流传已久,且遗闻轶事往往多见于其中,故自唐以来,知其伪而不能废也。"李学勤先生对《家语》文本真实性的肯定,大概也考虑到了其文本传承本身所体现的思想价值。

本版《孔子家语》,以《四库全书》所收的《孔子家语》为底本,参校《四部丛刊》本,对两本中有出入而难以辨明之处,若有其他古籍(例如前面所列举诸书)可参,则参校之;若仍无法决定去取,则存疑。总之,力求基于现存古籍,保证本书文本尽可能真实、准确、可读。对于本书所涉及的历史事件、典章制度、礼仪规范、社会风俗等,虽无法做到一一全面厘清,但在编纂过程中,亦已尽数参考如《十三经注疏》《史记》《说苑》等重要文献资料。对"译文"部分由于古今汉语结构和意义的差异及礼仪制度的变更而难以说清、说透的地方，本书在"注释"部分进行了较为详尽的解释，以帮助读者更好地理解句义、古代礼仪文化和篇章思想内涵，为读者进一步阅读古籍积累一些古代汉语和古代文化知识。由于篇幅有限，本书只能择取《家语》约三分之一的篇目进行注译。篇目的选择则遵从能够帮助读者大体了解全书概貌以及重要的人物和事件，并且于今仍有时代价值的原则。部分所选篇目有删节。

综合言之，《孔子家语》是一本传承已久，凝聚了中华思想文化核心价值的儒家典籍。在今天对人们理解人、事、物，反思己身，培养品格，树立人生志向均有意义。而《家语》的文本、思想、价值仍有很大的研究空间，本书只是站在当下的时代节点上，借鉴现有研究成果，并努力在某些点上有所探索而已。由于编者知识浅陋，难免有不确、疏漏之处，恳请方家不吝批评指正。

薛冬梅

2022 年 2 月

目 录

相鲁第一……………………………………… 1
始诛第二……………………………………… 11
王言解第三…………………………………… 19
大婚解第四…………………………………… 34
儒行解第五…………………………………… 44
问礼第六……………………………………… 63
五仪解第七…………………………………… 68
致思第八……………………………………… 80
三恕第九……………………………………… 94
好生第十……………………………………… 102
观周第十一…………………………………… 112
弟子行第十二………………………………… 119
贤君第十三…………………………………… 138
辩政第十四…………………………………… 147
六本第十五…………………………………… 154
辩物第十六…………………………………… 159
哀公问政第十七……………………………… 163
颜回第十八…………………………………… 172
子路初见第十九……………………………… 178

在厄第二十……184
入官第二十一……188
困誓第二十二……192
五帝德第二十三……198
五帝第二十四……203
执辔第二十五……208
本命解第二十六……213
论礼第二十七……219
观乡射第二十八……226
郊问第二十九……232
五刑解第三十……237
刑政第三十一……243
礼运第三十二……249
冠颂第三十三……255
庙制第三十四……261
辩乐解第三十五……265
问玉第三十六……272
屈节解第三十七……278
七十二弟子解第三十八……290
本姓解第三十九……298
终记解第四十……305
正论解第四十一……310
曲礼子贡问第四十二……335
曲礼子夏问第四十三……346
曲礼公西赤问第四十四……359

相鲁第一

[题解]

　　本章题为"相鲁",主要讲的是孔子在鲁国出仕时的事情。选文三篇:第一篇讲述了孔子在邑宰、司空和大司寇三个职位上的作为。他在管理中都这一小城的时候,制定了百姓养生送死的规范,因政绩斐然,相继擢升为司空、大司寇,孔子继续在这两个职位上出色地履行了职责,使物得其用,百姓得到应有的教化。第二篇讲孔子辅佐鲁定公与齐侯会盟。他以符合礼的方式纠正了齐侯不当的行为,不动一兵一卒,通过和谈为鲁国讨回了被齐国占领的土地。第三篇讲孔子建议并统领鲁国士人修正了"三桓"作为臣子对国君在礼制上的僭越,巩固了鲁君的统治地位,进而使教化得以推行。三件事有小有大,有内有外,讲述了孔子为政的不同方面,体现了社会生活的不同层面需要不同的礼。贯穿于三件事之中的核心精神是孔子在做事和教育人时对礼的尊崇。

　　孔子初仕①,为中都宰②,制为养生送死之节③。长幼异食,强弱异任,男女别涂④,路无拾遗,器不雕伪⑤。

为四寸之棺,五寸之椁,因丘陵为坟,不封不树。行之一年,而西方之诸侯则焉⑥。

定公谓孔子曰⑦:"学子此法以治鲁国,何如?"

孔子对曰:"虽天下可乎,何但鲁国而已哉!"

于是二年,定公以为司空⑧。乃别五土之性⑨,而物各得其所生之宜⑩,咸得厥所⑪。

先时,季氏葬昭公于墓道之南⑫,孔子沟而合诸墓焉⑬。谓季桓子曰:"贬君以彰己罪,非礼也。今合之,所以掩夫子之不臣⑭。"

由司空为鲁大司寇⑮,设法而不用,无奸民。

[注释]

①初:刚开始。仕:担任公职,不一定是朝廷命官,但已不是一般读书、教书的"士"。

②中都:邑名。凡地称"邑",都是很小的行政区划。宰:主管人。

③制:制定。节:规则(施用于一定地区,不同于朝廷颁布的法制)。

④别:不同的。涂:通"途",道路。古礼重视男女之分,包括行走的道路。

⑤雕伪:人为地进行雕琢装饰。

⑥西方之诸侯:指周领域里的各个诸侯国,因鲁在周所封诸侯的最东边。则:效仿。

⑦定公:鲁定公,姓姬,与周王室同祖同姓,名宋,鲁昭公的弟弟,死后谥号为"定"。谓:对……说。

⑧司空:依《周礼》所说,是主管土木制造和水利工程的卿。

⑨别:分辨。五土:指大地山川的不同性质、特色。

⑩宜:指合适的、最佳的条件。

⑪咸:全部,都。厥:其。

⑫季氏:鲁国三个最大的权臣家族之一。鲁昭公败于季氏,出逃晋国,死后归葬于鲁。墓道:形制不详。由考古可知,商晚期及西周,墓穴两侧各有"墓道"。季氏把昭公葬在墓道之南,以表示自己是国政之主,把昭公排斥于公室之外。

⑬沟:挖沟。

⑭夫子:对季桓子的敬称。不臣:犯上无君,不肯为臣。

⑮大司寇:据《周礼》,大司寇掌管建立和实施刑法。

〔译文〕

孔子刚开始出任公职时,担任中都的邑宰。他制定了供养生者、送别死者的规定,按照年岁长幼吃不同的食物,依据身体强弱从事不同的劳动,男女分别走不同的道路,路上没有人捡拾他人遗落的东西,器物不人为地雕琢装饰。若用双重棺木安葬,内棺板材厚四寸,外棺五寸,借着丘陵隆起的地势作为埋葬位置的标识,不特意堆土为坟、植树为记。以上规定施行一年,周朝领域内的各诸侯国纷纷效仿。

鲁定公对孔子说:"学习您的方法来治理鲁国,怎么样?"

孔子答道:"即使用来治理天下也是可以的,岂止是鲁国啊!"

如此施行了两年,定公命孔子担任司空一职。孔子于是分辨大地山川的不同性质和特色,使作物各自得到最佳的环境,充分满足其生长需求。

相鲁第一 | 3

早先，季氏把鲁昭公葬在墓道的南边，孔子命人挖沟把昭公和先君的墓圈连起来。孔子对季桓子说："贬斥国君是在彰显自己的罪过，这不符合礼。现在把坟墓合到一起，是为了掩盖您的不臣之罪。"

过了几年，孔子由司空改为担任鲁国的大司寇，他虽然制定了法律，但是没有机会使用，因为鲁国境内没有违法的坏人。

定公与齐侯会于夹谷①，孔子摄相事②，曰："臣闻有文事者必有武备，有武事者必有文备。古者诸侯并出疆，必具官以从③，请具左右司马④。"定公从之。

至会所⑤，为坛位，土阶三等⑥。以遇礼相见⑦，揖让而登⑧。献酢既毕⑨，齐使莱人以兵鼓谂⑩，劫定公。孔子历阶而进，以公退，曰："士⑪，以兵之。吾两君为好⑫，裔夷之俘⑬，敢以兵乱之，非齐君所以命诸侯也⑭！裔不谋夏⑮，夷不乱华，俘不干盟⑯，兵不偪好⑰。于神为不祥，于德为愆义，于人为失礼，君必不然。"齐侯心怍⑱，麾而避之⑲。

有顷⑳，齐奏宫中之乐，俳优侏儒戏于前㉑。孔子趋进，历阶而上，不尽一等，曰："匹夫荧侮诸侯者㉒，罪应诛。请右司马速刑焉！"于是斩侏儒，手足异处。齐侯惧，有惭色。

将盟，齐人加载书曰："齐师出境，而不以兵车三百乘从我者,有如此盟㉓。"孔子使兹无还对曰㉔:"而不返我汶阳之田㉕,吾以供命者㉖,亦如之。"

齐侯将设享礼㉗,孔子谓梁丘据曰㉘:"齐鲁之故㉙,吾子何不闻焉?事既成矣㉚,而又享之,是勤执事㉛。且牺象不出门,嘉乐不野合。享而既具,是弃礼;若其不具,是用秕稗㉜。用秕稗,君辱,弃礼,名恶。子盍图之?夫享,所以昭德也㉝;不昭,不如其已。"乃不果享。

齐侯归,责其群臣曰:"鲁以君子道辅其君,而子独以夷狄道教寡人,使得罪。"于是乃归所侵鲁之四邑及汶阳之田。

〔注释〕

①夹谷:齐国地名,在今莱芜市附近。

②摄:代理,临时负责。相:辅助。这里指国君之间相会,协助国君处理礼仪、安全、谈判等事宜的官员。

③具:配备。

④司马:掌管军事事务的官员。左司马和右司马为平级,在分工上左司马稍重。

⑤会所:相会的地方。

⑥三等:三个台阶。

⑦遇礼:会遇之礼,简略的礼仪。

⑧揖让:二人相互行揖礼,表示请对方先上。

⑨献酢(zuò):主宾互相敬酒。主人先"献"宾客,宾客随后即"酢"主人。

⑩莱人:莱地的人。以兵鼓诊:拿着武器吵吵嚷嚷。诊,通"噪"。

⑪士:指随定公赴会所的下层官员。

⑫为好:进行友好交往。

⑬裔夷之俘:指"莱人"。裔:中原的边缘地区。夷:古代中原地区(周王朝所辖)对周边族群的称呼,带有贬义。

⑭命:在这里是谦敬之语。

⑮谋:谋划侵犯。夏:大,指周天下。

⑯干:阻挠,干扰。

⑰偪(bī):同"逼",迫近。

⑱怍(zuò):惭愧。

⑲麾(huī):同"挥",挥手、挥旗。避:让莱人躲开、回避。

⑳有顷:过了一会儿。

㉑俳(pái)优:演出百戏、舞乐的人。侏儒:患矮小症的人。古代俳优和侏儒社会地位极其低下。

㉒匹夫:一般人。荧:诱惑。

㉓有如:就像……。"有如……"是当时诸侯盟书的惯用格式。

㉔兹无还:鲁国大夫。

㉕汶(wèn)阳之田:汶水北岸之地,在今山东泰安。春秋时期齐、鲁多次争夺此地。

㉖供命:为对方的意图而贡献力量。

㉗享礼:宴请之礼。

㉘梁丘据:齐国大夫。

㉙故:这里指历史、过去的事情,传统。

㉚事:指夹谷之会。

㉛是:(宴请)这件事。勤:使……劳累。执事:指负责宴请之事的官员。

㉜秕(bǐ)稗(bài)：秕子和稗子。比喻轻贱之物。秕，没有长成的谷粒。稗，似谷的杂草。

㉝昭：彰显，弘扬。

〔译文〕

　　鲁定公和齐侯在夹谷会盟，孔子临时负责辅助事宜，说："臣听说举行会盟一定同时配备武力，发动战争时一定做会盟的准备。古时候，诸侯跨出自己的疆域，必定配备官员随行，因此请您配备左右司马同行。"定公听从了孔子的建议。

　　到达会盟地点，准备两君相见的土台子并安排有关人员在坛上的位次，土台有三级台阶。定公和齐侯以会遇之礼相见，二人相互揖礼谦让着登上土台。主宾相互敬酒之后，齐国一方让莱地的人拿着武器吵吵嚷嚷，威胁鲁定公。孔子一阶一阶地登上高坛，保护着定公后退，命令道："士人们，用兵器对付莱人。我们两方君主进行友好交往，这些中原之外的莱人竟敢拿着武器扰乱，这不是齐国国君教导各诸侯国的方法！中原的边缘地区不能谋划侵犯周王室的天下，中原周边的族群不能扰乱周的领土，俘虏不能阻挠会盟，友好会盟不能用武器相逼迫。如果违背了上述原则，在神面前发誓就不会得到护佑，在道德方面是巨大的过失，对友好国家来说是失礼，齐侯一定不会这样做。"齐侯心里感到惭愧，挥手让莱人回避。

　　过了一会儿，齐方开始演奏宫廷中的音乐，地位低下的俳优和侏儒在前面表演。孔子恭敬地迈着小步行进，顺着台阶走上高台，在第二个台阶上停止了脚步，说："诱惑侮辱诸侯的匹夫，依其所犯之罪应该被诛杀。请左右司马马上实施刑罚。"于是斩杀了侏儒,其手足分落两处。齐侯看到后感到恐惧,面带羞愧之色。

将要签订盟书之时,齐人在约定好的盟书上加了一段文字,写道:"齐国军队出境作战,鲁国如不能以三百乘兵车跟随我方的话,就像这次盟书上所定的那样进行惩罚。"孔子让鲁国大夫兹无还回应,说:"如果齐国不返还我们汶水北岸的土地,却要求鲁国满足齐国的条件,那么也要依照盟书作为惩罚。"

齐侯将要举办宴请之礼,孔子对齐国大夫梁丘据说:"齐国和鲁国之间的历史渊源,先生您难道没有听说过?事情已经完成,却又要宴请鲁君,这件事是给负责宴请的官员徒增劳累。再说了,宫殿庙堂里尊贵的器物不能搬出大门之外,高贵典雅的乐曲不能到荒野之地去演奏。此时此地动用牺象、演奏嘉乐,那就等于抛弃了齐、鲁的礼制;如果宴请不按照礼制置备,那就像用秕稗来待客。按后者做,两君都会受到侮辱,违背礼仪,背负恶名。您这又是在图什么呢?享礼是用来彰显君主德行的;不能彰显德行的话,不如就此作罢。"于是,最后没有举行宴请之礼。

齐侯回到齐国,责备群臣道:"鲁国用君子之道辅佐他们的君主,而你们却只用未经教化的夷狄之道来辅佐寡人,让我招来这些耻辱。"于是,归还了齐国侵占鲁国的四个城邑和汶水北岸的土地。

孔子言于定公曰:"家不藏甲①,邑无百雉之城②,古之制也。今三家过制③,请皆损之。"乃使季氏宰仲由隳三都④。叔孙不得意于季氏⑤,因费宰公山弗扰率费人以袭鲁⑥。孔子以公与季孙、叔孙、孟孙入于季氏之宫⑦,登武子之台⑧。费人攻之,及台侧,孔子命申句须、乐颀勒士众下伐之⑨,费人北⑩。遂堕三都之城⑪。强公室,弱私家,尊君卑臣⑫,政化大行。

〔注释〕

①家:大夫之家,周朝大夫的封地,即采地或采邑。甲:统指武器。

②雉:计算城墙面积的单位。高一丈宽三丈为一雉,周代制度封邑的城墙不能超过百雉。

③三家:指鲁昭公时的三个权势最为强大的宗族。鲁桓公有四个具有继承权的儿子,除鲁庄公外,还有季孙、叔孙、孟孙(亦称"仲孙")三家,史称"三桓"。到孔子生活的时代,鲁国公室早已衰落,三桓专政,三家的采邑都城超过规制,就是一种表现。

④仲由:字子路,鲁国人,孔子弟子。当时任季孙氏的家臣。宰:贵族家臣的首领。堕(huī):毁坏,拆掉。

⑤不得意:指叔孙在季氏那里不得意、不得志。

⑥因:借助着,靠着。费:季孙氏的封邑。公山弗扰:人名。以:这里有领着、带着的意思。

⑦季氏之宫:季氏的家宅。

⑧武子之台:应是季氏宅内的高台。

⑨申句须:鲁国大夫,复姓申句,名须。乐颀(qí):鲁国大夫。

⑩北:败退。

⑪遂:接着就……。

⑫尊、卑:都用作动词,使……尊、使……卑,即提高或降低其地位。

〔译文〕

　　孔子对鲁定公说:"大夫之家不暗藏武器,封邑的城墙不能超过百雉,这是古代的制度。现在季孙、叔孙、孟孙三家都超过这一规定,请下令让他们减小城墙的规模。"于是,派遣季孙的家宰仲由拆除三个都城的城墙。叔孙在季氏那里不得志,于是借助费邑城宰公山弗扰的势力袭击鲁国都城。孔子领着定公和季孙、叔孙、孟孙进入季氏的家宅,登上季氏家里的武子之台。费人进攻武子之台,到达台边的时候,孔子命令申句须、乐颀统帅一众士人向下攻打,费人败退。这件事之后,接着就拆除了三家都城的城墙。这增强了定公的权力,削弱了大夫的势力,提高了国君的地位,降低了臣子的地位,政治教化得以广泛推行。

始诛第二

〔题解〕

　　本章题为"始诛",主要内容是孔子对诛杀的阐释。全章分为两篇。第一篇讲述了孔子掌管鲁国刑狱以后,下令诛杀大夫少正卯的缘由。孔子认为天下有五大恶行,即"心逆而险""行僻而坚""言伪而辩""记丑而博"和"顺非而泽"。少正卯五恶兼而有之,因此不得不杀。第二篇讲的是孔子对施行教化和法律制裁之间关系的看法。他指出一定要对百姓先行教化,端正民风,然后才可以施行刑罚。只有这样才能使百姓明辨是非,远离刑狱。

　　孔子为鲁司寇①,摄行相事②,有喜色。仲由问曰:"由闻君子祸至不惧,福至不喜。今夫子得位而喜,何也?"孔子曰:"然,有是言也。不曰'乐以贵下人'乎③?"

　　于是朝政七日而诛乱政大夫少正卯④,戮之于两观之下⑤,尸于朝三日⑥。

　　子贡进曰⑦:"夫少正卯,鲁之闻人⑧也。今夫子为政而始诛之，或者为失乎⑨？"孔子曰："居⑩，吾语汝以其故。天下有大恶者五，而窃盗不与焉。一曰心逆而险⑪，二曰行僻而坚⑫，三曰言伪而辩⑬，四曰记丑而博⑭，五曰顺非而泽⑮。此五者，有一于人，则不免君子之诛，而少正卯皆兼有之。其居处足以撮徒成党⑯，其谈说足以饰邪荧众⑰，其强御足以反是独立⑱。此乃人之奸雄者也，不可以不除。夫殷汤诛尹谐⑲，文王诛潘正，周公诛管蔡，太公诛华士，管仲诛付乙，子产诛史何，是此七子皆异世而同诛者，以七子异世而同恶，故不可赦也。《诗》云⑳：'忧心悄悄㉑，愠于群小㉒。'小人成群，斯足忧矣㉓。"

[注释]

①司寇：主管刑法、牢狱事务的官员。

②摄行：代理行使某种官位的职权。相：国君的助手。后代的"宰相"，即由此来。

③乐以贵下人：这句话的意思是说我的"乐"不同于凡俗。

④少正卯（mǎo）：鲁国大夫，亦开办私学。

⑤两观（guàn）：宫门外两座高大的建筑，用以登高望远。

⑥尸：人的遗体，这里是陈列尸体的意思，即暴尸，适用于罪大恶极的罪犯。朝：朝廷，这里即指两观之下、宫门外的空地上。

⑦子贡：姓端木，名赐，字子贡，卫国人，孔子门人。

⑧闻人：有名、有影响的人。

⑨失：过失，指孔子不应该诛杀少正卯。

⑩居:坐下来。

⑪逆:违背正道。险:阴险。

⑫僻:邪僻。坚:等于说任性,死而不屈。

⑬伪:假。辩:这里指能说会道,诡辩。

⑭记:记录下来的东西。丑:可恶。博:广博,这里指杂七杂八,什么都有。

⑮顺:指顺着说,跟着说。非:错误的。泽:润泽,这里指粉饰,美化。

⑯居处:指日常生活起居。撮(cuō):聚集。徒:多人。党:因某种追求而聚集到一起的人。从前后文语境来看,前面的"五恶"是从大处着眼判断的,而后面的"居处""谈说""强御"三者则比较隐蔽,因此也更为阴险,所以孔子称之为"奸雄"。

⑰荧(yíng):诱惑,蛊惑。

⑱御:这里指控制力。是:正确的。独:单独的,孤立的。

⑲殷汤:殷商的第一位君王,也被称为"成汤"。尹谐:人名,事迹不详。下文中的潘正、华士、付乙、史何,事迹亦无考。

⑳《诗》:这里指《诗经·邶风·柏舟》。

㉑悄悄:心中愁闷的样子。

㉒愠(yùn):怨恨。

㉓斯:此,这。

[译文]

孔子担任鲁国主管刑罚、牢狱事务的官员,代理行使国君助手的事务,面露喜色。仲由问道:"由听闻君子面对祸事的降临不感到恐惧,对福事的来临不感到欢喜。现在夫子因为得到职位而欣喜,这是为什么?"孔子答道:"对,是有这样的话。不是还有一句话说'我的欢乐不同于凡俗'吗？"

于是，孔子执政七天就诛杀了扰乱朝政的大夫少正卯，在宫门外的两观下行刑，并且在那里的空地上暴尸三天。

子贡进言道："少正卯在鲁国是有名气的人。现在夫子执政，一开始就诛杀了他，也许这是您做错了？"孔子说："坐下来，我跟你说说这件事的缘故。天下有五种大的恶行，连偷窃和强盗的行为都不能算在内。第一是心思违背正道而阴险，第二是行为怪癖而不屈服，第三是言辞虚假而善于诡辩，第四是记录下来的东西可恶而无所不包，第五是跟从错误的说法而去美化它。这五种大恶，有一种出现在人身上，都不能免除来自君子的诛杀，而少正卯全部都占上了。他的日常起居足以聚集起一群党徒，他的言谈说辞足以伪饰邪念蛊惑众人，他强大的控制力足以颠覆正道而独成一派，与朝廷抗衡。这是人中的奸雄，一旦出现不可以不除去。殷汤诛杀尹谐，周文王诛杀潘正，周公诛杀管叔和蔡叔，姜太公诛杀华士，管仲诛杀付乙，子产诛杀史何，这七个人所处时代不同而同样都被诛杀，是因为这七个人虽然时代不同，但罪恶的行径是相同的，所以不可以赦免。《诗经》说：'忧愁缠绕心烦闷，群小视我如仇人。'小人形成群体，就足以让人忧愁了。"

孔子为鲁大司寇，有父子讼者，夫子同狴执之①，三月不别②。其父请止，夫子赦之焉。

季孙闻之不悦③，曰："司寇欺余，曩告余曰④：'国家必先以孝。'余今戮一不孝以教民孝,不亦可乎? 而又赦,何哉?"

冉有以告孔子。子喟然叹曰⑤:"呜呼! 上失其道而杀其下,非理也。不教以孝而听其狱⑥,是杀不辜。三军大败,不可斩也⑦;狱犴不治⑧,不可刑也。何者? 上教之不行,罪不在民故也。夫慢令谨诛⑨,贼也⑩;征敛无时,暴也;不试责成,虐也。政无此三者,然后刑可即也⑪。《书》云⑫:'义刑义杀,勿庸以即汝心⑬,惟曰未有慎事。'言必教而后刑也。既陈道德以先服之⑭;而犹不可,尚贤以劝之⑮;又不可,即废之⑯;又不可,而后以威惮之。若是三年,而百姓正矣⑰。其有邪民不从化者,然后待之以刑,则民咸知罪矣⑱。《诗》云⑲:'天子是毗⑳,俾民不迷㉑。'是以威厉而不试,刑错而不用㉒。今世则不然,乱其教,繁其刑,使民迷惑而陷焉㉓,又从而制之,故刑弥繁而盗不胜也㉔。夫三尺之限㉕,空车不能登者,何哉? 峻故也。百仞之山㉖,重载陟焉㉗,何哉? 陵迟故也㉘。今世俗之陵迟久矣,虽有刑法,民能勿逾乎㉙?"

〔注释〕

①狴(bì):狴犴(àn)的简称,古代传说中的一种猛兽,监狱门上涂之以示威严,遂以狴犴作为监狱的代称。此句中的"狴",指牢房。执:提捕

犯人,这里指关押。

②别:判别二人孰是孰非,即审理,判决。

③季孙:鲁国专权的三大宗族之一。

④曩(nǎng):不久前。

⑤喟(kuì):叹气的样子。

⑥听:这里指接受诉讼进行审理。

⑦三军:古代军队分为中、左、右,或中、上、下,或前、中、后三军。周代中原地区的诸侯国用中、左、右军。斩:指斩杀率军参战的将领。

⑧狱犴:这里指刑狱法令。犴,古时乡一级的牢狱。治:治理好了。

⑨慢令:这里指不及时、不严厉地下达并执行命令。谨诛:指重视诛杀有过错的人。这与不教而诛有所区别。

⑩贼:杀人。杀人的人也称为贼。

⑪刑:法,规矩,包括刑罚。即:走向,走近,这里指对人施加刑罚。

⑫《书》:指《尚书》。人们多以为孔子这里是引自《尚书·康诰》的文字,但今所见《康诰》与此处所引,差别很大。有些先秦文献也引用《康诰》,也多有出入。

⑬庸:用。

⑭陈:陈述,列举。

⑮尚贤:推崇、赞扬道德高尚的人。劝:鼓励,激励。

⑯废:弃之(指官员)不用。

⑰正:指认识、做事、风气等符合德、义。

⑱咸:全,都。

⑲《诗》:这里指《诗经·小雅·节南山》。

⑳毗(pí):紧紧相连,辅助。

㉑俾(bǐ):使得。

㉒错:同"措",放置而不用。

㉓陷焉:陷入犯罪、法网中。

㉔弥:更加。不胜:指非常多。

㉕限:这里指门槛。

㉖仞:先秦八尺为一仞。

㉗陟(zhì):登山。

㉘陵迟:逐渐发展或衰落。这里的两个"陵迟"分别指逐步上山和下滑。

㉙逾:越过,这里指触犯刑法。

〔译文〕

孔子担任鲁国大司寇的时候,有父亲和儿子之间发生的诉讼案件,孔子把他俩关押在同一间牢房里,三个月没有审理。后来,父亲请求终止诉讼,孔子赦免了这父子俩。

季孙听说了这件事,很不高兴,说:"司寇欺骗我,不久前他告诉我说:'国和大夫之家的治理必须先遵循孝道。'我现在杀一个不孝的人来教百姓孝顺,不也是可以的吗?而他现在又把他们赦免了,这是为什么?"

冉有把这件事告诉了孔子。孔子感叹地说:"哎!在上位者没有遵守他应该遵循的道,却杀死处于下位的人,这不符合道理。不教导百姓孝顺,却因不孝而审讯他们,这是在杀害无辜的人。就像三军在打仗时溃败,不能斩杀军队将领;刑狱法令不治理好,不可以用它来量刑。这是为什么?这是因为自上而下的教化没有得到实施,罪责就不在民众的缘故。不及时且严厉地下达并执行命令,而只重视诛杀有过错的人,这是在杀人;过度收缴税赋,是暴政;不试炼一个人就责求他成功,这是折磨人。施政没有这三种情况,然后才可以施以刑罚。《尚书》上说:'按照义的原则实施法律,以义为标准判决死刑,不要用刑和杀来印证你的想法,这是在说处理刑罚案件没有很顺利简单的。'这是说一定要先行教化然后才可以量刑。先以道德教化的方法来让人信服;如果还是不行,就赞扬道德高尚的人来鼓励他;再不行,就免除他的官职;仍然不行,这之后才可以用权威让他忌惮。这样施行三年,那么百姓的认识、做事风格和社会风气都将符合德和义。如果还有邪恶的民众不服教化,然后对他们施加刑罚,那么民众就都知道他的罪责了。《诗经》上说:'辅助周天子,使得百姓不迷惑。'百姓得到教化以后,无须用威势悍压,刑律法条放置在那里也不必使用。现在的世道不是这样,教化被扰乱,刑罚越发繁复,这使百姓因为迷惑而陷入犯罪的境地,又要针对新情况制定新的刑律条文,所以刑法愈发复杂而盗贼的数量却仍旧非常多。三尺高的门槛,即使是空车也不能越过,为什么?是因为门槛对于车来说高的缘故。百仞高的山,负载沉重的车却能登上去,为什么?是因为慢慢地逐渐地爬上去的。现在世俗的缓慢下滑已经很久了,虽然有刑法,百姓能够确保自己不去触犯吗?”

王言解第三

〔题解〕

本章题为"王言解",呈现的是孔子和弟子曾参之间一长篇完整的对话,主要内容是孔子基于曾参的提问,论述了圣明的君主实施仁政的方法。孔子指出,圣明的君王应该通过"内修七教,外行三至",来实现天下人人和睦的仁政。所谓"七教",是要在上位者首先以身作则,做到敬老、尊长、乐施、亲贤、好德、恶贪、廉让七个方面,那么在下位者自然就会跟着学习,做到孝亲、敬兄、宽厚、择友、坦诚、不争和自尊。所谓"三至",是指以礼治理天下,把合适的爵位赐予有才能的人,以自然而然的方式使万民关系和谐。"七教"和"三至"都做到了,明王的仁德就自然会不断远播,民众也会愈发地亲近君王。

孔子闲居①,曾参侍②。孔子曰:"参乎,今之君子③,唯士与大夫之言可闻也④。至于君子之言者,希也⑤。於乎⑥!吾以王言之⑦,其不出户牖而化天下⑧。"

曾子起,下席而对曰⑨:"敢问何谓王之言?"孔子不应。曾子曰:"侍夫子之闲也,难对,是以敢问。"孔子又不应。曾子肃然而惧,抠衣而退⑩,负席而立⑪。

有顷⑫,孔子叹息,顾谓曾子曰⑬:"参,汝可语明王之道与⑭。"

[注释]

①闲居:退朝后回到家中休息。古代还有"燕居"的说法,与"闲居"义近,二者的差别可能在于"闲居"偏重下朝后彻底休息,一般不见客;"燕居"则重在安宁和乐,因而尚可见客、论学(参《礼记》孔颖达疏所引郑玄《三礼目录》说)。

②曾参:鲁国人,孔子弟子。儒家重要代表人物,又称曾子。

③君子:有德有才的人。在孔子众多论说中,"君子"一词所指,重在人的修养、品德,而不在于官位、贫富。

④士:泛指读书而未任官职的人。

⑤希:少。

⑥於乎:同"呜呼"。

⑦王(wàng):称王,作王。这里指成为王的道理和方法。

⑧户牖(yǒu):室门和窗户。

⑨下席:离开坐席,移到席子的旁边。古人"席地而坐",每人一张席子。坐时臀落在双脚处,上身挺直。

⑩抠(kōu):用手指勾提起来。

⑪负:背对着。

⑫有顷:过了一会儿。

⑬顾:转过头看。

⑭明王:英明、开明的王。与(yú):疑问语气词,后世多写作"欤"。

〔译文〕

　　孔子退朝后回到家中休息,曾参侍奉在身边。孔子说:"参啊,现在有德有才的人之中,只能听到读书人和官员的言论。能够达到德才兼备言论的,却很稀少。哎!我以明王的道理和方法来言说,能够做到足不出户而教化天下。"

　　曾子起身,移到坐席旁边,回应说:"敢问什么是明王的言论?"孔子没有回答。曾子又说:"在老师闲暇时服侍您,却很难回答您的问题,所以敢问您说这句话的缘由。"孔子还是没有回应。曾子神情变得肃穆且有畏惧之色,用手指勾提起衣服向后退,背对着坐席站立。

　　过了一会儿,孔子叹了口气,转过头来看着曾子说:"参,你已经达到了可以讨论明王之道的程度了啊。"

　　曾子曰:"非敢以为足也,请因所闻而学焉①。"
　　子曰:"居②,吾语汝!夫道者,所以明德也。德者,所以尊道也。是以非德道不尊,非道德不明。虽有国之良马,不以其道服乘之,不可以道里。虽有博地众民③,不以其道治之,不可以致霸、王。是故,昔者明王内修七教,外行三至。七教修,然后可以守④;三至行,然后可以征⑤。明王之道,其守也,则必折冲千里之外⑥;其征也,则必还师衽席之上⑦。故曰内修七教而上不劳,外行三至而财不费。此之谓明王之道也。"

〔注释〕

①因:凭借着。
②居:坐下。
③博:广大。
④守:守成,维护住以前的成就。
⑤征:远行,这里指征伐。
⑥折冲:击退敌人的战车。
⑦衽(rèn):这里指褥子。

〔译文〕

曾子说:"我不敢认为自己已经有足够的资格讨论这个问题了,但请允许我凭借从您这里所学到的东西再进一步学习明王之言。"

孔子说:"坐下,我来跟你说说。所谓'道',是用来彰显德行的;德,是用来尊崇道义的。所以不符合德,道就得不到尊崇;不尊崇道,德就不能光大。虽然拥有一国之中最好的马,不按驯马的规律驾车或骑乘,就不能让它跑出正常的路程。虽然有广大的土地和众多的民众,不按正确的方法治理,就不能达成霸主或明王的目标。所以,过去明王对内推行'七教',对外施行'三至'。七教得到推行,然后就可以守住以往的成就;三至得到实行,然后才可以征伐别国。明王的道,用以守成,一定会击退千里之外的敌军;用以征伐,一定会得胜还朝,使军队得以休整。所以说对内推行七教,在上位者不烦劳;对外实行三至,财物不会消散。这就是所谓的明王之道。"

曾子曰:"不劳不费之谓明王,可得闻乎^①?"

孔子曰:"昔者帝舜左禹而右皋陶^②,不下席而天下治^③。夫如此,何上之劳乎?政之不平^④,君之患也;令之不行,臣之罪也。若乃十一而税^⑤,用民之力,岁不过三日^⑥。入山泽以其时而无征^⑦,关讥市廛皆不收赋^⑧,此则生财之路而明王节之^⑨,何财之费乎?"

〔注释〕

①可得闻乎:可以听得到教诲吗?这是向人请教时用的敬重客气的说法。

②舜:传说中上古帝。禹:舜的接班人。皋(gāo)陶(yáo):舜的重臣。文献记载,他的重要功绩是制定王朝的刑罚,把众多部落杂乱、不统一的处罚规则统一起来,对增强国力起了很大作用。左右:上古以左为尊,所以说在舜的身边"左禹而右皋陶",是说禹比皋陶更尊贵。

③不下席:是说不离开朝堂。治:治理好了。

④政:政务,国家大众的事务。

⑤十一而税:按收入的十分之一收税。

⑥用民之力:意思是百姓按规定服劳役。岁:一年。

⑦以其时:按照动植物生长、成熟的时间。无征:不征税。

⑧关:地区性的关卡。讥:讯问、察验。市:市场。市廛(chán):城市中店铺集中的区域。

⑨节:节制,控制。

[译文]

曾子问:"不烦劳不费财称之为明王,我可以听得到您的教诲吗?"

孔子说:"过去舜帝以大禹和皋陶为左右手,不离开朝堂,天下就治理好了。像这样,哪里还需要上位者来劳心呢?政务不和谐,是君主的祸患;政令得不到推行,是臣子的罪责。如果按照生产和收益的十分之一征税,使用百姓做劳役一年不超过三天,按照动植物生长成熟的规律进入山泽砍伐捕捞而不征税,地方的关卡、察验点、城市中店铺集中的区域都不收田地税,这都是增加钱财的办法,而明王节制地使用这些方法,哪里还有财物的浪费呢?"

曾子曰:"敢问何谓七教?"

孔子曰:"上敬老则下益孝①,上尊齿则下益悌②,上乐施则下益宽③,上亲贤则下择友④,上好德则下不隐,上恶贪则下耻争⑤,上廉让则下耻节⑥,此之谓七教。七教者,治民之本也。政教定,则本正矣。凡上者,民之表也⑦,表正则何物不正?是故人君先立仁于己⑧,然后大夫忠而士信⑨,民敦而俗朴⑩,男悫而女贞⑪。六者,教之致也⑫,布诸天下四方而不怨⑬,纳诸寻常之室而不塞⑭。等之以礼⑮,立之以义,行之以顺,则民之弃恶如汤之灌雪焉⑯。"

〔注释〕

①益:更加。

②尊齿:重视年岁的大小顺序。悌:敬爱兄长。

③施:施予,资助他人。宽:待人宽厚。

④亲贤:亲近贤者。择友:交朋友时有所选择。

⑤恶(wù):厌恶。耻争:以相互争夺为耻。

⑥廉让:清廉逊让。耻节:此文可能有误,后代有人认为"耻"字应作"知"[参唐代赵蕤(ruí)《反经》,又名《长短经》]。节:节操,气节。

⑦表:标准,表率。

⑧立:树立,这里指树立仁爱之心。

⑨信:诚实,说到做到。

⑩敦:敦厚朴实。俗:风俗。

⑪悫(què):诚实,笃厚。

⑫致:同"至",顶点,最高境界。

⑬布:散布,传播。

⑭纳:放到里面。塞:淤塞不通,活跃不起来。

⑮等:等同。

⑯汤:滚烫的水,开水。

〔译文〕

曾子问:"敢问什么叫七教?"

孔子说:"在上位者敬重老者,那么在下位者就更加孝顺;上位者重视年岁的大小顺序,那么下位者就更加热爱敬重兄长;上位者乐于资助他人,那么下位者就能更加待人宽厚;上位者亲近贤者,那么下位者交朋友时就会有所选择;上位者崇尚德行,那么下位者就不会隐瞒该说的想法;上位者厌恶贪婪,那么下位者就会耻于相互争夺;上位者清廉逊让,那么下位者就知道要有气节,这就是所谓的'七教'。七教,是治理百姓的根本。政治教化得以树立,根本才能中正。所有的上位者,都是百姓的表率,表率中正,那么还有什么事物会不中正呢?所以,人君需要先从自身树立仁爱之心,然后才有大夫的忠实和读书人的诚实,百姓才会敦厚,风俗才会朴实,男人才会笃厚,女人才会忠贞。这六个方面是教化的最高境界,散布到天下四方都不会引发不满,放到寻常百姓之家也不会无法推行。以礼为原则使人平等,以义为原则立身处世,以顺为原则行事,那么百姓就会像用开水浇灌冰雪一样摒弃恶行了。"

曾子曰:"道则至矣,弟子不足以明之。"

孔子曰:"参以为姑止乎①?又有焉。昔者明王之治民也,法必裂地以封之②,分属以理之③。然后贤民无所隐,暴民无所伏④。使有司日省而时考之⑤,进用贤良,退贬不肖⑥,然则贤者悦而不肖者惧。哀鳏寡,养孤独,恤贫穷⑦,诱孝悌⑧,选才能。此七者修⑨,则四海之内无刑民矣⑩。上之亲下也,如手足之于腹心矣;下之亲上也,如幼子之于慈母矣。上下相亲如此,故令则从⑪,施则行⑫,民怀其德,近者悦服,远者来附,政之致也。夫布指知寸,布手知尺⑬,舒肘知寻⑭,斯不远之则也。周制⑮,三百步为里,千步而井,三井而埒,埒三而矩,五十里而都,封百里而有国,乃为福积资求焉⑯,恤行者之有亡⑰。是以蛮夷诸夏⑱,虽衣冠不同,言语不合,莫不来宾⑲。故曰无市而民不乏⑳,无刑而民不乱。田猎罩弋㉑,非以盈宫室也;征敛百姓,非以盈府库也。惨怛以补不足㉒,礼节以损有余㉓。多信而寡貌㉔,其礼可守,其言可覆,其迹可履㉕。如饥而食,如渴而饮。民之信之,如寒暑之必验㉖。故视远若迩㉗,非道迩也,见明德也。是故兵革不动而威㉘,用利不施而亲,万民怀其惠㉙。此之谓明王之守㉚,折冲千里之外者也。"

〔注释〕

①姑止:姑且说到这里为止。
②裂地:划分土地。封:在分割的土地的边界处堆起土来作为标志(有如后代的"界碑")。
③分属:指宗族、辈分。理:管理,治理。
④伏:躲藏。
⑤有司:分管各领域事务的官员。省(xǐng):观察。时:时段,例如按月、按季节或按节气。考:考核。
⑥贬:降职。不肖:不好的,不合格的。
⑦恤:救济。
⑧诱:引发,诱导。
⑨修:做好了。
⑩刑民:受刑的人。

⑪令:下令,颁布命令。

⑫施:推行措施。

⑬布:张开,伸出。

⑭舒:展开。寻:八尺为寻。成年人伸展开两臂,大约即一寻的长度,两寻为一"常"(古代的尺短于后代)。

⑮周制:下面所说的里、井、埒(liè)、矩、都等的标准,和其他文献所说有很大不同。

⑯福:通"富"。"富"是所需物资齐备的意思。积:存储柴粮。资:钱财。

⑰行者:走长路的人。亡(wú):无。

⑱诸夏:中原地区历代王朝的各个诸侯国。

⑲来宾:前来做客。

⑳无市:没有交易。

㉑田:也是打猎的意思。罩:笼、网一类捕捉陆上、水中猎物的工具。弋:尾上系有细线的箭。

㉒惨怛(dá):忧伤。

㉓礼节:依照礼的要求减少过度的享受。

㉔貌:外表的样子。

㉕迹:足迹。履:踩、踏,指跟着前人走。

㉖寒暑:指四季的轮转。

㉗迩(ěr):近。

㉘兵革:武器和铠甲,指军队或战争。革:加工后的兽皮,为制作铠甲所必需。

㉙惠:恩惠,给予或得到的好处。

㉚守:这里指应该坚守的。

〔译文〕

　　曾子说:"夫子把'明王之道'已经讲得很深刻了,但是弟子的认识还没有很明了。"

　　孔子说:"参认为我就姑且说到这里为止了吗? 后面还有呢。过去明王治理百姓,在方法上一定会划分土地并在边界处堆起土堆作为标志,按照宗族和辈分加以管理。然后让贤良的百姓没有什么想法需要隐藏,暴民也没地方可以躲藏。让分管各领域事务的官员每天观察,并按时对民众进行考核,举荐采用贤良之人,罢免或降低不合格之人的官职,于是贤良的人就会愉悦,而不合格的人就会有所畏惧。怜悯没有伴侣的老年男女,抚养孤儿和没有后代的老人,救济贫困和走投无路的人,引导人们孝敬长辈、敬爱兄长,甄选有才华和能力的人。这七方面都做到了,那么四海之内就没有遭受刑罚的人了。上位者对下位者的亲近,如同手足保护腹心;下位者对上位者的亲近,如同幼儿对待慈母。上下相互亲近到这种地步,颁布命令就会听从,推行措施就会顺畅,百姓感怀上位者的德行,近处的人心悦诚服,远方的人前来归附,政治达到最高境界。所谓伸出手指知道寸的长度,张开手掌知道尺的长度,伸展双臂知道寻的长度,用身体来度量的寸、尺、寻距离,这是对'远者'和'近者'比喻的说法。周朝的制度,三百步是一里,一千步是一井,三井是一埒,三埒是一矩,方圆五十里可以建立都城,方圆一百里可以建立一个诸侯国,这样就可以积累财富、物资,体恤救济远行之人了。因此,蛮夷和中原历代王朝的各诸侯国,虽然衣服和帽子不一样,言语也不相同,却没有不前来做客的。所以说,没有交易,百姓却不缺乏物资;没有刑罚,民众却并不作乱。打猎捕鱼,不是为了充盈宫室;征收赋税,不是为了填满府库。而是出于忧心为灾年做好补充的准备,按照礼的要求减少过度的享受。多一些诚信,少一些对外貌的修饰,这样的礼便可以遵守,这样的话经得起重申,这样的足迹便可以跟从。就犹如饿了要吃饭,渴了要饮水一样。百姓对明王的信任,如同相信四季一定按时轮转。所以看着遥远却感觉很近,不是道近,而是看到了圣明的德政。所以不动用军队就能起到威慑的作用,准备了起用民间人、财、物和给予利益的措施,但是不用实施,仍然让人觉得亲切,百姓都感怀他的恩惠。这就是所谓的明王的守成,可以击退千里之外的敌军。"

曾子曰:"敢问何谓三至?"

孔子曰:"至礼不让而天下治,至赏不费而天下士悦①,至乐无声而天下民和②。明王笃行三至③,故天下之君可得而知,天下之士可得而臣,天下之民可得而用。"

〔注释〕

①不费:指不费钱财。

②乐(yuè):音乐。

③笃:实在,坚厚,稳重。

〔译文〕

曾子说:"敢问什么叫'三至'?"

孔子说:"最高境界的礼无需谦让推辞,天下就可以治理好了;最高的奖赏不费钱财,天下的读书人就都感到高兴了;最好的音乐没有声音,而是在人们心中,天下百姓就都知礼、和睦、安定了。英明的王笃实地践行三至,所以天下的诸侯他都能够了解,天下的读书人他知道哪些可以入朝为臣,天下的百姓都可以为他所调用。"

曾子曰:"敢问此义何谓?"

孔子曰:"古者明王必尽知天下良士之名,既知其名,又知其实,又知其数,及其所在焉①。然后因天下之爵以尊之,此之谓至礼不让而天下治。因天下之禄以富天下之士,此之谓至赏不费而天下之士悦。如此则天下之民名誉兴焉②,此之谓至乐无声而天下之民和。故曰:所谓天下之至仁者,能合天下之至亲也。所谓天下之至知者,能用天下之至和者也。所谓天下之至明者,能举天下之至贤者也。此三者咸通,然后可以征③。是故仁者莫大乎爱人,智者莫大乎知贤,贤政者莫大乎官能④。有土之君修此三者,则四海之内供命而已矣⑤。夫明王之所征,必道之所废者也,是故诛其君而改其政,吊其民而不夺其财⑥。故明王之政犹时雨之降⑦,降至则民悦矣。是故行施弥博⑧,得亲弥众,此之谓还师衽席之上。"

[注释]

①所在:指在何国、何地。
②名誉:名声和荣誉(爵位)。
③征:出征,征伐。
④官能:任用的官员都能胜任。
⑤供命:供明王指挥差遣。而已矣:等于说"罢了"。
⑥吊:安抚慰问。
⑦时雨:及时雨,在最需要时下的雨。
⑧行施:指实行仁政。

[译文]

曾子说:"敢问这个'义'是什么意思?"

孔子说:"古代英明的王一定了解全部天下优秀读书人的名字,已经知道了他们的名字,又了解他们的实际才能,还了解他们的人数,及他们在哪个国家哪个地方。然后根据天下现有的爵位来安排他们,尊崇他们,这就是最高境界的礼无需谦让推辞而天下就治理好了的意思。用天下的爵位来使天下的读书人富有,这就是最高的奖赏不需费用钱财而天下的读书人就都感到高兴的意思。像这样做,那么天下光明的名声和荣誉就能兴旺,这就是最好的音乐没有声音而天下百姓就知礼、和睦、安定了的意思。所以说,所谓的天下最高的仁德,是能使天下最亲近的人和睦。所谓对天下最深的了解,是能够起用使天下最和睦的人。所谓天下最大的英明,是能够举用天下最贤能的人。这三方面都通达了,然后就可以出征了。因此,仁德的至高境界是爱人,智慧的最高境界是了解贤能,良政的最高境界是任用的官员都能胜任。拥有疆土的国君做到这三点,那么四海之内的所有人不过都是供明王指挥差遣的罢了。明王所征讨的,是违背道的国家,所以要诛杀那里的君王,改善那里的政治,抚慰那里的百姓,不夺取他们的钱财。故而明王的政治,就像在最需要的时刻及时降临的雨水,降下来,百姓就会感到欣喜。由于这个原因,仁政施行的范围就越来越广大,明王得到的亲近自己的百姓就越来越多,这就是所谓出征一定会得胜还朝,并使军队得以休整的意思。"

大婚解第四

〔**题解**〕

　　本章题为"大婚解",主要内容是解释国君大婚与执政的关系。孔子认为,执政的根本是爱和敬,目的是使事务端正。而只有国君夫妇地位和分工明确、父子相亲、君臣互信,其他事务才能随之端正。处理政务时最重要的是要爱人,让人人相互亲爱最重要的是合乎礼仪,在守礼方面最重要的是秉持恭敬之心。迎娶正妃的大婚是国君处理政务和家族关系的基础,应该用最恭敬的心去完成。

　　孔子侍坐于哀公①,公问曰:"敢问人道孰为大②?"

　　孔子愀然作色而对曰③:"君及此言也④,百姓之惠也,固臣敢无辞而对⑤?人道政为大。夫政者,正也。君为正,则百姓从而正矣。君之所为,百姓之所从。君不为正,百姓何所从乎!"

　　公曰:"敢问为政如之何?"

　　孔子对曰:"夫妇别,男女亲⑥,君臣信⑦。三者正,则庶物从之⑧。"

公曰:"寡人虽无能也⑨,愿知所以行三者之道,可得闻乎?"

孔子对曰:"古之政,爱人为大;所以治爱人,礼为大;所以治礼,敬为大;敬之至矣⑩,大婚为大⑪。大婚至矣,冕而亲迎⑫。亲迎者,敬之也。是故君子兴敬为亲⑬,舍敬则是遗亲也⑭。弗亲弗敬,弗尊也⑮。爱与敬,其政之本与?"

[注释]

①哀公:鲁哀公,鲁国第二十六位国君,鲁定公之子,继定公位。

②人道:治民之道。

③愀(qiǎo)然:严肃庄重的样子。作色:面部表情变了。

④及:这里指说到。

⑤固:通"故"。

⑥男女亲:此三字应依《礼记·哀公问》改为"父子亲"。

⑦君臣信:君臣之间都待之以诚,互相信任。

⑧庶:众多的,普通的。物:事。

⑨寡人:君王谦逊的自称。

⑩至:最高层次。

⑪大婚:君、王即位后,迎娶正妻的婚事。

⑫冕:王、侯、卿、大夫等的礼帽。亲迎:古代婚礼的环节之一,新郎亲自到新娘家里去迎接。

⑬兴敬:突出地体现出对女方的崇敬之心。

大婚解第四 | 35

⑭遗亲:意思是把亲情丢开了。
⑮弗尊:不尊重对方。

〔译文〕

孔子陪侍鲁哀公坐着,哀公说:"敢问治民之道中什么最重要?"

孔子有些意外,面色表情严肃庄重地回答说:"您能说到这个问题,是百姓的福祉,我怎么敢推辞不说出其中的道理来回答您呢?治民之道中最重要的是政治。所谓'政',就是要使人间的事务都走向'正'。国君做正直的事,那么百姓跟随着也就正直了。国君的行为,是百姓跟从学习的榜样。国君不做正直的事,百姓该向谁学习呢!"

哀公说:"敢问该怎么处理政务?"

孔子答道:"夫妇在祭祀和日常生活中的地位和分工有所不同,父子要讲亲情,君臣要讲信义。这三种关系端正了,那么众多的普通事务就跟着端正了。"

哀公说:"寡人虽然无能,但是希望知道用来推行以上三个方面的办法,我可以听您说说吗?"

孔子回应道:"古代的政治,爱人是最重要的;用来治理国家让人人相爱的办法,最重要的是符合礼仪;用来治理国家让人人守礼的办法,最重要的是保持恭敬之心;恭敬达到的最高层次,是君王即位后迎娶正妻的大婚。大婚的最高礼仪,是君王戴着礼帽亲自到新娘家里去迎接,这么做是因为尊敬对方。所以君子在成婚这件事情上要突出地体现对女方的崇敬之心,舍弃崇敬之心就等于说是把亲情丢开了。不亲自迎娶就不能体现出崇敬之心,也就不能表现出对对方的尊重。爱和崇敬,难道不是为政的根本吗?"

公曰:"寡人愿有言也。然冕而亲迎,不已重乎?"

孔子愀然作色而对曰:"合二姓之好,以继先圣之后①,以为天下宗庙社稷之主②,君何谓已重乎?"

公曰:"寡人实固,不固安得闻此言乎③!寡人欲问,不能为辞,请少进。"

孔子曰:"天地不合,万物不生。大婚,万世之嗣也,君何谓已重乎?"孔子遂言曰④:"内以治宗庙之礼,足以配天地之神⑤;出以治直言之礼⑥,足以立上下之敬。物耻则足以振之⑦,国耻则足以兴之⑧。故为政先乎礼,礼其政之本与!"孔子遂言曰:"昔三代明王⑨,必敬妻、子也,盖有道焉。妻也者,亲之主也⑩。子也者,亲之后也。敢不敬与?是故君子无不敬。敬也者,敬身为大。身也者,亲之枝也,敢不敬与?不敬其身,是伤其亲;伤其亲,是伤其本也;伤其本,则枝从之而亡。三者⑪,百姓之象也,身以及身,子以及子,妃以及妃⑫,君以修此三者,则大化忾乎天下矣⑬,昔太王之道也⑭。如此,国家顺矣。"

〔注释〕

①先圣:指周王朝的祖先。

②宗庙:祭祀列位祖先的宫室。社稷:社指土神,稷指谷神。古代君主都祭祀社稷。先秦时期,周天子和诸侯国都以宗庙和社稷为自己势力所及范围的标志,是最具尊严、最神秘的地方。此后历代封建王朝也延续了这一传统。

③固:这里指孤陋寡闻。

④遂言:紧接着说。可能孔子此时说话有短暂的间断。

⑤天地之神:即"社稷"之神。

⑥直言之礼:古人以直言为忠,为君子之礼。

⑦物耻:诸臣在具体事务上犯的错误。

⑧国耻:君王决策时所犯的错误。

⑨三代:指夏、商、周。

⑩亲之主:"亲"是所有与自己有血缘关系或夫妻关系的人。《说文》:"亲,至也。"意思是彼此之间感情和关系达到人间关系的最高点。妻是夫之众多亲人中的第一位,家中主事者("男主外,女主内"),故曰"亲之主",这是农耕时代生产、生活方式的必然产物。

⑪三者:即身、妻、子。

⑫妃:配偶,即妻。

⑬大化:化生万物。忾(xì):大声呼气,气满。

⑭太王:周文王的祖父,名古公亶(dǎn)父,为周后来的崛起做出过重要贡献。

〔译文〕

哀公说:"寡人还有话想说。大婚固然非常重要,但是要国君戴着礼帽、穿着礼服去亲自迎接,这样的礼仪是不是过于隆重了?"

孔子面色严肃庄重地答道:"大婚是结合两个姓氏家族的好事,以延续祖先的后嗣,并让他作为天下宗庙和社稷的主人,您为什么认为亲迎过于隆重了?"

哀公说:"我实在是孤陋寡闻,但如果不是孤陋寡闻又怎能听到您的这番话!我打算继续请教,但是想不出应该问什么,请您再进一步说说。"

孔子说:"天与地不交合,万物就不会生长。大婚是为万世带来后代,您为什么说过于隆重了呢?"孔子紧接着说:"君王夫妇对内主持宗庙祭祀礼仪,能够与天地之神相配;对外建立直言进谏的君子之礼,能够确立君臣上下级之间相互敬重的关系。凭借君王夫妇对天地人神的敬畏,这就使得臣子如果在具体事务上犯了错误,也足以矫正其错处而振起;若君王有失误,也足以重新兴起。所以执政要先树立礼,礼是为政的根本啊!"孔子又接着说:"过去夏商周三代的英明君王,必定敬重妻子和孩子,因为三代都是有道之世。妻子是家族的主事者。孩子是亲族的后代。怎么敢不敬重呢?所以君子没有不敬重的。敬重这件事,最重要的是敬重自身。自身是亲族的枝干,怎么敢不敬重呢?不敬重自身,是伤害自己的亲族;伤害亲族,是伤害根本;伤害根本,那么枝干也会随之消亡。自身、妻子和后嗣这三者是百姓向君王学习的内容。由自身推及百姓之身,由自己的孩子推及百姓的孩子,由自己的配偶推及百姓的配偶,君王做到这三者,那么就能化生天下万物了,这是以往周太王的治国之道。像这样,国家就能顺畅了。"

公曰:"敢问何谓敬身①?"

孔子对曰:"君子过言则民作辞②,过行则民作则③。言不过辞,动不过则,百姓恭敬以从命④。若是则可谓能敬其身⑤,敬其身则能成其亲矣⑥。"

公曰:"何谓成其亲?"

孔子对曰:"君子者也,人之成名也。百姓与名谓之君子,则是成其亲为君而为其子也。"孔子遂言曰:"爱政而不能爱人,则不能成其身;不能成其身,则不能安其土⑦;不能安其土,则不能乐天⑧;不能乐天,则不能成其身。"

公曰:"敢问何能成身?"

孔子对曰:"夫其行己不过乎物⑨,谓之成身。不过乎物,合天道也。"

公曰:"君子何贵乎天道也⑩?"

孔子曰:"贵其不已也⑪。如日月东西相从而不已也⑫,是天道也;不闭而能久,是天道也;无为而物成⑬,是天道也;已成而明之⑭,是天道也。"

〔注释〕

①敬身:敬重自身。

②过言:说有过失的话。作辞:当作正经的话。

③过行:有过错的行动。作则:立为规矩。

④从命:听从君子的命令。

⑤若是:如果这样。

⑥成其亲:构成亲人的关系。

⑦安:安稳,安全。土:指居住的地方。

⑧乐天:乐天知命,对自己生活的环境、状况满意。

⑨过乎物:做事不超过事务本身的需求。乎:同"于"。物:事。

⑩何:这里指"为什么"。

⑪不已:永远在变化,从不停止。

⑫相从:意思是太阳下山月亮升起,东方的后边就是西方。

⑬无为:意思是天并没有有意地做什么,天下所有的物质、现象都形成了。

⑭明之:让万物显现出来。

〔译文〕

鲁哀公问道:"敢问什么叫敬重自身?"

孔子回答说:"君子说话有过失,百姓却当作了正经话;君子行为有过失,百姓却将其立为规矩。不说不正经的话,行为不逾越规矩,百姓就会恭敬地听从君子的命令。如果这样,那么就可以称作敬重自身了,敬重自身就能够与百姓建立亲人的关系。"

哀公问:"什么叫建立亲人的关系?"

孔子回答道:"'君子'这个词,是人们给予的命名。百姓给他一个称呼叫他为'君子',那是先让他成为自己的亲人,让他为君,而自己做他的子侄一辈。"孔子紧接着说:"喜爱执政而不能爱护百姓,就不能成就自身;不能成就自身,就不能使居住的地方安稳;不能使居住的地方安稳,就不能乐天知命,对自己生活的环境和状况满意;不能乐天知命,就不能成就自身。"

哀公说:"敢问怎样才能成就自身?"

孔子回答说:"做事不超过事务本身的需求,就叫作'成就自身'。不超过需求,就是合乎天道。"

哀公问:"君子为什么尊重天道?"

孔子说:"是尊重天道的不停变化。就像太阳下山月亮升起,东方的后边是西方,这就是天道;它不闭塞,且能够长久,这就是天道;它没有有意地做什么,而天下所有的物质、现象就都形成了,这就是天道;已经形成了,再让万物显现出来,这就是天道。"

公曰:"寡人且愚冥①,幸烦子之于心②。"

孔子蹴然避席而对曰③:"仁人不过乎物④,孝子不过乎亲。是故,仁人之事亲也,如事天;事天,如事亲。此谓孝子成身。"

公曰:"寡人既闻如此言,无如后罪何⑤?"

孔子对曰:"君子及此言,是臣之福也。"

〔注释〕

①且:这里指"还",并且。这是接续并相对于上文哀公说自己孤陋寡

闻而说的。冥:昏暗,意思是哀公说自己糊里糊涂。

②幸:谦辞,这里指有幸、幸运地。

③蹴(cù)然:惊悚不安的样子,表示恭敬。避席:离开自己所坐的席子。古代与人同坐时,若要表示对对方的尊敬,就座而直身,立起,移到席的旁边坐下,这一举动谓之避席。

④过乎物:在对待事务时犯错。

⑤无如后罪何:意思是今后仍无法一定把孝亲和敬天放到同等的最高位置上。

〔译文〕

哀公说:"我不但孤陋寡闻,还稀里糊涂,有幸劳烦您费心给我讲解。"

孔子恭敬不安地离开自己所坐的席子,回答说:"仁德的人在对待事务时不犯错,孝子在对待父母时不犯错。因为这样的缘故,仁德的人侍奉父母,就像侍奉天;侍奉天,像侍奉父母一样。这就叫作孝子成就自身。"

哀公说:"我已经聆听了您的这番话,今后仍然无法一定做到把孝亲和敬天放到同等的最高位置上,该怎么办?"

孔子回答说:"您说出这样的话,是臣下的福气。"

儒行解第五

〔题解〕

　　本章题为"儒行解",内容是孔子和鲁哀公之间围绕儒者应有哪些具体的品德和行为而展开的对话。孔子进谏鲁哀公以后,哀公先是问孔子穿的是不是儒者的衣服。孔子答道,自己年轻时居住在鲁国,所以穿的是宽大的衣服;而成年后居住在宋国,因此入乡随俗,戴的是商代士人的礼帽,故而不知道自己穿戴的是否是儒服。接着哀公向孔子询问儒者应有哪些行为?孔子答道,儒者的行为无法悉数,但应该包括强学、忠信、力行以自立,衣冠、言谈举止和谐得体,恭敬、诚信、中正以待有为,不宝金玉,而宝仁义,见利不亏义,见死不更其守,推举贤能,不求回报等方面。孔子认为,仁的根本是性格温和、心地善良,仁的基础是恭敬,而有修养、有知识、有心胸都是在仁的作用下的表现,谦逊是仁在内心发挥的功能,礼仪是仁的外部表现,语言是为了让仁易于理解而增添的文饰,而有词的歌和无词的乐都要体现仁对和谐的追求。

　　孔子在卫,冉求言于季孙曰:"国有圣人而不能用①,欲以求治②,是犹却步而欲求及前人③,不可得已④。今孔子在卫,卫将用之。已有才而以资邻国⑤,难以言智也,请以重币迎之⑥。"季孙以告哀公,公从之。

孔子既至,舍哀公馆焉⑦。公自阼阶⑧,孔子宾阶⑨,升堂立侍⑩。

公曰:"夫子之服,其儒服与?"

孔子对曰:"丘少居鲁⑪,衣逢掖之衣⑫。长居宋⑬,冠章甫之冠⑭。丘闻之,君子之学也博,其服以乡⑮,丘未知其为儒服也。"

〔注释〕

①圣人:指博学睿智、通达事理的人。

②治:治理好。

③是:这。却步:向后走。及:赶上。

④已:通"矣"。

⑤才:人才。资:帮助。

⑥币:礼物。

⑦舍:住宿。馆:诸侯国所设接待他国使者、宾客的处所设施。

⑧阼(zuò)阶:堂前的东阶。接待客人时,主人登东阶。

⑨宾阶:堂前的西阶。与主人相会,宾客登西阶。

⑩立侍:站在西阶之上的堂边,侍奉哀公。这里所谓"侍奉",指面向哀公,等候哀公发话。

⑪少(shào):年轻时。

⑫逢:大。掖:两侧。逢掖之衣:宽大的衣服。

⑬长(zhǎng)：成人之后。宋是周灭商后分封给殷商后裔的异姓诸侯国，因此此地从殷商之礼。孔子是商人之后，居宋，即随其俗。
⑭章甫：商代士人的礼帽。
⑮乡：这里指老家，家乡。

〔译文〕

孔子在卫国，冉求对季孙说："国家有博学睿智、通达事理的人却不能起用，想要这样治理好国家，这犹如向后走却想要赶上前面的人，不可能成功。现在孔子在卫国，卫国将要起用他。自己有人才却用来帮助邻国，很难说是明智的，请您用重礼迎接孔子回国。"季孙把这件事告诉了鲁哀公，哀公听从了季孙的话。

孔子已经回到鲁国，住在哀公招待宾客的馆驿。哀公从堂外东侧的台阶走上来，孔子从堂外西侧的台阶走上来，来到厅堂以后，站着等待哀公说话。

哀公说："您的衣服是儒者的服装吗？"

孔子回答说："我年轻时居住在鲁国，穿宽大的衣服。成人之后居住在宋国，戴商代士人的礼帽。丘听说，君子的学识广博，穿家乡的衣服，我不知道它是不是儒者的服装。"

公曰："敢问儒行①？"

孔子曰："略言之，则不能终其物②；悉数之，则留更仆未可以对。"

哀公命席，孔子侍坐，曰："儒有席上之珍以待聘③，夙夜强学以待问④,怀忠信以待举⑤,力行以待取⑥。其自立有如此者。"

〔注释〕

①儒行:儒者应遵守的行为准则。
②终:说完全,历数完。
③珍:最精美的菜肴。这是用以比喻儒者的品德才能。聘:聘任。
④夙(sù):早。强(qiǎng):极为努力地。
⑤举:这里指被推举。
⑥力行:全力做事。取:被选取。

〔译文〕

哀公说:"请问儒者应该遵守哪些行为准则?"

孔子答道:"简略地说,则无法完整地说清它应该包含的内容;如果详细地解释,就需要讲到晚上,把童仆留下,举着蜡烛继续数,即使这样我也回答不完它到底有多少项内容。"

哀公让孔子坐在席子上,孔子跪坐着陪侍,说道:"儒者的品德才能如同宴席上最精美的菜肴,他们等待聘任;早晚都在极为努力地学习,以随时准备回答君王提出的问题;他们心怀忠诚和诚信,等待被推举给朝廷;他们全力地做事,等待被朝廷选取。儒者像这样凭着自己的高贵品德立足于世。"

"儒有衣冠中①,动作顺②,其大让如慢③,小让如伪④。大则如威⑤,小则如愧⑥,难进而易退,粥粥若无能也⑦。其容貌有如此者。"

〔注释〕

①中:合适,得体,中规中矩。
②顺:和。《礼记·儒行》作"慎",与"顺"通。这里指举止、言谈等均与衣冠相协调。
③大让:在重大事情上谦让。慢:缓慢,不经心。
④伪:刻意,做作。
⑤则:规规矩矩,严肃。
⑥媿(kuì):同"愧",惭愧、愧疚。
⑦粥(yù)粥:同"鬻鬻",低声细语,吞吞吐吐。

〔译文〕

"儒者的衣冠中正得体,举止言谈均与衣冠相协调,他们在重大事情上谦让好似不经心,在小事上谦让又好像刻意为之。他们严肃的时候很威风,不太严肃的时候好似很惭愧。他们很难向前进却容易后退,吞吞吐吐的样子好像没有才能。他们的仪容面貌是这样的。"

"儒有居处齐难①,其坐起恭敬②,言必诚信,行必忠正。道涂不争险易之利,冬夏不争阴阳之和。爱其死以有待也③,养其身以有为也。其备豫有如此者④。"

〔注释〕

①齐(zhāi):通"斋",肃穆洁净。难(nǎn):通"戁",庄重钦敬(从王

引之说,参见《经义述闻》)。

②坐起:从坐到起身,其间有一系列动作,都合乎礼仪,以示恭敬。

③爱:珍惜,不轻易付出。待:指等待更有意义的事。

④备:充分的,完整的。豫:同"预",未来的,事先的。

〔译文〕

"儒者日常起居肃穆洁净、庄重钦敬,从坐下到起身的一系列动作都合乎礼仪,以示恭敬,言语一定诚实守信,行为一定忠实正当。行路时,不和同路者在险路和平坦的路之间抢着做出选择,冬天和夏天不与人争抢占据冷热合适的地方。他们珍惜生命以等待更有意义的事,养护身体以便有所作为。他们像这样事先充分地做好准备。"

"儒有不宝金玉而忠信以为宝①,不祈土地而仁义以为土地②,不求多积而多文以为富③。难得而易禄也,易禄而难畜也。非时不见④,不亦难得乎?非义不合,不亦难畜乎?先劳而后禄,不亦易禄乎?其近人情有如此者。"

〔注释〕

①宝:以……为宝,极为珍惜。

②祈:祈求,盼着得到。

③积:这里指积累财富。文:指道德修养、文化造诣。

④非时不见(xiàn):意思是不到适当的时候,真正的儒者不会现身。

见,同"现"。

〔译文〕

"儒者不把金子和美玉当作宝贝,而视忠信为珍宝,不盼望得到土地而把仁义作为土地,不求多积累财富,而把更多的道德信仰和文化造诣作为财富。难得的人才的俸禄是容易确定的,因为他在意的不是这些,俸禄容易确定的人才却难以留得住,因为"良禽择木而栖",还要看用人者的道德和文化。不到适当的时候,真正的儒者不会现身,这样不是很难得到他们吗?跟自己的道德价值不一致的用人者他们就不合作,这样不是很难留得住他们吗?首先注重功劳,然后才是俸禄,这样不是很容易确定发给他们的俸禄吗?他们像这样处世是合乎人情的。"

"儒有委之以财货而不贪①,淹之以乐好而不淫②,劫之以众而不惧,沮之以兵而不慑③。见利不亏其义④,见死不更其守⑤。鸷虫攫搏不程其勇⑥,引重鼎不程其力。往者不悔,来者不豫⑦,过言不再⑧,流言不极⑨。不断其威,不习其谋。其特立有如此者⑩。"

〔注释〕

①委:把东西交给他人。
②淹:沉浸,这里指让人沉浸其中。淫:过分,无限度。
③沮(jǔ):恐怖之(依郑玄说),恐吓。兵:武器。慑:恐惧。
④亏:损害。

⑤更:改变。守:这里指操守。
⑥鸷(zhì):凶猛。攫(jué):强夺。程:计算,衡量。
⑦豫:同"预",指事先作各种设想。
⑧再:第二次。
⑨极:这里指追根溯源。
⑩特立:独特的立身、为人。

〔译文〕

"儒者,别人把财物交给他,他不会生起贪念;让他身处音乐和喜好之中,他不会过分地沉溺其中;以众人威胁他,他不会害怕;用武器恐吓他,他不会恐惧。儒者见到利益不会损害仁义,面对生死抉择不会改变自己的操守。面对凶猛动物的搏击,不计算自己的胆量而勇于反击;牵拉很重的鼎,不衡量自己的力量而敢于承担。对过去的事不懊悔,对将来的事不设想,对说错的话不说第二次,对流言不去寻根究底。时刻保持威信,不学习权谋之术。儒者像这样保持着独特的立身、为人。"

"儒有可亲而不可劫,可近而不可迫①,可杀而不可辱。其居处不过②,其饮食不溽③,其过失可微辩而不可面数也。其刚毅有如此者④。"

〔注释〕

①迫:逼近。
②居处:生活的处所。

③洳(rù):潮湿,这里指味道浓厚。
④刚:坚实,这里指性情刚强。毅:能持久,不动摇。

〔译文〕

"儒者可以亲近却不可以威胁,可以接近却不可以威逼,可以杀害却不可以侮辱。他们的生活处所不过分装饰,他们的饮食不丰厚,他们有了过失可以接受细致的分析而不能接受当面数落。他们像这样性情刚强而不动摇。"

"儒有忠信以为甲胄①,礼义以为干橹②,戴仁而行③,抱德而处,虽有暴政,不更其所。其自立有如此者④。"

〔注释〕

①甲:铠甲,作战时穿的护身衣服,一般以金属和兽皮做成。胄(zhòu):保护头部的头盔。
②干(gān)橹(lǔ):盾牌。
③戴仁:意思是以仁作为头盔。
④自立:意思是凭着自己的高贵品德而立足于人世。

〔译文〕

"儒者以忠信为铠甲和头盔,以礼义为盾牌,行事以仁为头盔,处世心怀仁德,即使遇到暴政,自有忠、信、礼、义、仁为铠甲,仍不改变自己的信仰。他们像这样凭着自己高贵的品德而立足于人世。"

"儒有一亩之宫①,环堵之室②,筚门圭窬③,蓬户瓮牖④。易衣而出⑤,并日而食。上答之,不敢以疑;上不答之,不敢以谄⑥。其为仕有如此者⑦。"

〔注释〕

①一亩:按周代田亩制度,纵横百步为一亩(两脚各走出一次为一步,约古代的六尺)。宫:房舍宅院。

②环堵:四面都是土墙,这是说室内空荡。

③筚(bì):草木竹条编成的篱笆。圭(guī):上窄下宽的土堆,古代有一种礼器做成这个形状,即名为圭(又写作珪)。窬(yú):小洞。

④户:室门。牖(yǒu):窗。

⑤易衣:意思是换上可以出门穿的衣服。

⑥谄:讨好,奉承。

⑦仕:出仕当官,一般指担任小官。

〔译文〕

"儒者有一亩大的房舍宅院,室内四面都是土墙,空空如也,院门是用草木竹条编成的篱笆,门旁留一个土圭形的小洞,室门是用蓬草编成的,土墙上放个破瓮当作窗子。出门的时候换上能出门的衣服,两天吃一次饭,时常不能每天都有饭吃。上级采纳了他的建议,不敢猜疑;上级不采纳他的建议,不敢讨好着继续进谏。他们像这样做官。"

"儒有今人以居①,古人以稽②,今世行之,后世以为楷。若不逢世,上所不援③,下所不推④,诡谄之民有比党而危之者⑤,身可危也,其志不可夺也。虽危,起居犹竟信其志⑥,乃不忘百姓之病也⑦。其忧思有如此者。"

[注释]

①以居:《礼记·哀公问》作"与居",意谓和他人一起居住。虽有人认为"以""与"相通,但不如《哀公问》语意明确。下句的"以稽"与此同。
②稽:根据,考核。这里指与古人的行为品德相比,古今相合。
③援:伸手去拉,帮助,这里指举荐。
④推:推荐。
⑤比党:纠合成群。比:二人关系特别紧密。
⑥起居:指日常生活。信:与"伸"通,施展,指照着自己的"志"去行事。
⑦病:疾重为病,这里指百姓在行为举止中显现的品德修养太差了。

[译文]

"儒者和今人一起居住,以古人的行为品德为参考,古今结合,后世把他们当作楷模。如果没有遇到合适的时代,在上没有人提拔,在下没有人推荐,说假话和谄媚的人纠合成群威胁他们,他们自身可以受到威胁,但志向却不会被夺走。即使在危险之中,他们的日常生活还是始终按照自己的意志去行事,不会忘记百姓在品德修养上的糟糕情况。他们像这样为百姓忧愁思虑。"

"儒有博学而不穷①,笃行而不倦,幽居而不淫②,上通而不困。礼必以和,优游以法③,慕贤而容众,毁方而瓦合④。其宽裕有如此者⑤。"

〔注释〕

①穷:没有止境,这里指仍然不断地学习、提高。
②幽居:避开他人,不与人们往来。淫:放纵无忌。
③优游:指休闲娱乐。法:即礼,这里指规矩。
④毁方:毁掉方形的石、玉等,不能再复合。瓦合:碰碎了陶器,虽然不能复原,但是有的碎片还能粘合。毁方而瓦合:这句话的意思是,在大是大非上自己的棱角不能破损,但在小是小非上的不协调是可以弥合的(参《礼记·哀公问》郑玄注)。
⑤宽裕:指对他人包容的宽阔胸怀。

〔译文〕

"儒者广博地学习而没有止境,笃定地践行而不知疲倦,避开他人,不与人往来时不会放纵无忌,与在上位的人往来,甚至是君王,仍然不断地提高自己,不至于因己之不足而困顿。遵守礼一定以和为原则,休闲娱乐一定遵守礼仪规矩,美慕贤者且能包容众人,在大是大非上不磨损自己的棱角,但在小是小非上的不协调可以让步。他们像这样胸怀宽阔。"

"儒有内称不避亲①,外举不避怨②。程功积事③,

不求厚禄④。推贤达能⑤,不望其报⑥。君得其志,民赖其德。苟利国家⑦,不求富贵。其举贤援能有如此者。"

〔注释〕

①内称:指称赞、举荐自己家族的人。避:回避。亲:指有血亲关系的人。

②外举:推荐家族之外的人。怨:恨,指彼此不和。

③程:计算,衡量。积:累积,这里指综合起来看其所为所行。

④求:寻找,贪图。

⑤达能:使有才能的人达到称职的职位。

⑥报:报答,回报。

⑦苟:如果。

〔译文〕

"儒者举荐家族之内的人不回避有血缘关系的人,推荐家族之外的人不回避与自己不和的人。从整体上衡量一个人的功绩,推举人做任何事,都不是为了得到丰厚的俸禄。举荐贤良,使有才能的人得到相称的职位,不期望他们报答。儒者如此无私地举荐人才,使国君想要达到的目标得以实现,百姓的安宁福祉依赖着他们的品德。如果对国家有好处,便不求自身富贵。他们像这样推举贤良和有才能的人。"

"儒有澡身浴德①,陈言而伏。静言而正之,而上下不知也②。默而翘之③,又不急为也。不临深而为高,不加少而为多④。世治不轻⑤,世乱不沮⑥。同己不与⑦,异己不非⑧。其特立独行有如此者。"

[注释]

①澡:和"浴"同义,清洗全身。这里指儒者的身心都保持洁净纯朴。

②上下:指朝堂上下的官员们。

③默:不说什么。翘:开启,启发。

④不临深而为高,不加少而为多:意思是高者自高,多则不惧减少。

⑤治:这里指治理好了。轻:看轻自己。

⑥沮:沮丧,因为自己没有尽到一个儒者的责任而精神不振。

⑦同己:指和自己的地位相同而行为不善的人。与(yù):结交,彼此要好。

⑧异己不非:意思是和自己疏远、意见不同的人,只要他的所作所为都是善良的就不去非议(参用《礼记》孔颖达疏)。

[译文]

"儒者以仁德保持身心洁净纯朴,陈述完自己的意见,伏身在地听候君主的意旨。如果对君主的话有所匡正,就平静地、轻声地提出,这样朝堂上下的官员都不知道。如果君主有所回应,但不正确,儒者就不说什么了,以后再以某种君主可以领会的方式去提醒纠正,而不是急着再去纠正。高者自高,多则不惧减少。如果国家已经有众多能人把社会治理好了,自己的修养和才能将难以有所贡献,他也不因此而看轻自己;如果社会纷乱,没有得到良好的治理,他也不因为自己没有尽到一个儒者的责任而精神不振。和自己的地位相同而行为不善的人,不与他结交;和自己疏远、意见不同的人,如果其所作所为都是善良的,也不去非议他。儒者像这样特立独行。"

"儒有上不臣天子①,下不事诸侯②,慎静尚宽③,砥厉廉隅④。强毅以与人,博学以知服⑤。虽以分国⑥,视之如锱铢⑦,弗肯臣仕。其规为有如此者⑧。"

〔注释〕

①不臣天子:不作天子的臣,意思是不在朝廷任职。
②事:为人做事,这里指担任诸侯国的大夫之类的职务。
③尚:崇尚。宽:心胸宽广。
④砥厉:石粒粗糙的和细致的磨刀石。厉,通"砺"。廉:堂的侧边,横、竖都是直的。隅:室内的角落,相交的三面都是平直的。
⑤博学以知服:虽然自己很博学,但是知道并没有超过先前贤能者的建树,仍然要钦佩他们。
⑥分国:诸侯划分出土地给儒者建立一个国家。
⑦锱(zī)铢(zhū):价值和分量很微小的货币,这里指极不值钱的东西。
⑧规为:遵守规矩做事。

〔译文〕

"儒者中有些人上不在朝廷任职,下不任诸侯国的大夫,谨慎安静,崇尚心胸宽广,努力磨炼自己,让自己更加刚正不阿。

在和人交往相处时,坚持礼义,对违背原则的言行不随便同意、让步;自己虽然很博学,但是知道并没有超过先贤的建树,仍然要钦佩他们。即使诸侯划分出土地给他们建立一个国家,儒者也不把它看作多值钱的东西,仍然不肯在诸侯那里为臣做官。儒者像这样遵守规矩做事。"

"儒有合志同方①,营道同术②,并立则乐③,相下不厌④。久别,则闻流言不信。义同而进⑤,不同而退。其交有如此者⑥。"

〔注释〕

①合志:志同道合。方:指所努力的方向。
②营道同术:从事某些事情的技艺方法相同。
③并立:站在一起,共事。
④相下:彼此谦让,尊彼卑己。
⑤进:这里指向着同一个方向前进。
⑥交:交友,交往。

〔译文〕

"儒者志同道合,努力的方向相同,研究道义的方法一致,共事的时候和和乐乐,彼此谦让,不会相互厌弃。因为和朋友彼此之间的志、道、方、术相同,相处不厌,深知其人,所以即使久不见面,但听到对朋友不利的流言蜚语,也不相信,彼此坚持的义相同就向着同一个方向前进,目标不同就自己退出原先一起走的路。儒者像这样交友。"

"夫温良者①,仁之本也②;慎敬者③,仁之地也④;宽裕者⑤,仁之作也;逊接者⑥,仁之能也;礼节者,仁之貌也⑦;言谈者,仁之文也⑧;歌乐者⑨,仁之和也;分散者⑩,仁之施也。儒皆兼此而有之,犹且不敢言仁也。其尊让有如此者⑪。"

〔注释〕

①温良:性格温和,心地善良。

②本:树木的根。这里是说,"仁"的丰富内涵和表现形式都是从温良的品质滋长生成出来的。

③慎:与"敬"同义。

④地:喻指"仁"的基础、环境。

⑤宽裕:指修养深厚、知识丰富、心胸宽阔。作:兴起,指"仁"发挥了作用。

⑥逊接:谦逊地与人交往。

⑦貌:外部表现。

⑧文:文采,文饰。在孔子看来,"仁"是人类最崇高的美德,重在于行;但仁爱之心也需用语言表达("言谈"),亦即在"仁"的本质上增添让他人容易理解并接受的影响力("文"),以有助于社会走向大同。

⑨歌乐(yuè):有辞为歌,无辞为乐。中国古代的歌、乐(包括诗文的诵读)格外讲究旋律、节奏的和谐。

⑩分散:指把富裕的物资或钱财分给他人,散给需要的人们。

⑪尊让:对其他仁者的尊敬和谦虚。

〔译文〕

"性格温和、心地善良,是仁的根本;谨慎、恭敬,是仁的基础;修养深厚、知识丰富、心胸宽阔,是仁发挥出来的作用;谦逊地与人交往,是仁在心中发挥的功能;礼仪规范,是仁的外部表现;语言表达,是为了让仁易于理解而增添的文饰;歌和乐,在旋律和节奏上应该体现仁对和谐的追求;把财物分发给需要的人,是发自仁心的施予。儒者都有以上特点,即使如此还是不敢说已经做到仁了。儒者像这样表达对其他仁者的尊敬和谦虚。"

"儒有不陨获于贫贱①,不充诎于富贵②;不溷君王③,不累长上④,不闵有司⑤,故曰儒。今人之名儒也妄⑥,常以儒相诟疾。"

〔注释〕

①陨获:遇到困难显出失意的样子。
②充诎(qū):起起落落,一张一合,这里指如果得到富贵就得意忘形的样子。
③溷(hùn):同"混",肮脏,污秽。
④长(zhǎng)上:指大小官吏。
⑤闵:病。
⑥妄:胡来,又与"无"通。

〔译文〕

"儒者不因贫困和地位低下而失意,不因富贵而得意忘形,

儒行解第五 | 61

不在天子诸侯那里受辱,不被官员违道的行为所牵连,不因身负一定职务的人而做出不法的行为,所以称作'儒者'。现在称为'儒'的人没有一定的范围,碰到什么人就称他为儒者,并且拿'儒者'的称呼互相指责取笑。"

　　哀公既得闻此言也,言加信①,行加敬,曰:"终没吾世②,弗敢复以儒为戏矣③。"

〔注释〕

　　①加:更加。
　　②没(mò):死亡。吾世:我这一生。
　　③复:再。戏:玩笑,讥讽。

〔译文〕

　　哀公听说了上面的话,言辞更加诚恳,举止更加恭敬地说:"直到这一生结束,我都不敢再讥讽儒者了。"

问礼第六

[题解]

本章题为"问礼",主要内容是孔子对礼的重要意义的论述。选文一篇,内容是鲁哀公和孔子围绕"礼"展开的对话。哀公向孔子请教"大礼"是什么样子,孔子指出,礼是百姓生活中最重要的依据,可以明确君臣、上下、长幼的位次,区分男女、父子、兄弟、婚姻、亲族间的远近亲疏关系。君子应该理顺百姓在生活中已经懂得的礼,保留其中的重要环节,并且在细节上加强其肃穆庄严的气氛,在人与人之间建立起恰当的远近亲疏关系,提倡简朴的生活,避免对生活用品进行过度的装饰,并且克制过分的欲望。哀公又问,为什么现在的君子不按照礼来行事?孔子回答说,是因为现在的君子统治管理百姓的方法犯了"好利无厌""淫行不倦""荒怠慢游""固民是尽"的错误,进而导致了不能实行礼仪、礼法的恶果。

哀公问于孔子曰:"大礼何如?子之言礼,何其尊也?"

孔子对曰:"丘也鄙人①,不足以知大礼也。"

公曰:"吾子言焉!"

孔子曰:"丘闻之,民之所以生者,礼为大。非礼则无以节事天地之神焉②,非礼则无以辨君臣、上下、长幼之位焉,非礼则无以别男女、父子、兄弟、婚姻、亲族、疏数之交焉③。是故君子此之为尊敬④,然后以其所能教顺百姓所能⑤,不废其会节⑥。既有成事⑦,而后治其文章黼黻⑧,以别尊卑上下之等。其顺之也,而后言其丧祭之纪⑨、宗庙之序⑩,品其牺牲⑪,设其豕腊⑫,修其岁时⑬,以敬祭祀。别其亲疏⑭,序其昭穆⑮,而后宗族会宴⑯,即安其居⑰,以缀恩义。卑其宫室⑱,节其服御,车不雕玑,器不刻镂,食不二味,心不淫志⑲,以与民同利。古之明王行礼也如此。"

公曰:"今之君子胡莫之行也⑳?"

孔子对曰:"今之君子,好利无厌㉑,淫行不倦,荒怠慢游,固民是尽。以遂其心㉒,以怨其政㉓,以忤其众㉔,以伐有道㉕。求得当欲,不以其所;虐杀刑诛,不以其治。夫昔之用民者由前,今之用民者由后,是即今之君子莫能为礼也。"

[注释]

①鄙人:谦虚地自称,等于说浅陋无知的人。鄙,偏远地区的微小居民区。

②节事:按照礼仪的次序节奏敬奉天神地祇。

③疏:指来往不密切。数(shuò):频繁。

④此之为:意思是把这视为。

⑤教顺:教导并把百姓已知道的礼仪进行整理。

⑥废:指不废除百姓已有礼仪的重要环节。

⑦成事:指教顺百姓已经有了明显的成效。

⑧治:准备,制定。文章:给礼仪增添肃穆庄严气氛的细节。黼(fǔ)黻(fú):绣有花纹图案的礼服。

⑨纪:法度,规矩。

⑩序:这里指依生卒时间的先后排定每位先人在宗庙中的次序。

⑪品:分类,确定级别。牺牲:祭祀时供奉的牲畜。

⑫豕(shǐ)腊(xī):干猪肉。

⑬修:这里指准备好。岁:这里指年终。时:四季。

⑭亲疏:血缘的远近顺序。

⑮序:排列次序。昭穆:古代按辈分排列先人牌位和陵墓的一种规则。次递为:祖为昭,父为穆,子为昭,孙为穆。远祖面东背西,开国始祖在其左,向阳(南),其孙在其右,向阴(北),其后辈以此类推。

⑯宗族:指非嫡系子孙后代的同族众人。

⑰安其居:依昭穆的礼制各自坐在应坐的席位。

⑱卑:矮小。节:节制,不违背规矩。御:指所用器物。玑(jī):不圆的珠子或小珠子。

⑲淫志:意思是放纵地任意追求。

⑳胡:何。莫之行:即"莫行之",没有人实行。

㉑厌:同"餍"(yàn),满足。

㉒遂:实现。心:愿望。

㉓政:指由祖先传承下来的政务体制、规矩。

㉔忤(wǔ):触犯,对着干。
㉕有道:意思是遵道而行的他国君侯。

〔译文〕

鲁哀公向孔子询问道:"大礼是什么样子的?您所说的礼,有多么尊崇呢?"

孔子回答说:"孔丘是浅陋无知的人,不足以了解大礼。"

哀公说:"您还是说说吧!"

孔子说:"丘听说,在百姓生活的规则当中,礼是最重要的。不遵从礼就无法按照礼仪的次序节奏敬奉天神地祇,不遵从礼就无法区别君臣、上下、长幼的位次,不遵从礼就无法分别男女、父子、兄弟、婚姻、亲族之间的远近亲疏程度。所以君子把礼看得极为重要,然后用自己已能知道和懂得的礼仪来教导百姓,把百姓已能知道、懂得的礼仪进行整理,不废除百姓已有礼仪的重要环节。在教导理顺百姓礼仪已经有了明显成效时,再制定为礼仪增添肃穆庄严气氛的细节,准备绣有花纹图案的礼服,以此区别尊卑、上下的等级。百姓理顺了这些礼仪,再跟他们讲丧葬和祭祀的规矩,依照生卒时间先后排定每位先人在宗庙中的次序,对祭祀时供奉的牲畜分类定级,陈列祭祀时用的干猪肉,年终和四季都做好准备,恭敬地进行祭祀。区别血缘关系的亲疏,安排好昭穆的位次,然后非嫡系子孙后代的同族众人一起宴饮,依昭穆的礼制各自坐在相应的席位上,通过这种安排,把血亲间的上下恩情和同辈间的责任、礼仪连缀强化起来。住矮小的房屋,按规则使用服饰和器物,车辆不雕饰图案,器具不雕刻花纹,饮食不追求味道，不放纵内心过分的追求，通过这样的方式与百姓共同享有利益。古代的英明君王像这样行使礼仪。"

哀公说："现在的君子为什么没人这样行事呢？"

孔子回答说："现在的君子，贪图利益而不知道满足，放纵自己的行为而不感到厌倦，沉迷享乐、做事懈怠、举止傲慢、言辞不实，一定要把百姓压榨到山穷水尽。以这样的方式来实现他们自己的心愿，埋怨祖先传承下来的政治体制，跟百姓对着干，讨伐遵道而行的他国君侯。即使他所追求的是正当的，使用的手段也是不合规矩的；对百姓动用刑罚甚至加以杀戮，也是不合乎法律规定的。从前统治管理百姓的人，用的是我们前面说的方法；现在统治管理百姓的人，用的是我们后面所说的方法，这就是现在的君子不能够修明礼仪、礼法的原因。"

五仪解第七

〔题解〕

　　本章题为"五仪解"。选文内容是鲁哀公和孔子之间围绕"五仪之教"展开的问答。孔子指出,所谓"五仪"是指人可以分为庸人、士人、君子、贤人和圣人五类。庸人,他们是平常人,在生活中随波逐流,没有确定的人生准则。士人,他们心中有原则,处世有底线,能够部分地遵照事物的规律和方法办事。君子,他们能够很好地践行道,态度温和,看似可以超越,实则无法超越。贤人,他们的德行完全符合天道,富有且乐善好施,他们治下的百姓既不会囤积钱财,也不会恐惧贫困。圣人,他们的德行与天地之道相合,随机应变,行教化于无形之中。接着,哀公因为没有体会过"哀、忧、劳、惧、危"五种情感,恐怕自己无法施行"五仪之教",所以向孔子进一步请教。孔子说,国君可以通过怀念先人而体会哀伤,为让所有事务合理而感到忧愁,为按照礼节迎送他国来宾而体验劳累,从周边小国的覆灭反思本国处境而感受恐惧,借由体察君民关系而思虑潜在的危机。在此基础之上,再行五仪之教,执政就不会有什么过错了。

哀公问于孔子曰:"寡人欲论鲁国之士①,与之为治,敢问如何取之②?"

孔子对曰:"生今之世,志古之道;居今之俗,服古之服,舍此而为非者③,不亦鲜乎④?"

曰:"然则章甫绚履、绅带搢笏者⑤,皆贤人也?"

孔子曰:"不必然也⑥。丘之所言,非此之谓也。夫端衣玄裳⑦,冕而乘轩者⑧,则志不在于食荤⑨;斩衰菅菲⑩,杖而歠粥者⑪,则志不在酒肉。生今之世,志古之道;居今之俗,服古之服,谓此类也。"

公曰:"善哉!尽此而已乎?"

孔子曰:"人有五仪⑫,有庸人,有士人,有君子,有贤人,有圣人。审此五者,则治道毕矣⑬。"

〔注释〕

①论:通"抡",选择,选拔。

②取:找到,获得。

③舍此:意思是生活在这样的环境中。为非:做不合传统、违背道义的事。

④鲜(xiǎn):很少。

⑤然则:这样的话,那么……。章甫:一种礼帽。绚(qú)履:用麻、丝、葛等拧成的绳条装饰的鞋。绅带:系在腰间宽大的带子。搢(jìn)笏(hù):把笏板斜插在腰带里。笏是大臣上朝时所持的狭长形木板,有需要记下来的事情和话语就写在上面。哀公是以这几件东西指代卿大夫。

⑥必然:一定如此。

⑦端衣玄裳:丧服。端衣,用几乎整幅丝麻做的上衣。玄,黑色。裳,裙。秦汉之前,男女都着裙。

⑧冕:礼帽。轩:车。

⑨志:这里指送葬时的心思所在。

⑩斩衰(cuī):丧礼中最重的丧服。菅(jiān)菲:这里指草鞋。《荀子·哀公》作"菲屦(jù)"。而唐代贾公彦疏解《仪礼·丧服》,则认为周公时谓之屦,子夏时谓之菲。

⑪杖:用作动词,拄着拐杖。歠(chuò):喝。

⑫仪:等,类。孔子在这里所说的"仪",系指按照人们普遍认同的行为和修养而划分的等、类,与其在社会中的政治财富的等级地位没有必然关系。(案,历来对此文中的"仪"有多种解释,莫衷一是。现参考王念孙、王先谦的说法释为"等"或"类"。)

⑬治道:治国之道。

〔译文〕

哀公问孔子道:"寡人想要选拔鲁国的士人,和他们一起治理国家,敢问如何找到合适的人才?"

孔子回答说:"生活在当今时代,立志学习古人的思想体系;身处现实的风俗习惯之中,穿着古人的服饰。生活在这样的环境中,却做不合传统、违背道义之事的人,不也是很少的吗?"

哀公问:"这样的话,那么穿戴着礼服的卿大夫,都是贤人吗?"

孔子说:"不一定如此。丘所说的话,并不是这个意思。穿着丧服,戴着礼帽乘车的人,他们的心思不在于吃荤;身穿着重丧服,脚着丧鞋,并挂着拐杖喝粥的人,他们的心思不在于喝酒吃肉。生活在当今的时代,立志学习古人的思想体系;身处现实的风俗习惯之中,穿着古人的服饰,指的就是这类人。"

哀公说:"好啊!可是就只有这些吗?"

孔子说:"人分五类,有庸人、士人、君子、贤人和圣人。详细地了解这五类人,那么治国之道就完整了。"

公曰:"敢问何如斯可谓之庸人①?"

孔子曰:"所谓庸人者,心不存慎终之规②,口不吐训格之言③,不择贤以托其身④,不力行以自定⑤。见小暗大⑥,而不知所务⑦;从物如流⑧,不知其所执。此则庸人也。"

[注释]

①斯:则,就。庸:平常的,常见的,中等的。即下文孔子所回答的状态。

②不存慎终之规:意思是思之为之,不去预想如何敬慎地达到既定的结果。

③训格之言:符合道、法的言辞。

④托:依托,这里指借助于所选择的贤人以解除自己的忧患。

⑤自定:自己确定生活行为的方向。

⑥暗:这里指看不见。

⑦务:做,从事。

⑧物:事物,这里指客观形势。流:指像水一样不由自主地跟着走。

〔译文〕

哀公说:"敢问什么样的人可以称作平常人?"

孔子说:"所谓庸人,他们心里不去预想如何敬慎地达到既定的结果,口中说不出符合道、法的言辞,不通过选择贤人来解除自己的忧患,不奋力做事来确定自己生活的方向。看得到小事,看不见大事,不了解在做的事;像流水一样不由自主地跟随客观形势,不知道自己应该持有的主见。这就是庸人了。"

公曰:"何谓士人?"

孔子曰:"所谓士人者,心有所定,计有所守①,虽不能尽道术之本,必有率也②;虽不能备百善之美③,必有处也④。是故知不务多⑤,必审其所知⑥;言不务多,必审其所谓⑦;行不务多,必审其所由⑧。智既知之,言既道之⑨,行既由之,则若性命之于形骸之不可易也⑩,富贵不足以益⑪,贫贱不足以损⑫。此则士人也。"

〔注释〕

①计:主意,处理事情的办法。
②率(shuài):遵循。
③备:齐备。
④处:指善的某些方面。
⑤知(zhì):同"智",智慧。

⑥审:认真仔细地思考。
⑦所谓:指言辞真正、深刻的含义。
⑧由:原因,来由。
⑨道:说,用语言引导、启发。
⑩若:如,像。
⑪益:增加。
⑫损:损害,减少。

[译文]

哀公问道:"什么叫士人?"

孔子说:"所谓士人,他们心中有自己坚定的原则,处理事情有要守住的底线,虽然不能做到完全遵循事物的规律和方法,也一定能遵循某些方面;虽然不能集百善于一身,也一定能做到某些方面。由于这个原因,智慧不必求多,但一定要认真仔细地思考自己知道的;言辞不必求多,但一定要认真仔细地思考它真正的深刻的含义;行动不必求多,但一定要认真仔细地思考这样做的原因。在智慧上已经理解它,说出的话确当无误得到它的启发,行动时能够以它为根据,那么就好像生命和肉体的关系一样不可改变。财富和地位不足以增益它,贫穷和地位低下不足以损害它。这就是士人。"

公曰:"何谓君子?"

孔子曰:"所谓君子者,言必忠信而心不怨,仁义在身而色无伐①,思虑通明而辞不专②。笃行信道③,自强不息。油然若将可越④,而终不可及者⑤。此则君子也。"

〔注释〕

①伐:表彰,夸奖,这里指露出得意的神情。
②专:在论辩时态度强硬而专断。
③笃:实实在在地。信:通"伸",伸展,弘扬。
④油然:舒缓,从容。
⑤及:追赶上。

〔译文〕

哀公问:"什么是君子?"

孔子说:"所谓君子,他们的言辞一定忠实诚恳且心中没有怨气,有仁义的行为却没有得意的神情,思虑通达光明但言语不会强硬专断。实实在在地践行弘扬道,努力向上,没有止境。他们从容的样子好似可以超越,但最终却没人能赶得上。这就是君子。"

公曰:"何谓贤人?"

孔子曰:"所谓贤人者,德不逾闲①,行中规绳②。言足以法于天下而不伤于身,道足以化于百姓而不伤于本③。富则天下无宛财④,施则天下不病贫⑤。此贤者也。"

〔注释〕

①闲:和"阑"同义,是宅院门外的栅栏,用以保护门,这里指道德的界限。
②规:画圆的工具,即"圆规"。绳:指木工在木材上画直线的绳墨(俗称"墨斗")。规、绳都指法律、规矩。
③本:根本,这里指道德的本质。
④宛:与"蕴"通,储藏,蕴集(依郝懿行说)。
⑤施:施舍,散财助人。

〔译文〕

哀公问:"什么叫作贤人?"

孔子说:"所谓贤人,他们的德行不超过道德的界限,行为符合规矩。他们的言论足以被全国人效法,而自己从没有任何过失,他们遵从的道足以教化全国百姓,且对道德的本质没有损害。他们虽然富足,但天下人以他们为楷模,便没有聚集财富的人;他们施舍钱财帮助别人,所以天下人不为贫穷而担忧。这就是贤人。"

公曰:"何谓圣人?"

孔子曰:"所谓圣者,德合于天地,变通无方[①]。穷万事之终始[②],协庶品之自然,敷其大道而遂成情性[③]。明并日月[④],化行若神[⑤]。下民不知其德,睹者不识其邻。此谓圣人也。"

〔注释〕

①无方:没有固定的样子。

②穷:穷尽,追究到底。

③敷:铺开。

④并:合起来。

⑤化行:对人们的教化。

〔译文〕

哀公问:"什么是圣人?"

孔子说:"所谓圣人,他们的品德与天地之道相合,善于变通而没有固定的模式。穷尽万事万物的始终,协调万物的自然本性,使万事万物按自身的规律发展,使它们的情性得以伸展。他们的光辉就像把日月合起来,在无形中对人们施行教化。百姓们并不了解他们崇高的德行,看见他们的人都不知道自己的邻居是圣人。这就是圣人。"

公曰:"善哉!非子之贤,则寡人不得闻此言也。虽然①,寡人生于深宫之内,长于妇人之手,未尝知哀,未尝知忧,未尝知劳,未尝知惧,未尝知危,恐不足以行五仪之教,若何?"

孔子对曰:"如君之言,已知之矣,则丘亦无所闻焉。"

〔注释〕

①然:如此,这里指听了孔子这番精辟的话。

〔译文〕

哀公说:"好啊!若不是您如此贤能,我就不能听到这些精辟的话了。虽然听了您这番精辟的话,我生在深宫之中,长于妇人之手,不曾体会哀伤,不曾体会忧愁,不曾体会劳苦,不曾体会恐惧,不曾体会危险,恐怕不足以施行五仪之教,该怎么办呢?"

孔子回答说:"您能够说出这样的话,就已经知道如何行五仪之教了。至于如何行五仪之教,连我也没有听说过。"

公曰:"非吾子,寡人无以启其心,吾子言也。"

孔子曰:"君入庙,如右①,登自阼阶②,仰视榱桷,俯察几筵,其器皆存,而不睹其人。君以此思哀,则哀可知矣。昧爽夙兴③,正其衣冠;平旦视朝④,虑其危难。一物失理,乱亡之端。君以此思忧,则忧可知矣。日出听政,至于中冥⑤。诸侯子孙,往来为宾。行礼揖让,慎其威仪。君以此思劳,则劳亦可知矣。缅然长思,出于四门⑥,周章远望⑦,睹亡国之墟⑧,必将有数焉⑨。君以此思惧,则惧可知矣。夫君者,舟也;庶人者,水也。水所以载舟,亦所以覆舟。君以此思危,则危可知矣。君既明此五者,又少留意于五仪之事⑩,则于政治何有失矣!"

〔注释〕

①如右:往右走。
②阼(zuò)阶:堂前的东阶。进入宗庙,国君应由东阶上。
③昧爽:拂晓时刻,日出之前。夙(sù):早。兴:起身。
④平旦:黎明时刻。视朝:在朝堂上听取大臣的报告,决定国家事项。
⑤中冥:午后接近黄昏的时候。
⑥四门:诸侯迎宾之门。据《尚书·尧典》和《史记·五帝本纪》,舜帝的宫院开有四门以迎接各方来客。
⑦周章:到四处走一走(参用《楚辞·九歌》王逸说)。
⑧墟:废墟,这里指鲁国都城周围残留的历代小国的废墟。
⑨数:很多,不少。
⑩少:这里指稍稍地。

〔译文〕

哀公说:"如果不是您,寡人就没有什么用来启发自己的了,您就继续说说吧。"

孔子说:"国君进入宗庙,往右走,从堂前的东阶登上去,抬头看房屋的椽子,低头看矮桌上的食物,先人使用过的器皿都在,却看不到他们了。国君像这样思虑哀伤,那么就可以体会到什么是哀伤。拂晓时分早早起身,穿戴好衣服和帽子;黎明时刻在朝廷上听取大臣的报告,决定国家事项,思虑国家的危险和艰难之处。一件事情处理不当,与理相悖,就会成为国家朝政混乱的开端。国君像这样思考忧虑,那么就可以体会到什么是忧虑。

太阳出来就开始处理政务,直到午后接近黄昏的时候。诸侯国的子孙,对往来的同族晚辈以客礼敬待。行礼揖让,谨慎地保持威仪。国君像这样思考劳累,那么就可以体验到什么是劳累。深情地遥想,从诸侯迎宾之门出去,到四处走一走,向远处眺望,看到鲁国都城周围残留的历代小国的废墟,一定不在少数。国君像这样思虑恐惧,那么就可以体会到什么是恐惧。国君,是船;百姓,是水。水可以承载船,也可以颠覆船。国君像这样思虑危险,那么就可以体会到什么是危险。国君已经明晰了这五样,再稍稍留意五仪的教化,那么在政治上哪里还会有过失呢!"

致思第八

〔题解〕

　　本章题为"致思",题名取自开篇孔子之言,全章选文分五层意思。第一层讲的是孔子带着三名弟子出游,让他们展开思绪,分别说说自己的志向,进而加以评价。子路有勇气,以建立战功为志。子贡善辩,以用言辞化解战争为志。颜渊仁德,有志于辅佐明君,推行五教和礼乐,化战争于未然。孔子赞同颜渊的主张,认为"不伤财,不害民,不繁词"是仁德的政治主张。第二层讲的是孔子的门人季羔为官的故事。季羔依照法律对人实施了刖足(砍掉脚)的酷刑,因在判决和行刑过程中存有仁恕之心,而在遭遇政治动乱时,得到了被刖足者的救助。第三层是孔子教育独生子伯鱼,只有学习可让人"终日不倦",使容体、勇力、先祖和族姓都不足称道的人声名流传。第四层里孔子赞许了子路对双亲的孝敬,指出父母在世时应该做的事,子路已经尽力了,父母辞世后应有的思念,他也都做到了。第五层呈现了孔子对子路执政的建议,对于勇士多而难以治理的地方,为官者应该恭敬、宽正、温和、有决断力,这样既能够抑制勇力和奸邪之人,也能够包容强悍和困顿之人。做到以上各方面,社会也就能得到妥善治理了。

孔子北游于农山①,子路、子贡、颜渊侍侧。孔子四望②,喟然而叹曰:"于斯致思③,无所不至矣!二三子各言尔志④,吾将择焉。"

子路进曰⑤:"由愿得白羽若月⑥,赤羽若日,钟鼓之音上震于天⑦,旌旗缤纷下蟠于地⑧。由当一队而敌之⑨,必也攘地千里⑩,搴旗执馘⑪。唯由能之,使二子者从我焉⑫。"

夫子曰:"勇哉!"

〔注释〕

①农山:山名无考。根据"北游"一语,可能就是鲁国都城北边的一座山。

②望:向远处看。

③斯:此。致思:展开思路。

④二三子:意思是你们几位。尔:你,你们。

⑤进:走上前,以示尊敬。

⑥白羽:箭尾上的羽毛是白色的。若月:意思是把弓弦拉到极限,成满月形。这是言其勇猛。

⑦钟鼓:指挥作战的军器。击鼓进军,鸣钟撤退。

⑧旌(jīng):同"旌"。缤纷:多姿多彩。蟠(pán):盘绕,弯曲。这是形容军旗飘扬招展的样子。

⑨当:面对,这里指对军队发号施令。敌之:和对方相抗。

⑩攘(rǎng):抢夺。

致思第八 | 81

⑪搴(qiān):拔。这里特指拔下敌军的军旗(一般为该国卿、大夫的家族旗帜,既用于集合、号令人马,也是家族和将帅的荣誉标志)。执:手持。馘(guó):敌方战死者被割下的左耳。古代战后以缴获的车马物资和俘虏、馘计功。

⑫二子者:指子贡、颜渊。

[译文]

　　孔子到鲁国都城北边的农山游玩,子路、子贡和颜渊陪侍在身边。孔子向四方远望,感叹地说:"在这里展开思绪,没有想不到的。你们几个各自说说你们的志向,我再从中选择。"

　　子路走上前恭敬地说:"我希望得到用白羽制成的箭,弓弦拉满似圆月,用红羽制成箭,弓弦拉满似烈日,指挥作战的钟鼓之声震动云天,旌旗缤纷多彩迎风招展。我指挥一支军队和敌人相抗,一定能够抢夺土地千里,拔下敌军的军旗,割取敌军的左耳计数报功。这些只有我能做到,您就让子贡和颜渊跟在我后面吧。"

　　孔子说:"勇猛啊!"

　　子贡复进曰①:"赐愿使齐、楚合战于漭瀁之野②,两垒相望,尘埃相接,挺刃交兵。赐著缟衣白冠③,陈说其间,推论利害④,释二国之患⑤。唯赐能之,使夫二子者从我焉。"

　　夫子曰:"辩哉!"⑥

〔注释〕

①复:再,又,这里指比子路更向前走了一步。
②漭漾(yǎng):宽广无边的样子。
③缟(gǎo):没有染色的白布。
④利害:利与弊。
⑤释:化解,消除。
⑥辩:这里指辩说的能力,口才。

〔译文〕

子贡比子路更向前一步道:"我愿意出使到齐国和楚国交战的广阔原野,两军营垒遥相对望,扬起的尘埃在空中弥漫成一片,士兵拔出兵刃,武器交接在一起。我身着白衣冠,在两军之间陈述劝说,推演论述交战的利弊,进而化解国家的忧患。这件事只有我能做到,您就让子路和颜渊跟在我后面吧。"

孔子说:"有辩才啊!"

颜回退而不对①。孔子曰:"回,来,汝奚独无愿乎②?"

颜回对曰:"文武之事③,则二子者既言之矣,回何云焉?"

孔子曰:"虽然④,各言尔志也,小子言之。"

对曰:"回闻薰、莸不同器而藏⑤,尧、桀不共国而治⑥,以其类异也。回愿得明王圣主辅相之⑦,敷其五教⑧,导之以礼乐⑨,使民城郭不修⑩,沟池不越⑪,铸剑戟以为农器,放牛马于原薮⑫,室家无离旷之思⑬,千岁无战斗之患。则由无所施其勇⑭,而赐无所用其辩矣。"

夫子凛然曰⑮:"美哉！德也。"

子路抗手而对曰⑯:"夫子何选焉?"

孔子曰:"不伤财,不害民,不繁词,则颜氏之子有矣⑰。"

〔注释〕

①颜回:字子渊,鲁国人,孔子门人。退:后退,以示不拟发言。

②奚:同"何"。愿:即孔子开始时问的弟子们各自的"志"。

③文:指子贡所说。武:指子路所说。

④虽:虽然。然:这样,意思是子路、子贡已经就文、武两方面的志向都说了。

⑤薰:香草名。莸(yóu):臭草名。

⑥尧:传说古代的一位贤君。桀:夏代末期的一位暴君。治:管理天下。

⑦辅:辅助。相:在旁协助。

⑧敷:铺开,推广。五教:五种伦理道德的教育,一般认为是父义、母慈、子孝、兄友、弟恭。

⑨礼乐:礼仪制度和音乐歌舞。中国古代十分重视礼乐在培育人才、维护社会安定中的作用。

⑩郭:城门处的外城。不修:指不注重加固防守,据兵自守。

⑪沟池:护城河。不越:指百姓安居城内,不轻易外出或迁徙。

⑫原:平坦且开阔的土地。薮(sǒu):水、草丰沛的地方。
⑬室家:古人所谓"男有室,女有家",这里泛指家人。
⑭无所:没地方,没机会。
⑮凛(lǐn)然:严肃郑重的样子。
⑯抗手:双手举起,表示敬意,类似于"拜"。案,子路性情直爽而率真,有时礼仪不周。此处孔子未问而子路抢先说,抗手以代施礼,即是其例。
⑰颜氏之子:即指颜渊,其父颜路也是孔子的弟子。

〔译文〕

颜回向后退,不准备回答这个问题。孔子说:"回啊,来,为何只有你没有愿望?"

颜回回答说:"文武方面的事情,两位同门已经说过了,颜回还有什么可说的呢?"

孔子说:"虽然如此,各自都说说自己的志向,你也说说吧。"

颜回回答道:"颜回听说薰草和莸草不放在同一个器皿里保存,尧和桀不管理同一个国家,因为他们分属不同的类别。颜回希望辅佐贤明的君王和圣明的君主,推广五种伦理道德的教育,用礼乐引导民众,让百姓可以不注重加固外城,不据兵自守,也能安居在城内,不轻易外迁,把原拟用于铸造兵器的金属改为制造农具,把牛马放养在平坦开阔的水草丰沛之处,人民安居乐业,没有久离旷别相互思念之苦,直至千年都没有战争的隐患。那么,子路就没有地方施展他的勇猛,而子贡也没有地方展现他的辩才了。"

孔子严肃而郑重地说:"好啊!有德行!"

子路举起双手简单一拜,以示敬意,并且说道:"老师选择哪一种?"

孔子说:"不损失财富,不伤害百姓,不用繁复的言辞,只有颜氏能够做到啊。"

季羔为卫之士师①,刖人之足②。俄而③,卫有蒯聩之乱④,季羔逃之,走郭门⑤,刖者守门焉。谓季羔曰:"彼有缺⑥。"季羔曰:"君子不逾⑦。"又曰:"彼有窦⑧。"季羔曰:"君子不隧⑨。"又曰:"于此有室。"季羔乃入焉。

〔注释〕

①季羔:名高柴,又称子羔,卫国人,孔子弟子。士师:春秋时期掌管刑狱的官员。

②刖(yuè):砍断。刖足,砍断脚,为古代酷刑之一。

③俄而:过了不久。

④蒯(kuǎi)聩(kuì)之乱:卫国公室的一场内乱。蒯聩是卫灵公的太子,因为得罪了灵公的宠妃而逃亡。灵公死,蒯聩返卫并以武力夺位,造成卫国大乱。

⑤郭:外城。

⑥彼:那里。缺:本指陶器破损的缺口,这里指城墙的坍塌处。

⑦逾:越过(城垣)。

⑧窦:洞。

⑨隧:地道,这里指钻洞。

[译文]

　　季羔在卫国任掌管刑狱的官员,执行了砍断人脚的刑罚。过了不久,卫国发生了太子蒯聩夺位的内乱,季羔逃避动乱,向外城城门跑,被砍脚的那个人正在那里守城门。他对季羔说:"那里的城墙塌了一块儿。"季羔说:"君子不能从城垣上爬过去。"守门人又说:"那里有个洞。"季羔说:"君子不能钻洞。"守门人又说:"这个房屋里有内室。"季羔这才进到了屋里。

　　既而追者罢①,季羔将去②,谓刖者:"吾不能亏主之法而亲刖子之足③,今吾在难④,此正子之报怨之时⑤,而逃我者三⑥,何故哉?"

　　刖者曰:"断足,固我之罪⑦,无可奈何⑧。曩者君治臣以法令⑨,先人后臣,欲臣之免也,臣知。狱决罪定⑩,临当论刑,君愀然不乐,见君颜色,臣又知之。君岂私臣哉?天生君子,其道固然。此臣之所以悦君也。"

　　孔子闻之,曰:"善哉为吏!其用法一也。思仁恕则树德,加严暴则树怨。公以行之,其子羔乎!"

[注释]

　　①罢:停止行动,即不再追逃。
　　②去:离开。
　　③亏:损害,破坏。主:国君。亲:亲自。

④在难:在灾难之中。

⑤报怨:报仇。

⑥逃我:使我逃走,帮我逃跑。

⑦固:本来就是。

⑧无可奈何:没有任何可以处理事情的办法。

⑨曩(nǎng):从前,过去。

⑩狱决:监狱判决。

[译文]

  不久,追赶的人停止了追捕,季羔要离开前,对被砍脚的人说:"我不能破坏国君的法度,而亲自下令砍断你的脚,现在我在危难之中,这正是你报仇的时机,你却为我指出三种让我逃脱的方法,这是为什么?"

  被砍脚的人说:"砍断脚,本来就是因为我有罪,没有任何可以避免刑罚的办法。以前您依照法令处置我,先审理别人的案件再审理我的,以有充足的时间了解案情,是想也许我能有机会免于重刑,这我是知道的。罪责已经判定,面对我被判刖足之罪,您面色忧愁不快,看到您的脸色,我再次知道您是不忍心让我遭受重刑。难道您是偏爱我吗?不,是因为您天生是君子,您遵从的道本来就是这样。这是我之所以喜欢您的原因。"

  孔子听说了这件事,说:"子羔做官做得好啊!他执行法令的标准一致。心怀仁义和宽恕就可以树立德行,施加严厉和暴虐的刑罚就会招来怨恨。公正地执行法令,说的就是子羔啊!"

孔子谓伯鱼曰①："鲤乎,吾闻可以与人终日不倦者,其唯学乎?其容体不足观也②,其勇力不足惮也③,其先祖不足称也④,其族姓不足道也⑤,终而有大名⑥,以显闻四方,流声后裔者⑦,岂非学之效也?故君子不可以不学,其容不可以不饬⑧。不饬无类⑨,无类失亲⑩,失亲不忠⑪,不忠失礼⑫,失礼不立。夫远而有光者,饬也;近而愈明者,学也。譬之污池,水潦注焉⑬,雚苇生焉⑭,虽或以观之,孰知其源乎⑮?"

〔注释〕

①伯鱼:孔子的独生子,名鲤,伯鱼是他的字。

②其容体:意思是与己来往者的容貌身材。不足观:等于说没有什么可欣赏的。

③惮(dàn):惧怕。

④称:称道。

⑤道:提起,议论。

⑥大名:巨大的名声。

⑦后裔:子孙后代。

⑧饬(chì):修整洁净,增添光彩。

⑨类:族类,族裔。

⑩失亲:失去本来可以与之亲近交流的人。

⑪不忠:彼此不亲则相互不了解,不了解就谈不到忠诚与否。

⑫失礼:儒者极为重视礼仪,主张礼是立于社会的重要条件,所以这里说"失礼不立"。

⑬水潦(lǎo):雨后积水。

⑭藋(guàn)苇:芦苇一类的水边植物。

⑮孰知其源乎:谁能知道孕育这芦苇的积水的源头在哪里呢？这里是指人要学习,一代代地、终生地学习,这样才能源流不断。

[译文]

　　孔子对伯鱼说:"鲤啊,我听说让人一整天都不感到疲倦的事,大概只有学习吧？与自己来往者的容貌形体没什么可欣赏的,他们的勇气和力量没什么可惧怕的,他们的先祖没什么可称道的,他们的家族姓氏没什么值得议论的,最后他们却有了巨大的名声,声名显赫传播四方,流传到子孙后代,这难道不是学习的结果吗？所以君子不可以不学习,他们的容貌形体不可以不修整洁净。不修整洁净,别人就辨别不出他是哪一族裔的人;辨别不出族裔,就会失去本来可以与之亲近交流的人;失去本可亲近交流的人,就谈不上忠诚与否;谈不上忠诚与否,就会失去礼仪;失去礼仪,就无以立于社会。久远前的先祖流传下来的光彩,是经过修整的容貌;距离自己比较近的前辈,他们的教导、行为更为明亮耀眼,是代代不断学习的结果。以泥塘作比,雨后的积水注入其中,芦苇一类的植物生长其中,即使有人观察它,谁能知道孕育这芦苇的积水的源头在哪里呢？"

　　子路见于孔子曰:"负重涉远①,不择地而休;家贫亲老,不择禄而仕。昔者由也事二亲之时,常食藜藿之实②,为亲负米百里之外。亲殁之后,南游于楚,从车百乘,积粟万钟③,累茵而坐④,列鼎而食,愿欲食藜藿,为亲负米,不可复得也。枯鱼衔索⑤,几何不蠹⑥? 二亲之寿,忽若过隙⑦。"

孔子曰:"由也事亲,可谓生事尽力⑧,死事尽思者也。"

〔注释〕

①涉:蹚水过河。这里指走很长的路。
②藜(lí)藿(huò):泛指野菜。
③万钟:指极多。钟,古代的一种较大的量器。
④累茵:多张席子摞起来。
⑤衔索:晾晒鱼干时绳索需穿过鱼头以便吊挂,看似鱼口衔绳。这两句是以枯鱼比喻人生短促,子欲养而亲已逝,感叹、遗憾不已。
⑥几何:意思是有多少、多久。蠹(dù):蛀蚀干燥坚硬器物、材料的虫子,这里指枯鱼被蠹虫毁坏。
⑦忽:极快。过隙:意谓时间过得太快了,就像隔着门缝看飞奔而过的马,转瞬即逝。
⑧生事:父母亲在世时儿子应做的事。

〔译文〕

子路见到孔子说:"背负重物走很长的路,不挑选地方休息;家中贫穷亲自侍奉老人,不挑选官职出仕。过去我侍奉双亲的时候,常常吃野菜,为双亲从百里之外背回粮食。双亲故去之后,我南下到楚国游历,跟随的车有百乘,积攒的谷物有万钟,多张席子摆起来坐在上面,摆开一列的食器吃饭,即使希望吃野菜,为双亲背米,也不可能再有机会了。穿在绳子上悬挂起来的鱼干,离被蠹虫毁坏还远吗?双亲的寿命,短促得好像从门缝里看飞奔而过的马匹,转瞬即逝。"

孔子说:"仲由侍奉双亲,可以说父母在世时应该做的事都尽力了,父母过世后应该有的思念也都做到了。"

子路治蒲①,请见于孔子曰:"由愿受教于夫子。"子曰:"蒲其何如②?"对曰:"邑多壮士,又难治也。"

子曰:"然。吾语尔,恭而敬③,可以摄勇④;宽而正⑤,可以怀强⑥;爱而恕⑦,可以容困⑧;温而断⑨,可以抑奸⑩。如此而加之,则正不难矣。"

〔注释〕

①治蒲:治理蒲邑,即任蒲邑宰。蒲邑在今山东省长垣县附近。
②其:语气词,无义。
③恭而敬:恭和敬基本同义,在孔子的学说中,恭敬的核心是"诚"。"恭"重在内心对他人的钦佩敬仰,"敬"则重在通过礼仪表达对他人的敬意,二者相辅相成,对方也都能心领神会。
④摄:收拢,吸取。
⑤宽:心胸开阔。正:正直,正派。
⑥怀:包容,接纳,怀柔。
⑦恕:为他人着想,谅解。
⑧困:这里指遇到困境。

⑨温:善良谦逊。断:遇事能够决断。
⑩抑:压制住。

〔译文〕

　　子路治理蒲邑,请求拜见孔子,说:"我希望得到老师的指教。"孔子说:"蒲邑怎么样?"子路回答说:"邑中有很多勇士,且难于治理。"

　　孔子说:"是这样。我跟你说,谦恭且尊敬他人,可以使勇猛的人收敛;心胸开阔且正派,可以包容强者;仁爱且为他人着想,可以容纳困顿之人;善良谦逊且有决断力,可以抑制奸邪。像这样把恭敬、宽正、爱恕等用到蒲邑去,那么整肃那里的风气就不难了。"

三恕第九

〔题解〕

　　本章题为"三恕",章名取自第一篇,全章选文四篇。第一篇中孔子讲解了三种违背恕的情况,即不事君而要求臣下侍奉自己,不孝亲而要求儿女孝顺自己,不敬兄长而要求弟弟顺从自己。读书人应该铭记,恕的根本是仁爱,并应以此端正自身。第二篇里孔子借鲁桓公宗庙里的"欹器"讲了平衡之道。孔子让弟子向欹器内注水,发现未注水的时候它是倾斜的,注水到中间时它端正而稳定,注满的时候它就倾覆了。正是因为欹器的这三种状态代表"虚则欹(不正),中则正,满则覆"的警诫,因此它常被放在君主的座位旁边。第三篇是孔子回答子贡的提问,解释君子见水必观之的缘由。孔子指出,水的不同形态体现了德、义、道、勇、法、正、察、志和善化的良好品格,所以君子见水必观之。第四篇讲,有一天子路穿着华贵的衣服大摇大摆地来见孔子,孔子便以长江作比告诫他,在日常生活中穿着华贵的衣服,就不会有人把犹如长江下游那样凶险的河流情况告诉他了。于是,子路马上出去换了一身衣服又进来。此时,孔子对他说,言语花哨,做事自夸,即使有才能也是小人,君子说话只说要点是智慧,而做事做到最好是仁义。

孔子曰:"君子有三恕①,有君不能事,有臣而求其使,非恕也;有亲不能孝,有子而求其报②,非恕也;有兄不能敬,有弟而求其顺③,非恕也。士能明于三恕之本④,则可谓端身矣⑤。"

〔注释〕

①恕:孔子提出的重要理念之一,此为君子应终身奉行的品德。恕的核心意思是"仁爱","己所不欲,勿施于人",也就是设身处地,将心比心,为他人着想。这里说"三恕",是指君子有三种违背"恕"的情况应该特别注意。
②报:回报,报答。
③顺:顺从,逊服。
④明:指在内心深处懂得。三恕之本:三恕的本质,即仁爱之心。
⑤端:正。

〔译文〕

孔子说:"君子有三种违背'恕'的情况,有国君而不侍奉,有臣子(如'家臣')却要求他们听从差使,这有悖于恕;有双亲而不孝敬,有子女却要求他们回报自己,这有悖于恕;有兄长而不恭敬,有弟弟却要求他们顺从自己,这有悖于恕。士人如果能在内心深处懂得三恕的本质是仁爱之心,就可以说做到端正自身了。"

孔子观于鲁桓公之庙①,有欹器焉②。夫子问于守庙者曰:"此谓何器?"对曰:"此盖为宥坐之器③。"

孔子曰:"吾闻宥坐之器,虚则欹④,中则正⑤,满则覆⑥。明君以为至诫⑦,故常置之于坐侧。"顾谓弟子曰⑧:"试注水焉!"乃注之。水中则正,满则覆。夫子喟然叹曰:"呜呼!夫物恶有满而不覆哉?"

子路进曰:"敢问持满有道乎⑨?"

子曰:"聪明睿智,守之以愚;功被天下⑩,守之以让⑪;勇力振世,守之以怯⑫;富有四海,守之以谦⑬。此所谓损之又损之之道也。"

〔注释〕

①观:仔细地、认真地看。鲁桓公:鲁隐公之子,鲁庄公之弟,被齐襄公派人刺杀而亡。

②欹(qī):倾斜。

③盖:表达不确定的语气词。宥(yòu)坐:放在国君位子旁边。宥,宽阔,这里指君王座位旁的空处。

④虚:指(水)不灌满或空放着,此时欹器可能会歪斜。

⑤中:指(水)灌到一半,到欹器的中间,此时欹器将是稳定的。

⑥覆:翻倒,指欹器倾覆。

⑦至诫:最高的警告。

⑧顾:回过头。

⑨持:保持,使之不歪不覆。

⑩被:覆盖。
⑪让:谦逊,把功勋让给他人。
⑫怯:谨慎从事,小心翼翼。
⑬谦:不以富骄人,事事谦逊。

〔译文〕

孔子仔细观看鲁桓公的宗庙,看到有一件倾斜的器物。夫子问看守宗庙的人:"这是什么器物?"看守宗庙的人回答说:"这大概是宥坐器。"

孔子说:"我听说宥坐之器,空着就会歪斜,水灌到中间位置就会端正而稳定,水灌满了就会倾覆。英明的君主把它作为最高的警诫,所以常把它放置在自己座位的旁边。"孔子回头对弟子说:"试着往里注水看看!"于是弟子往里注水。水注到中间时端正而平衡,注满就倾覆了。夫子感叹地说:"啊!事物哪有满了还不倾覆的呢?"

子路上前一步恭敬地说:"敢问有没有方法可以让满的状态不倾覆?"

孔子说:"虽然自己聪明睿智,但总觉得不如别人,这是用愚钝去守住平衡;虽然自己的功劳覆盖全天下,但是要通过把功勋让给他人来守住平衡;虽然自己的勇气和力量足以震撼世间,但要通过谨慎小心地行事去守住平衡;虽然自己富贵到拥有天下之宝,但是要保持谦逊的处世态度去守住平衡。这就是你所问的能够让欹器里的水不断减少,永不倾覆的道理和办法。"

孔子观于东流之水。子贡问曰:"君子所见大水必观焉,何也?"

孔子对曰:"以其不息①,且遍与诸生而不为也,夫水似乎德;其流也,则卑下倨邑必循其理②,此似义③;浩浩乎无屈尽之期,此似道④;流行赴百仞之嵠而不惧⑤,此似勇;至量必平之⑥,此似法;盛而不求概,此似正;绰约微达,此似察;发源必东,此似志⑦;以出以入,万物就以化洁⑧,此似善化也。水之德有若此,是故君子见必观焉。"

〔注释〕

①息:停止,歇息。
②卑下:向低洼之处流。倨(jù)邑:弯弯曲曲地。循:顺着。理:地势高低,回旋往返的地面纹理。
③义:这里是用人应知本分,尽己之力的"义"来形容水的本性。
④道:指天地本性和规律。
⑤百仞:指甚高。古代以七尺或八尺(古尺)为一仞。嵠:同"溪"。
⑥至:指最好的测量方法。有的文献此句"至"作"主",注释家认为"主"通"注",意思是把水注入量器或坑洼之地,水面一定是平的。
⑦志:奔腾的目标。
⑧就:走向、流向。化洁:洗刷干净了。

〔译文〕

孔子观看向东流淌的水。子贡问道:"君子看到大的水面一定要观看,这是为什么?"

孔子回答说:"因为大水奔流不停歇,将恩惠给予天下万物,且并非刻意要这样做,所以水近于'德';它流淌的途径,都是向低洼之处,弯弯曲曲地一定顺着地势的高低和地面的纹理,这近于'义';它浩浩荡荡地没有竭尽的时候,这近于'道';它流淌着行进奔赴百仞悬崖下的溪谷却不恐惧,这近于'勇';最好的测量是否水平的方法一定要用水衡量,这近于'法';器皿装满了水,要让它和器皿边缘取平,不需要像装粮食那样用'概'在器皿口刮平,这近于'正';水流柔弱细小,但也能慢慢地到达地面上细窄的地方,这近于'察';水发源以后,一定向东流,这近于'志';物体从水中出入,万物走向它并被它洗刷干净,这近于'善化'。水的德行就像这样,所以君子看见就一定要观察它。"

子路盛服见于孔子①。子曰:"由,是倨倨者何也②?夫江始出于岷山③,其源可以滥觞④,及其至于江津⑤,不舫舟⑥,不避风,则不可以涉⑦,非唯下流水多耶?今尔衣服既盛,颜色充盈⑧,天下且孰肯以非告汝乎⑨?"

子路趋而出⑩,改服而入,盖自若也⑪。子曰:"由,志之⑫,吾告汝:奋于言者华⑬,奋于行者伐⑭。夫色智而有能者⑮,小人也。故君子知之曰智,言之要也;不能曰不能,行之至也。言要则智,行至则仁。既仁且智,恶不足哉⑯!"

〔注释〕

①盛服:盛装,华贵的衣裳。

②是:这。倨(jù)倨:形容衣裳宽大、讲究,走起来大摇大摆。

③江:指长江。岷山:在今四川,古代误认为长江发源于此。

④滥觞:把饮酒器放到水面上。这是形容水流浅小。后来滥觞被广泛用于指事情的开始阶段。滥,浮在水面上,随流而动。

⑤江津:江的渡口。这里指江津县,今改作江津区,隶属重庆市。

⑥舫(fǎng)舟:两船相并。一说是有舱的舟,恐非,因上古时造船技术难以做到。

⑦涉:渡过江河。

⑧充盈:指全身衣裳都织染了颜色。

⑨非:上文孔子以长江作比,这里的"非"指类似长江下流水情那样凶险的情况。

⑩趋:小步快走。这是在长者面前走路应有的礼仪。

⑪自若:神态很自然。

⑫志之:把这件事记下来。

⑬奋:奋起,勤于。华:同"花",花里胡哨。

⑭行:做事。伐:得意,自夸。

⑮色智:才智表现在表情和举止上。

⑯恶(wū):何,哪里,什么。

〔译文〕

子路穿着华贵的衣裳来见孔子。孔子说:"仲由,你穿着宽大讲究的衣裳,走起来大摇大摆的,这是做什么?长江发源于岷山，它的源头水流浅小得可以把酒杯放在水面上，等到了江津县，不把两条船并在一起，不躲避风浪，就无法渡过水面，不就是因为下流的水大浪急吗？现在你的衣裳很华贵，全身的布料都织染了颜色，天下还有谁愿意把像长江下游水情那样凶险的情况告诉你呢？"

子路恭敬地小步快走着出去了，换了一套衣裳以后又进来，神态很自然。孔子说："由，把这件事记下来，我告诉你：勤于言语的人花哨，勤于做事的人自夸。才智表现在表情和举止上且有能力的人，是小人。所以君子知道了不'华'、不'伐'、不'色智'的道理，就可以说是有智慧了，说话只说事理的要点，不能就说不能，这是最好的做事方法。说话只说要点是智慧的，做事做到最好是仁义的。已经做到仁义且有智慧，还能有什么不足呢！"

好生第十

〔**题解**〕

　　本章题为"好生",出自第一篇选文,全章选文七篇。第一篇是鲁哀公和孔子的一段对话。文中,在孔子的引导下鲁哀公从对舜戴什么冠感兴趣,转为对舜所施行的政教感兴趣。孔子指出,舜的德行像天地一样包容万物而虚空无语;他的教化像四季更替一样化万物于自然。他之所以能做到让全天下都受益于他的德行,是因为他有好生之德。第二篇讲述了孔子在鲁国担任司寇时审理案件的情况。孔子每次断案都要广泛地听取民众对案件的意见,最后再综合所有说法做出判断。第三篇是孔子向弟子漆雕凭询问臧文仲、武仲和孺子容谁更贤能。漆雕凭向孔子禀报了臧家三代人使用龟甲占卜的情况,而未直接给出谁更贤能的评价。孔子听后,肯定了漆雕凭评价人的方式,说他"言人之美也,隐而显;言人之过也,微而著"。第四篇讲的是孔子从公索氏丢失了用于祭祀的牺牲,而推断出这一家族很快就要消亡。第二年,公索氏果然消亡了。弟子询问原因。孔子说,什么都能丢失的家族还不消亡的,从来都没有过。第五篇是讲两个争夺边境土地的小国君主,被周文王治下由百姓到卿士的礼让之风所感化,而主动放弃了有争议的土地的故事。孔子指出,文王的教化达到了"不令而从,不教而听"的最高境界。第六篇讲的是君子与小人的区别在于君子用心引导视听,并把树立"义"当作"勇"。第七篇里,孔子指出了君子的三种忧虑,分别是害怕没有机会听闻道、没有机会学习道,以及不能践行道。

鲁哀公问于孔子曰:"昔者舜冠何冠乎①?"孔子不对。

公曰:"寡人有问于子,而子无言,何也?"

对曰:"以君之问不先其大者,故方思所以为对②。"

公曰:"其大何乎?"

孔子曰:"舜之为君也,其政好生而恶杀③,其任授贤而替不肖④。德若天地而静虚,化若四时而变物⑤。是以四海承风⑥,畅于异类⑦,凤翔麟至⑧,鸟兽驯德⑨。无他也⑩,好生故也。君舍此道而冠冕是问⑪,是以缓对⑫。"

[注释]

①舜:传说中的上古帝王,黄帝的后代,史称英明之君。

②方:正在,刚刚。所以为对:用什么来回答您的话。

③恶(wù):厌恶。

④任:任用、授予职位。替:撤换,替换。不肖:这里指不成才,言行不像样子。

⑤化:改变,转化,这里指教化。四时:四季。物:天地间的一切。

⑥四海:全天下。承风:接受教化。

⑦畅:畅行,流通。异类:指别的部族和人群。

⑧凤、麟:凤凰和麒麟,中国古代传说中的神鸟和神兽,它们只有在太平和谐的时候才在人间出现。

⑨驯:顺。

⑩无他:没有别的原因。

⑪冠冕是问:即"问冠冕",询问冠冕这件事。

⑫缓:晚一点,缓慢一些。

〔译文〕

鲁哀公向孔子请教道:"过去舜戴什么冠?"孔子不回答。

哀公说:"寡人有问题向您请教,而您没有回答,这是为什么?"

孔子回答说:"因为国君您提问时,没有先问大的方面,所以我刚刚在思考该怎样回答您的问题。"

哀公说:"大的方面是指什么?"

孔子说:"舜当君主的时候,他的政教爱惜生命且厌恶杀戮,他把职位授予贤人,并替换掉言行不当的人。他的德行就像天地一样包容万物而虚空无语,他的教化就像四季更替一样让万物自然而然地发生变化。因此,全天下都接受了舜的教化,这在别的部族和人群中也同样畅行,神鸟凤凰翱翔而来,神兽麒麟奔跑而到,鸟兽都归顺他的仁德之政。这没有其他原因,只是因为他爱惜生命的缘故。国君您舍弃这个道理而问冠冕的问题,所以我回答得慢了一些。"

孔子为鲁司寇,断狱讼①,皆进众议者而问之,曰:"子以为奚若②?某以为何若③?"皆曰云云④,如是,然后夫子曰:"当从某子,几是⑤。"

〔注释〕

①断狱讼:意思是断案,审讯案件并判决。
②奚若:何如,怎么样?奚:通"何"。
③某:古文中用以虚指某个人。
④云云:等于说怎样怎样、这样这样。
⑤几是:接近于正确。几:几乎,近于。

〔译文〕

孔子在鲁国担任司寇,审讯案件和判决时,让议论过这些案件的人都进入司寇官府,并向他们咨询,说:"你认为怎么样?某个人认为怎么样?"众人都说过怎样怎样了,像这样一一问到,这之后孔子才会说:"应该听某人的,他的看法基本正确。"

孔子问漆雕凭曰①:"子事臧文仲、武仲及孺子容②,此三大夫孰贤?"

对曰:"臧氏家有守龟焉③,名曰蔡④。文仲三年而为一兆⑤,武仲三年而为二兆,孺子容三年而为三兆。凭从此之见。若问三人之贤与不贤,所未敢识也。"

好生第十 | 105

孔子曰:"君子哉,漆雕氏之子!其言人之美也,隐而显;言人之过也,微而著。智而不能及,明而不能见,孰克如此⑥?"

〔注释〕

①漆雕凭:孔子的弟子,姓漆雕,名凭。《论语》《史记·仲尼弟子列传》等文献记载有漆雕开(字子开),未见漆雕凭之名。

②臧文仲:臧氏是鲁国的重要氏族之一,对鲁国的兴衰起到过重要作用。臧文仲是该氏族中著名的人物之一,曾任国卿。臧武仲是臧文仲之子。孺子容是臧武仲的后人,也曾在朝中任大夫,生平事迹不详。

③守龟:国君、氏族所保藏的龟甲,以备遇事占卜之用。

④蔡:臧氏所藏的龟甲产自蔡国,于是称之为"蔡"龟。

⑤兆:占卜时,在龟甲上钻出小坑,然后在坑中燃灸,龟甲因而开裂,出现裂纹,称"兆",依此而预判吉凶。灼甲一次即为一兆。

⑥克:能,做得到。

〔译文〕

孔子问漆雕凭道:"你为臧文仲、臧武仲和孺子容做事,这三个大夫谁更贤能?"

漆雕凭回答说:"臧氏家里有氏族所保藏的龟甲,称为'蔡'龟。臧文仲三年占卜一次,臧武仲三年占卜两次,孺子容三年占卜三次。凭(漆雕凭自称)由这件事看到三位大夫的情况。如果问三个人的贤与不贤,这不是我敢贸然判断的。"

孔子说:"君子啊,漆雕氏的儿子!他谈论别人的美德,语言隐约但意思显然;谈论别人的过错,语气平缓而判断明确。漆雕凭有智慧,非常人所能及,他对事物观察得透彻,这也是人们看不出来的,谁能做到这个程度呢?"

鲁公索氏将祭而亡其牲①。孔子闻之,曰:"公索氏不及二年将亡②。"后一年而亡。

门人问曰③:"昔公索氏亡其祭牲,而夫子知其将亡,何也?"

孔子曰:"夫祭者,孝子所以自尽于其亲④。将祭而亡其牲,则其余所亡者多矣。若此而不亡者,未之有也⑤。"

〔注释〕

①公索氏:可能是鲁国的一支异姓贵族,复姓公索。亡:丢失了。牲:祭祀时供奉的牲畜,即"牺牲"。

②及:到。

③门人:弟子们。

④自尽:意思是自己对父母尽心尽意。

⑤未之有:即未有之,没有这样的情况。

〔译文〕

鲁国的公索氏将要祭祀时而丢了用于供奉的牲畜。孔子听说了这件事,说:"公索氏不到两年就会消亡。"过了一年公索氏果然消亡了。

弟子们问道:"之前公索氏丢了祭祀的牺牲,夫子就知道他家必然会消亡,这是为什么?"

孔子说:"祭祀,是孝子对父母尽心尽意的大事。将要祭祀,牺牲却丢了,那么在其他方面丢失的就更多了。像这样没有什么不能丢失的氏族还能不消亡的,从来没有过。"

虞、芮二国争田而讼①,连年不决,乃相谓曰:"西伯,仁人也,盍往质之②?"

入其境,则耕者让畔③,行者让路。入其邑,男女异路,斑白不提挈④。入其朝,士让为大夫⑤,大夫让为卿。虞、芮之君曰:"嘻!吾侪小人也⑥,不可以履君子之庭⑦。"遂自相与而退,咸以所争之田为闲田矣⑧。

孔子曰:"以此观之,文王之道,其不可加焉。不令而从,不教而听⑨,至矣哉⑩!"

〔注释〕

①虞、芮(ruì):春秋时期的两个小国,在今山西南部永济境内,两国接壤,具体位置不详,有可能即今芮城县和虞乡镇一带。

②盍(hé):何不。质:基础,根本。在这里是提出问题的意思,指自己对事情已有一定的想法、主意,但还没有最终结论,从而提问。

③畔:田地或河湖的旁边。

④斑白:指头发花白,即上了年岁的人。提挈(qiè):指提着、背着重物。

⑤让为:谦逊地把更高的职位或身份让给他人。

⑥吾侪(chái):同辈,同类人。
⑦履:走在,踩踏。庭:指西伯(周文王)的朝堂庭院。
⑧咸:都。闲田:两国边界处没有被封赐的土地。
⑨教:教育,教化。听:指顺从社会的风气、秩序。
⑩至:最高,最好。

[译文]

　　虞、芮两个国家因为争夺田地而相互争论,接连多年都无法决断,于是双方提出:"西伯周文王是仁德之人,何不去请他帮我们评判?"

　　他们进入西伯的边境,就看到耕地的人相互让出田地或河湖的边缘,走路的人相互让路。进入他的城邑,又看到男人和女人走不同的道路,头发花白的人没有提着或背着重物的。进入他的朝堂,又看到士人相互谦让着把大夫的职位给别人,大夫又谦让着把卿的职位给别人。虞国和芮国的君主说:"啊!我们这些人都是小人,不可以踏入西伯的朝堂庭院。"于是,主动退回本国,且都把原先彼此争夺的土地当作没有被封赐的土地。

　　孔子说:"从这件事情来看,周文王的治理之道,不可能做得更好了。不下命令就让人顺从,不去教育就让人听命,他的政教已经达到最高境界了!"

　　孔子谓子路曰:"君子以心导耳目①,立义以为勇;小人以耳目导心,不逊以为勇②。故曰:退之而不怨③,先之斯可从已④。"

〔注释〕

①导:引导,即自觉地听、看。
②愻(xùn):同"逊"。
③退之:让他往后排,意思是把好的机会、位置让给别人。
④先之:让他冲在前。斯:则。从:听从安排。已:通"矣"。

〔译文〕

孔子对子路说:"君子用心引导耳朵和眼睛,把树立'义'当作勇敢;小人用耳朵和眼睛引导心,把不恭顺当作勇敢。所以有一句话说:如果让他往后排,把好的机会、位置让给别人,他不埋怨,那么让他冲在前面,他也会听从安排。"

孔子曰:"君子有三患:未之闻①,患不得闻;既得闻之,患弗得学②;既得学之,患弗能行。有其德而无其言③,君子耻之④;有其言而无其行,君子耻之;既得之而又失之,君子耻之;地有余而民不足,君子耻之;众寡均而人功倍己焉⑤,君子耻之。"

〔注释〕

①未之闻:即"未闻之",没有听说过。
②患:担心。弗得学:没有机会或条件学。
③其言:指与其德相应相配的言论。
④耻之:以之为耻。

⑤众寡:指人口和劳动力的多少。人:指他处或别国。功:泛指农耕、军事等事功。

〔译文〕

孔子说:"君子有三种忧虑:没听说过的,担心没有机会听说;已经听说的,担心没有机会学习;已经学习的,担心不能践行。有德却没有与之相配的言论,君子以之为耻;有言行而无德行,君子以之为耻;已经得到了却又失去,君子以之为耻;土地有余但百姓的生活却不足,君子以之为耻;人口和劳动力的多少分配平均,但他国所取得的农耕、军事等方面的事功却比自己的多,君子以之为耻。"

观周第十一

[题解]

　　本章题为"观周",选文两篇,内容皆围绕孔子到周地观览所触发的感慨而展开。第一篇讲孔子参观古代帝王举行最重要、最神圣活动的明堂。他看到四扇大门墙壁上的尧舜和桀纣的画像时说,这是有关国家兴亡的告诫。墙壁上还有周公辅佐成王的画像。孔子反复观摩这些画像之后说,明镜可以观察自己的身形,历史是了解现状的参照。国君一定要沿着前人已经奠定的安定国家的路径走,思考让国家陷入危机和导致灭亡的原因,这样才能超越前人。第二篇讲的是孔子携弟子参观太祖后稷庙的情形。孔子看到庙堂前立着铜人,它们的嘴被封住,背后铭刻有关多言可能招致的多种祸端,以及让人们一定要保持温恭慎德态度的训诫。孔子读罢,转头告诉随行的弟子,这些话十分真实、准确,要时刻保持战战兢兢的心,如此便可远离忧患。

　　孔子观乎明堂①,睹四门墉②,有尧舜与桀纣之象③,而各有善恶之状、兴废之诫焉。又有周公相成王④,抱之负斧扆南面以朝诸侯之图焉⑤。

　　孔子俳徊而望之,谓从者曰:"此周公所以盛也⑥。夫明镜所以察形⑦,往古者所以知今。人主不务袭迹于其所以安存⑧,而忽怠所以危亡⑨,是犹未有以异于却走⑩,而欲求及前人也,岂不惑哉⑪!"

〔注释〕

①明堂:古代帝王举行最重要、最神圣活动的大型建筑。

②墉:墙。古代重要建筑大多开有四个门。

③桀纣:中国古代两个著名的暴君。桀,夏代最后一个国君。纣,商代最后一个王。象:图像,标志。

④周公:名旦,周文王之子,周武王之弟,周成王之叔。武王伐纣灭商,去世后,由周公辅助年幼的成王继位、执政。他被封于鲁,所以称之为"公";因不能离开王室,于是让其嫡子伯禽赴鲁接受赐封,称鲁公,是鲁国的第一任国君。

⑤抱之:抱着年幼的周成王。负:背对着。斧扆(yǐ):画有象征天子威严和权力的斧斧图案的屏风。南面:面向南。朝:接见,接受诸侯的朝拜。

⑥此:这,指周公忠诚地为周王朝的安全和发展而尽力。

⑦形:指照镜子者的身形容貌。

⑧人主:指君王。不务:不致力于。袭迹:沿着前人的足迹。其所以安存:能够平安稳定地生存延续的原因。

⑨忽:忽视。怠:懒得去想、去做。所以危亡:指历史上一些国家陷入危机或灭亡的原因。

⑩却:倒着。走:跑。

⑪惑:迷惑,糊涂。

[译文]

　　孔子仔细观览明堂,看见四个门口的墙上,有尧舜和桀纣的图像,每个人都有或善或恶的样貌,这是有关国家兴亡的告诫。还有周公辅佐成王,抱着年幼的周成王的画像,画中周公和成王背对着画有象征天子威仪和权力的斤斧图案的屏风,正在接受诸侯的朝拜。

　　孔子来回踱步观看这些图像,对跟随他的人说:"忠诚地为周王朝的安全和发展尽力,是周公家族和鲁国长期强盛的原因。明镜是用来观察身形容貌的,历史是了解现今状况的参照。君主如果不致力于沿着前人已经奠定的使国家得以平安稳定地生存延续的道路走下去,忽视并且懒得去想那些在历史上让国家陷入危机或灭亡的原因,这就跟朝相反方向跑,却想要赶上跑在前面的人一样,难道不是很糊涂吗?"

　　孔子观周,遂入太祖后稷之庙①。庙堂右阶之前,有金人焉②,三缄其口③,而铭其背曰④:"古之慎言人也。戒之哉!无多言,多言多败;无多事,多事多患。安乐必戒,无所行悔。勿谓何伤,其祸将长;勿谓何害,其祸将大;勿谓不闻⑤,神将伺人⑥。焰焰不灭⑦,炎炎若何⑧?涓涓不壅⑨,终为江河。绵绵不绝⑩,或成网罗⑪。毫末不札⑫,将寻斧柯⑬。诚能慎之,福之根也。口是何伤?祸之门也。强梁者不得其死⑭,好胜者必遇其敌。

盗憎主人⑮,民怨其上。君子知天下之不可上也⑯,故下之;知众人之不可先也⑰,故后之。温恭慎德,使人慕之;执雌持下⑱,人莫逾之⑲。人皆趋彼⑳,我独守此㉑;人皆或之㉒,我独不徙㉓。内藏我智,不示人技㉔。我虽尊高㉕,人弗我害㉖。谁能于此㉗?江海虽左㉘,长于百川㉙,以其卑也。天道无亲,而能下人㉚。戒之哉!"

孔子既读斯文也㉛,顾谓弟子曰:"小子识之㉜,此言实而中㉝,情而信㉞。《诗》曰㉟:'战战兢兢,如临深渊,如履薄冰。'行身如此㊱,岂以口过患哉!"

[注释]

①遂:就,含有与前面的事紧接着的意思。这里表示孔子一到周地首先就进入后稷之庙。后稷:舜的重臣,周的始祖,名"弃",善于农耕,所以后人称之为"后稷"(后,即王。稷,指谷黍等粮食作物),奉之为五谷之神。

②金人:铜铸的人。

③三:在这里不是实数,而是表示多(多重、多道)。缄(jiān):把可以分开的东西扎束起来,这里是紧紧封住的意思。

④铭其背:在"金人"的背上刻字。

⑤不闻:指没有别人听到。

⑥伺(sì):窥探,从旁听着、看着。

⑦焰焰:指小火苗。

⑧炎炎:大火。

⑨壅:堵住。

⑩绵绵:像蚕丝那样连绵不断。

⑪或:也许。罗:在这里与"网"同义。

⑫毫末:动物初生的绒毛和植物才冒出的嫩芽。札(zhā):拔(依王肃注)。(案,"札"在古代指用于写字的小薄木片,后引申为信件、笔记等义。疑"札"或本作"扎"。扎(zā),义为把分散的东西捆到一起。)

⑬柯:斤斧的柄。

⑭强梁:勇武有力而少谋乏善的人。

⑮主人:指被偷盗的物主。

⑯下之:下于它(天),在天的下面。

⑰众人:指所有的人。先:跑在最前面。

⑱执雌:秉持着以柔克刚的处世态度。语义和《老子》"知其雌,守其雄,为天下溪"相近。

⑲逾:超过,越过。

⑳趋彼:指趋向于要刚强争雄。

㉑此:指温恭慎德,外柔内刚。

㉒或:通"惑",犹豫,迷惑。

㉓徙(xǐ):转移。

㉔技:能力,巧妙的办法。

㉕尊高:尊贵高超。

㉖弗我害:即"弗害我"。不害我。

㉗于此:如此。

㉘左:相左,走向不同甚至相互交叉。

㉙长(zhǎng)于百川:为天下所有河流之长。长,指最大、最深、最包容的。

㉚下人:让所有人都居于它的下面。

㉛斯文:这篇文章。

㉜识(zhì):记住。

㉝中(zhòng):对,准确。

㉞情:指符合实际情况。信:诚,不虚假。

㉟《诗》:指《诗经·小雅·小旻(mín)》篇。《小旻》是一首讽刺周幽王的诗。幽王昏聩腐败,纳奸拒贤,最终导致西周覆灭。孔子引用的是《小旻》的最后三句,意在嘱告弟子们要做贤能之臣,在朝中行事应该尽忠竭力,时时谨慎小心。

㊱行身:为人处世。

〔译文〕

孔子到周地观览,进入太祖后稷的庙。庙堂右侧台阶的前面立有铜人,他们的嘴被牢牢封住,铜人的背上刻着字,说:"这是古时说话谨慎的人。以此为戒!不要多言语,多言语多失败;不要多事,多事多忧患。在平安和乐的环境中,一定要对可能发生的危害有所戒备,不要留下事后的悔恨。不要说有什么伤害,它的祸患将会长久;不要说有什么损害,它的祸患将会很大;不要说没有人会听到,神明时刻都在一旁听着、看着人们的言行。小火苗刚起时不去把它熄灭,等到变成大火怎么办?细小的水流不去堵塞,最终将会成为江河。像蚕丝那样连绵不断,也许最后就会结成一张网。刚生出的嫩芽不拔除它,将来就要用斧子来砍伐。如果能够做到慎言,就是福气的根本。说话的嘴会造成什么伤害?它是祸患的大门。勇武有力而少谋乏善的人得不到善终,争强好胜的人必定会遇到敌人。盗贼憎恨被偷盗的物主,百姓埋怨管理他们的官员。君子知道天在上,人在天的下面,不可能到它上面去,所以甘居其下;知道不能跑在所有人的最前面,所以甘居人后。他们温和、恭敬、谨慎、有德,使人仰慕;秉持着以柔克刚和位居人下的处世态度,人们就没有能够超过他们的。人们都趋向于要刚强争雄,我独自守着外柔内刚之道;人们都感到迷惑,只有我不转移意志。把我的智慧藏在内心,不向人们展示能力。我虽然尊贵高超,人们却不会伤害我。谁能够如此?长江和大海虽然流淌的方向与百川不同,却是天下所有水域中最大、最深、最包容的,因为它们都处于低洼的地方。天的运行规律同等地看待所有人,没有亲疏之分,却能让所有人都居于它的下面。要以此为戒啊!"

孔子读完了这篇铭文,回头对弟子说:"你们记住,这些话真实而且准确,符合实际情况而且不虚假。《诗经》说:'战战兢兢,就像面临深渊,就像踩着薄冰。'这样为人处世,难道还会为多言而可能导致的过失而担忧吗?"

弟子行第十二

[题解]

　　本章题为"弟子行",全章分为两部分,第一部分讲卫国将军文子向子贡询问孔子的弟子中谁是贤人,子贡根据自己在孔门中的见闻及孔子评价学生的话语回答了这个问题;第二部分讲子贡回到鲁国以后,向孔子禀报了自己跟文子的谈话内容,并请老师点评。孔子指出,子贡对同门的了解是准确而深入的,并进一步介绍了赵文子、随武子、铜鞮(dī)伯华等人的贤能之处,指出即使是没有亲耳听闻、亲眼见过的人,也可以在思想上对他们进行更加深入的理解。

　　选文截取第一部分,呈现了孔门几位重要弟子的品行。例如,颜回的"夙兴夜寐,讽诵崇礼,行不贰过";冉雍的"不迁怒,不深怨,不录旧罪";仲由的"不畏强御,不侮矜寡,其言循性,其都以富,材任治戎";冉求的"恭老恤幼,不忘宾旅;好学博艺,省物而勤";曾参的"满而不盈,实而如虚";颛孙师的"美功不伐,贵位不善,不侮不佚,不傲无告";卜商的"送迎必敬,上交下接若截焉";等等。

卫将军文子问于子贡曰①:"吾闻孔子之施教也,先之以《诗》《书》②,而道之以孝悌③,说之以仁义④,观之以礼乐,然后成之以文德。盖入室升堂者⑤,七十有余人,其孰为贤⑥?"子贡对以不知。

文子曰:"以吾子常与学⑦,贤者也,不知何谓?"

子贡对曰:"贤人无妄⑧,知贤即难。故君子之言曰:'智莫难于知人。'是以难对也。"

文子曰:"若夫知贤,莫不难。今吾子亲游焉,是以敢问。"

子贡曰:"夫子之门人,盖有三千就焉⑨。赐有逮及焉⑩,未逮及焉,故不得遍知以告也⑪。"

文子曰:"吾子所及者,请闻其行。"

〔注释〕

①文子:事迹不详。参考一些零星文献记载,他是卫灵公之孙,卫卿,名弥牟,字之,"文子"是其死后的谥号。

②先之:首先。《诗》《书》:《诗经》和《尚书》。

③道之:引导门人进一步学习。悌(tì):敬爱兄长,兄弟间和睦友爱。

④说:解说,这里指剖析"仁""义"的含义和道理。

⑤盖:估计,大约。入室升堂:这里指得到了孔子学说的精髓。这是孔门的常用比喻。《论语·子张篇》载:有人说子贡的学问、思想比孔子强。子贡知道后说,孔子的学问、思想好比几丈高的院墙中保存着的珍宝,"不得其门而入,不见宗庙之美、百官(储物的府库)之富。得其门者或

寡矣。"《先进篇》中也记载了孔子评价子路学习鼓瑟的水平的话:"由也,升堂矣,未入于室也。"

⑥其:语气词。在这里带有揣测口吻。
⑦与(yù):参与其中,这里指一起学习。
⑧无妄:没有虚假,意思是实话实说,实事实行。
⑨就焉:走向。这里是说到孔子那里去就学。
⑩逮及:指遇到过,接触过。
⑪不得:这里指做不到。

[译文]

卫国的将军文子问子贡道:"我听闻孔子施行教育,首先教以《诗》和《尚书》,进而引导门人学习孝道和悌道,剖析仁义的含义和道理,让门人观看和实践礼乐,然后根据他们外在的表现和内在的道德修养给以评价。得到孔子学说精髓的人,大约七十人,他们中哪些最为贤能?"子贡回答说不知道。

文子说:"您时常和他们一起学习,又是贤才,我不知道您为什么这样说?"

子贡回答说:"贤者实话实说,实事实行,但是要了解人是不是贤能,还是很难的。所以君子有言道:'在智慧方面,没有比了解人更难的了。'因此我很难回答您的问题。"

文子说:"要了解贤者,没有不难的。现在您在孔子及其门人身边学习,应该对孔子的弟子们了解得深入真切,所以我才敢冒昧地请教。"

子贡说:"夫子的门人,大约有三千人就学。我有的接触过,有的没有接触过,所以我做不到在全部了解他们之后再向您禀告。"

文子说:"就您所接触过的人,请说说他们的品德与行事。"

子贡对曰:"夫能夙兴夜寐①,讽诵崇礼②,行不贰过③,称言不苟④,是颜回之行也⑤。孔子说之以《诗》曰⑥:'媚兹一人,应侯慎德。''永言孝思,孝思惟则。'若逢有德之君⑦,世受显命⑧,不失厥名⑨。以御于天子⑩,则王者之相也⑪。"

[注释]

①夙(sù):凌晨天还没亮时。兴:起,这里指起床。"夙兴夜寐"一语先秦已为常用语,表示辛勤劳苦。

②讽诵:朗读背诵。崇:这里指极为重视并履践。

③贰过:不会出现第二次过失。在《论语》中也记载有孔子对颜回这一优点的称赞。《雍也篇》:"哀公问:'弟子孰为好学?'孔子对曰:'有颜回者好学,不迁怒,不贰过,不幸短命死矣。今也,则无。'"

④苟:随意,马虎。

⑤是:这就是。

⑥《诗》:这里指《诗经·大雅·下武》。所引的诗句和今本《诗经》有异。《诗经·大雅·下武》作"永言孝思,孝思维则。媚彼一人,应侯顺德"。另,今本《诗经》中"惟"作"维"。"孝思惟则":维护后稷、文王、武王所树立的榜样(依郑玄笺注说)。

⑦逢:遇上了。君:国君,诸侯。

⑧世：古代以三十年为一世，这里指一辈子，终生。显命：荣耀的声誉。
⑨厥：其，他的。
⑩御：为天子所用。
⑪相：扶助，这里指辅佐天子的"相"。

[译文]

子贡回答道："能够辛勤劳苦地朗读背诵，极为重视并履践礼仪，行为上的过失不会出现第二次，说话不马虎，这就是颜回的品行。孔子引用《诗》中的诗句来说明颜回的修养品德：'我们热爱天子，他能够担当起延续弘扬我们祖先的道德和功业的责任。''我将永远地保持着对祖宗的孝敬之心，维护后稷、文王、武王所树立的榜样。'如果遇上了有德行的国君，就会终生享有荣耀的声誉，不会失去他的名誉。如果让他为天子所用，他就是辅佐天子的相。"

"在贫如客，使其臣如借①。不迁怒②，不深怨③，不录旧罪④，是冉雍之行也⑤。孔子论其材曰：'有土之君子也⑥，有众使也⑦，有刑用也⑧，然后称怒焉⑨。'孔子告之以《诗》曰⑩：'靡不有初⑪，鲜克有终⑫。'匹夫之怒⑬，唯以亡其身。"

[注释]

①臣：手下人，包括奴隶。借：向他人借用。

②迁怒:把因某事某人发怒,转移到他事或他人身上去。
③怨:恨。
④录:记住。旧罪:(他人)过去的过错。
⑤冉雍:孔子弟子,字仲弓。
⑥有土之君子也:《论语》记载孔子曾说过:"雍也,可使南面。"意思是,冉雍可以成为治理一方的官员。
⑦众:众多的人。
⑧刑:刑法。
⑨称怒:发出和自己的地位适合的怒气。
⑩《诗》:这里指《诗经·大雅·荡》。孔子借此诗句告诫冉雍,你有了良好的修养,那就要坚持君子之行,即使"有土"了,也要不改初衷。
⑪靡:没有。
⑫鲜:少。克:能够。终:指完好的结局。
⑬匹夫:一般人,普通人。

〔译文〕

"在贫困的环境中,言谈举止犹如做客时一样端庄恭敬,差使和对待自己的手下人就像向他人借来的一样客气。不把因某事某人而起的怒气转移到他事他人身上去;不让怨恨之意加深,不记住他人过去犯的过错,这就是冉雍的品行。孔子论及他的才能时说:'冉雍可以成为治理一方的官员,那时有众人可供差使,有地方上的刑法可供使用,然后他才会发出和自己的地位相称的怒气。'孔子用《诗经》中的两句诗告诫冉雍说:'任何事都能有个好开端,但能有好结果的很少。'作为一般人,无官无位,就不要生气,因为生气只会伤身或惹来杀身之祸。"

"不畏强御①,不侮矜寡②,其言循性③,其都以富④,材任治戎⑤,是仲由之行也。孔子和之以文⑥,说之以《诗》曰:'受小共大共,而为下国骏厖,荷天子之龙,不戁不悚,敷奏其勇。'⑦强乎武哉⑧,文不胜其质⑨。"

〔注释〕

①强御:强壮而有威力。

②矜:通"鳏"(guān),孤身的老年男性。寡:无夫的老年女性。

③循:顺。

④都:美,大方潇洒(参《诗经·郑风·与女同车》毛亨传)。以:而。富:形容其富有才干。

⑤任:承担。戎:战事,军队。

⑥和(hè):这里指孔子用与子路能力、品德相应的文辞或诗句来评价他。

⑦《诗》:这里指《诗经·商颂·长发》中的诗句。该诗讲的是商代天子拜祭上天的祭礼,也是全"天下"最重要的祭祀,《长发》是举行祭礼时的乐曲。今本《诗经》这几句作"受小共大共,为下国骏厖,何天之龙。敷奏其勇,不戁不竦,百禄是总"。依《诗经》毛亨传,这几句诗歌颂的是商王成汤。"共"与"恭"通,在这里指"法"(一说是指商王会见诸侯时接受他们奉上的玉石)。"骏"是"大"的意思。"厖",厚也。"龙",指和谐(唐代经学家谓不知这一解释的根据)。戁(nǎn)、竦(sǒng),都是惊怕的意思。敷奏:向上天禀报。

⑧武:对子路勇猛有力的称赞。

⑨文:这里指子路后天所学、所修。其质:指子路的本性、本领。

〔译文〕

"不畏惧强壮而有威力的人,不欺负鳏寡老人,不说违背自己本心本性的话,大方潇洒而富有才干,才能足以承担军务,这就是仲由的品行。孔子用与子路的能力和品德相应的文辞来评价他,用《诗》中的诗句来说就是:'接受小法大法,让下面的国家又广大又厚实,承受天的和谐,不惊不怕,向上天禀报他的勇猛。'子路强健而勇猛,但后天所学不及他的本性。"

"恭老恤幼①,不忘宾旅②;好学博艺,省物而勤也③,是冉求之行也。孔子因而语之曰:'好学则智,恤孤则惠④,恭则近礼,勤则有继⑤。尧舜笃恭以王天下⑥。'其称之也⑦,曰'宜为国老⑧'。"

〔注释〕

①恤:同情,帮助。
②宾旅:泛指出门在外,背井离乡的人。"恭老恤幼,不忘宾旅"是中国自古就有的传统。《孟子·告子下》也说过:"敬老慈幼,无忘宾旅。"
③省:观察。物:事和物。
④孤:这里指孤儿。
⑤有继:有后继者,有未来。
⑥笃:忠实地,全心全意地。王(wàng)天下:做天下之王。
⑦其:指孔子。称:称赞。

⑧宜:应该,适合。国老:这里指国之重臣。

〔译文〕

"对老者恭敬,帮助年幼的人,不忘记出门在外的人;喜好学习,才艺广博,细察事物且勤勉,这就是冉求的品行。孔子基于他的才能说:'好学就会有智慧,体恤孤儿是仁惠之心,恭敬就接近知礼,勤勉就会有未来。尧和舜都因胸怀忠实恭敬之心,因此成为天下的王。'孔子称赞道:'冉求应该成为国之重臣。'"

"满而不盈①,实而如虚②。过之如不及③,先王难之④。博无不学,其貌恭,其德敦⑤;其言于人也,无所不信⑥;其骄大人也⑦,常以浩浩⑧,是以眉寿⑨。是曾参之行也。孔子曰:'孝,德之始也;悌,德之序也⑩;信,德之厚也;忠,德之正也⑪。参中夫四德者也⑫。'以此称之。"

〔注释〕

①满而不盈:意谓充满才能,但不会溢出,即不炫耀。盈,多出来,盈余。
②实而如虚:意谓虽然雄厚实力在身,但是给人的感觉是虚弱的,即实不外露。
③过之如不及:事情做过了头,其结果和没有做到既定目标是一样的。俗语"过犹不及"与此同义。
④难:难以做到。
⑤敦:厚,实在。

⑥信:诚实可靠。
⑦骄大人:以"大人"为"骄",古称身高六尺的马为"骄"(参《说文解字》),这里指昂首傲视一切的姿态。大人:富贵之人。
⑧浩浩:浩然正气。
⑨眉寿:人上了年纪,常常眉毛会比较长,称之为眉寿或寿眉。
⑩悌:敬爱兄长,这里指兄弟友爱。序:指长幼的次序。
⑪正:这里指最中心、最重要的。
⑫中(zhòng):这里指做到了。夫:这。

[译文]

"满怀才能而不炫耀,实力雄厚却好似虚弱。任何事做过了头跟没有达到既定目标是一样的,这一点先代的圣王也难以做到。知识广博无所不学,体貌谦恭,德行敦厚;他对人说的话,没有不诚实可靠的;他昂首傲视富贵之人,常常充满浩然正气,因此会长寿。这就是曾参的品行。孔子说:'孝,是德行的起点;悌,是德行的长幼次序;信,是德行应有的深度;忠,是德行最核心的内容。曾参做到了这四点。'于是,孔子用上面的话称赞他。"

"美功不伐①,贵位不善②,不侮不佚③,不傲无告④,是颛孙师之行也⑤。孔子言之曰:'其不伐,则犹可能也;其不弊百姓⑥,则仁也。'《诗》云⑦:'恺悌君子⑧,民之父母。'夫子以其仁为大学之深⑨。"

〔注释〕

①美:好。伐:这里指表现出很得意的样子。
②善:以之为善,这里指让人觉得他得到高贵的位置是因为自己做得好。
③侮:轻慢,指对事情怠惰。佚(yì):安逸,过于放松。
④无告:穷困无处诉说,意思是走投无路而得不到援助。王肃认为此处特指鳏寡孤独四类人。
⑤颛(zhuān)孙师:复姓颛孙,字子张,陈国人,孔子弟子。
⑥不弊:意思是不给他人带来麻烦和害处。
⑦《诗》:这里指《诗经·大雅·洞酌》。
⑧恺(kǎi):和乐。悌(tì):易也。参用《诗经》汉唐注疏及《尔雅》。案,古诗文中"恺悌"一词多见,表达的意思大体相同。
⑨大学:指不断地、深入地学习和探讨。

〔译文〕

"建立了大的功劳也不夸耀自己,得到尊贵的位置也不会沾沾自喜,对待事情不怠惰不放纵,不在困顿无助之人面前表现出骄傲的神情,这就是颛孙师的品行。孔子描述他的品行道:'颛孙师不自我炫耀,是可能做到的;他不让百姓受到欺骗和损害,就是做到了仁。'《诗》上说:'和乐平易的君子,是百姓的父母。'孔子认为他的仁德广大,是不断深入学习和探讨的结果。"

"送迎必敬,上交下接若截焉①,是卜商之行也②。孔子说之以《诗》曰③:'式夷式已④,无小人殆⑤。'若商也,其可谓不险矣。"

〔注释〕

①交、接:二字这里同义,都指交往、接触、往来。截:割断,这里指界限分明,等于说公事公办,不拉拉扯扯。
②卜商:字子夏,孔子弟子。
③《诗》:这里指《诗经·小雅·节南山》,这是一首讽谏周幽王及其权臣的诗。
④式:用。夷:平。已:止。
⑤殆:危险,危害。

〔译文〕

"送迎宾客必定恭敬,与上下级交往公事公办,这是卜商的品行。孔子用《诗》评价他道:'施政要做到平衡、公平为止,这样就没有小人的危害。'像卜商这样为人处世,可以说是远离危险了。"

"贵之不喜①,贱之不怒②;苟利于民矣③,廉于行己④;其事上也⑤,以佑其下⑥,是澹台灭明之行也⑦。孔子曰:'独贵独富,君子耻之,夫也中之矣⑧。'"

〔注释〕

①贵:使之贵。
②贱:使之贱。古代有官爵和俸禄者为贵,没有则为贱。

③苟:如果,假设。
④廉:与"贪"相对,指清廉、廉洁。行己:使己行之,让自己去做。
⑤事:侍奉,服事。
⑥以:用。佑:帮助,护佑。
⑦澹(tán)台灭明:字子羽,鲁国人,孔子弟子。
⑧夫:他,指澹台灭明。(案,"夫"字的这种用法,与秦汉的语言习惯不合。)中(zhòng):符合,做得对。

〔译文〕

"授予爵位,他不欣喜,剥夺爵位,他不恼怒;如果对百姓有利,他就廉洁地去做;他侍奉上级,以此来帮助下级,这就是澹台灭明的品行。孔子说:'只有自己富贵,君子以之为耻,澹台灭明的品行符合这一点。'"

"先成其虑①,及事而用之②,故动则不妄③,是言偃之行也④。孔子曰:'欲能则学,欲知则问,欲善则详,欲给则豫⑤。当是而行⑥,偃也得之矣⑦。'"

〔注释〕

①先:预先,事先。成:形成,完成。虑:思考,谋划。
②及:这里指到了有事需要的时候。之:指此前的谋划。
③动:有所应对、行动。妄:慌乱,不知所措。
④言偃(yǎn):字子游,吴国人,孔子弟子。从孔子学后,任武城宰。孔子认为他善于文学。
⑤给(jǐ):供给,服役。豫:通"预",事先有所准备。

弟子行第十二 | 131

⑥是:这样。

⑦得:获得,取得,这里指明白了其中的道理,做到了。

〔译文〕

"事先形成思考和规划,等到事情到来的时候就依此而行,这样行动就不会慌乱,这就是言偃的品行。孔子说:'想要有才能就要学习,想要了解就要去问,想要做得好就要了解得详尽,想要有所供给就要事先有所准备。君子应当像这样行事,言偃做到了。'"

"独居思仁①,公言言义②。其于《诗》也③,则一日三覆'白圭之玷'④,是南宫绦之行也⑤。孔子信其能仁⑥,以为异士⑦。"

〔注释〕

①居:处。独居:这里指独自一人在的时候。

②公言言义:这句话是说,在公众场合谈论的是"义"。一本作"公言仁义",恐非。其时无此用法。"思仁"和"言义",是古代"互文见义"的表达方式,等于说独居所思为仁和义,在公众场合谈的也是仁和义。

③《诗》:这里指《诗经·大雅·抑》。经学家认为此诗为卫武公所作。诗中有云:"白圭之玷,尚可磨也。斯言之玷,不可为也。"《诗经》里这句教导人们的话,就是"一日三覆白圭之玷"。

④三:概数,指多次。覆:反复,这里指反复打磨。玷(diàn):缺也(参用《诗经》毛亨传注),指玉石的残缺。

⑤南宫绦(tāo):字子容,鲁国人,孔子弟子。《史记·仲尼弟子列传》作南宫括,南宫是复姓。

⑥信:通"伸",伸张,把自己的看法告诉别人。

⑦以为:以之为,这里指把他看作。异人:跟平常人不同,不是一般的人。

[译文]

"独处的时候所思为仁和义,在公众场合谈论的也是仁和义。用《诗经》的话来描述他就是,一天里多次地反复打磨'白色瑞玉上的残缺',这就是南宫绦的品行。孔子相信南宫绦能做到施仁义,认为他不是一般人。"

"自见孔子,出入于户,未尝越礼①;往来过之②,足不履影③;启蛰不杀④,方长不折⑤;执亲之丧⑥,未尝见齿⑦,是高柴之行也⑧。孔子曰:'柴于亲丧,则难能也;启蛰不杀,则顺人道;方长不折,则恕仁也⑨。成汤恭而以恕⑩,是以日跻⑪。'"

"凡此诸子⑫,赐之所亲睹者也。吾子有命而讯赐⑬,赐固不足以知贤⑭。"

[注释]

①尝:曾,曾经。越:逾越,这里指不符合礼的行为。

②过:走过,这里指穿行庭院,路过堂下。

③足不履影:意思是走路的时候,脚不踩在前面的人或并行于近阳一

边者的身影上。行路时和同行者保持一定的距离,既是礼仪的通例,也是释疑、安全的需要。

④启:开,指蛰伏了一冬的虫子春天苏醒后,打开保护它们的土层和草木树枝。农历二十四节气中的"惊蛰",即后来形成的"启蛰"的标准时间点。

⑤方长(zhǎng):这里指植物生长的时候。

⑥执:持,这里当"守"讲,指为父母守丧。

⑦见(xiàn):出现,露出。齿:牙齿。这是说子羔为父母守丧期间一直是悲戚的,没有笑容。

⑧高柴:字子羔,孔子弟子。

⑨恕仁:这里指给植物更长的生长时间,这是对自然界的仁爱。

⑩成汤:即商汤,商朝的第一位君主。恕:以己度人,设身处地为他人着想。孔子的经典解释是"己所不欲,勿施于人"(参《论语·卫灵公》)。

⑪日跻(jī):天天上升,这里指商汤的功业和声望日益为人们所拥戴。

⑫凡此:所有这些,指以上子贡提到的孔子的所有弟子。

⑬讯:询问。

⑭固:鄙陋,见识浅薄。

〔译文〕

"自从拜见孔子之后,进门出门,未曾有不符合礼的行为;穿过庭院,路过堂下,脚不会踩到其他人的影子,保持着应有的距离;刚苏醒的蛰虫不去杀害它们,植物生长的时候不去折断它们;为父母守丧期间,没有言笑,一直保持悲戚的心情,这就是高柴的品行。孔子说:'高柴对待双亲丧事的方式,是常人难以做到的;刚苏醒的蛰虫不去杀害,是顺应人道;正在生长的植物不去折断,以给植物更长的生长时间,是对自然的仁爱之心。商汤谦恭地履行恕道,设身处地地为他人着想,所以他的功业和声望日益为人所拥戴。'"

"以上这些人的情况,是我亲眼看到的。您下达命令向我询问,但我见识浅薄不足以知道谁是贤人。"

文子曰:"吾闻之也,国有道,则贤人兴焉①,中人用焉,乃百姓归之②。若吾子之论,既富茂矣,壹诸侯之相也③。抑世未有明君④,所以不遇也⑤?"

子贡既与卫将军文子言,适鲁,见孔子曰:"卫将军文子问二三子之于赐⑥,不壹而三焉⑦。赐也辞不获命,以所见者对矣。未知中否⑧,请以告。"

孔子曰:"言之乎?"子贡以其辞状告孔子⑨。

子闻而笑曰:"赐,汝次为知人矣。"

子贡对曰:"赐也何敢知人?此以赐之所睹也。"

孔子曰:"然。吾亦语汝,耳之所未闻,目之所未见者,岂思之所不至,智之所未及哉?"

子贡曰:"赐愿得闻之。"

〔注释〕

①兴:兴起,相继纷纷出现。

②中人:指有所知而未悟"道"的人。孔子根据人的才能,把人分为贤人、中人和小民(即庶民、百姓)。乃:然后,就。

弟子行第十二

③壹:一概,全部。

④抑:表示揣测语气,或者,也许。

⑤不遇:指没遇到了解赏识他们的人。

⑥二三子:这里指同在孔子门下学习的若干人。

⑦不壹而三:不是一次而是多次。

⑧中(zhòng):合,符合,准确,这里指符合真实情况。

⑨辞:言辞,言语,这里指子贡和文子的对话。状:指当时的情形,状况。

〔译文〕

文子说:"我听说,国家有道,贤人就会纷纷出现,有所知而尚未悟道的中人也会得到起用,这样百姓就会归顺。如果按照你所介绍的,孔门弟子中的人才已经很多了,而且都足以担任诸侯国的相。难道是因为没有遇到赏识他们的明君,所以还没有得到施展才能的机会吗?"

子贡跟卫将军文子说过这些话以后,回到鲁国,见到孔子时说:"卫将军文子向赐询问门人的情况,不止一次而是多次地问我。我想推辞不说,但是没有得到同意,于是我把我所见到的门人的情况告诉了他。不知道是否符合真实情况,请允许我讲给您听。"

孔子说:"你说说吧。"子贡把他和文子的对话告诉了孔子。

孔子听过以后笑着说道:"赐啊,你向文子介绍同门诸人的顺序,就说明你是善于了解人的,你对他们几个人的了解是很准确深入的。"

子贡回答道:"我怎么敢说我从心里已经真正认识了他们的志向和为人呢?我所说的,不过都是我亲眼看到的具体事情啊。"

孔子说:"是这样。我还要跟你说,你自己没有亲耳听到,没有亲眼看到的,难道思考就不能更深入一些吗?你的智慧就不能进入到他们行为举止背后的思想里吗?"

子贡说:"我请求听您讲讲这些事。"

贤君第十三

〔题解〕

本章题为"贤君",主要内容是讨论如何成为贤君和贤臣,选文四篇。第一篇是颜回向孔子请教如何在外安身处事?孔子指出,要注意做到恭、敬、忠、信,亲近关系密切的人,修习自己的内心,并且做事情要预先做准备。做到这些,不仅能保全自身,甚至还能治理好国家。第二篇里孔子感叹伯华的贤能,说他年轻时敏而好学,壮年时勇而不屈,老年时有道而能下人。这三种品质足以让他平定天下。第三篇是齐景公向孔子请教秦穆公的治国方略。孔子认为,最重要的一点是秦穆公选取贤才的方法,他提拔百里奚,与其交谈了三天才把政事交给他。凭借这一方法穆公成为圣王都有可能,霸业只是他成就的一部分而已。第四篇讲宋国的国君向孔子请教让国家长治久安的方法。孔子指出,与邻国相亲,会使国家长久;君主仁慈,臣子忠诚,国都就会得到良好的治理;不杀无辜,不释放有罪之人,百姓就不会困惑;增加士人的俸禄,他们就会尽心竭力;尊奉天,敬事鬼,季节变化就会符合历法;崇尚道和德,圣人自会前来;任用有才能的人,罢免没有才能的人,官府就会得到治理。

颜渊将西游于宋,问于孔子曰:"何以为身①?"

子曰:"恭敬忠信而已矣。恭则远于患,敬则人爱之,忠则和于众②,信则人任之③。勤斯四者④,可以政国,岂特一身者哉⑤?故夫不比于数而比于疏⑥,不亦远乎⑦?不修其中而修外者,不亦反乎⑧?虑不先定⑨,临事而谋⑩,不亦晚乎?"

〔注释〕

①为:做。为身:这里指安身处事。

②和:相互应和,这里指与人和睦相处。和于众:即"与众相和"。

③任之:把事情交付给他,任用,委任。

④勤:勤奋,尽力做事,这里指尽力做到。

⑤特:仅仅,只。

⑥比:密切,这里指亲近。数(shuò):频繁,与疏相对,这里指往来密切的人。

⑦远:疏远,这里指关系变得疏远,彼此不了解。

⑧反:相反,这里指本末倒置。

⑨先定:指事先做好准备。

⑩临:监临,由上视下,这里指面对事情。

〔译文〕

颜渊将要西行去宋国游历,向孔子请教道:"怎么才能做到安身处事?"

孔子说:"不过是要做到恭、敬、忠、信而已。谦恭就可以远离祸患,诚敬就会得到人们的爱戴,忠诚就可以与人和睦相处,守信就会得到任用。尽力做到这四点,就可以凭此来治理国家,岂止是做到保全自身呢?所以,不跟往来密切的人亲近却去亲近关系疏远的人,不就跟本来关系密切的人疏远了吗?不修习内心却去修饰外表,不就本末倒置了吗?事先不做好准备,遇到事情再谋划,不就太晚了吗?"

孔子闲处①,喟然而叹曰:"向使铜鞮伯华无死②,则天下其有定矣③。"

子路曰:"由愿闻其人也。"

子曰:"其幼也,敏而好学;其壮也,有勇而不屈;其老也,有道而能下人④。有此三者,以定天下也,何难乎哉!"

子路曰:"幼而好学,壮而有勇,则可也。若夫有道下人,又谁下哉?"

子曰:"由不知!吾闻以众攻寡,无不克也⑤;以贵下贱⑥,无不得也。昔者周公居冢宰之尊⑦,制天下之政,而犹下白屋之士⑧,日见百七十人,斯岂以无道也?欲得士之用也。恶有有道而无下天下君子哉⑨?"

〔注释〕

①闲处:即闲居,在家无事,闲散着。

140 | 孔子家语

②向:从前,与"今"相对。使:假使,假如。铜鞮(dī):春秋时期晋国的一个邑,在今山西省沁(qìn)县西南。伯华:人名。

③其:语气词,无义。有定:意思是有安定的可能。

④下:自谦,示人以不如他人。

⑤克:战胜。

⑥贱:地位低的人。

⑦冢宰:周代官名,六卿之首,又称太宰。

⑧犹:仍然,还。白屋:茅草屋,指普通百姓的住宅。白屋之士:指尚未出仕的士人、读书人。

⑨恶(wū)有:哪有,表示没有。

〔译文〕

孔子在家闲居时,感叹地说:"从前如果晋国铜鞮邑的伯华没有死去,那么天下就有安定的可能了。"

子路说:"仲由想听听他的事迹。"

孔子说:"伯华年幼的时候,聪敏而且喜好学习;壮年的时候,有勇气而且不屈服;老年的时候,领悟了天地之道而且谦恭,能够向人展示自己不如他人的地方。具备这三种品质,据此平定天下,还有什么难的呢!"

子路说:"幼年好学,壮年勇猛,这些都可以做到。如果说领悟了道还要展示自己不如别人的地方,又能对谁展示呢?"

孔子说:"仲由你不知道!我听闻,用多数人攻打少数人,没有不胜利的;地位高的人向地位低的人表示谦逊,没有得不到人才的。过去周公身居冢宰这样的尊贵之位,代理周王治理天下政务,还要向尚未出仕的读书人谦恭咨询,每天要会见一百七十人,难道是因为他自己还没有把握道的规律,而要向士人请教吗? 不,他是想要得到所有读书人来为治理天下而发挥作用。哪有有道之人不对天下的君子谦逊恭让的呢?"

齐景公来适鲁①,舍于公馆②,使晏婴迎孔子③。
孔子至,景公问政焉。孔子答曰:"政在节财。"
公悦。又问曰:"秦穆公国小处僻而霸④,何也?"
孔子曰:"其国虽小,其志大;其处虽僻,而其政中⑤。其举也果⑥,其谋也和⑦,法无私而令不愉⑧。首拔五羖⑨,爵之大夫,与语三日而授之以政⑩。此取之⑪,虽王可也⑫,其霸少矣⑬。"
景公曰:"善哉!"

〔注释〕

①来:从鲁国的角度看,齐景公从齐国来到鲁国,故为"来"。适:到……去。(案,"来"和"适"连在一起表示某一行动的走向,这在先秦至汉的书面语即现存文献中未见,疑是魏晋时期语辞用法,待考。)
②公馆:诸侯接待他国国君的宾舍。齐景公访鲁,依礼,应住在鲁君的公馆。
③晏婴:史称晏子,任齐国上大夫,前后辅佐三位齐国国君,是春秋时期的著名政治家。《晏子春秋》记述了晏婴的许多事迹。迎:指到孔子处把他接到齐景公所居的"公馆"。
④处僻:指秦国处于西部偏僻的地方。霸:靠着军事力量成为诸侯中的强者,共主,"挟天子以令诸侯"。春秋时期周王朝衰落,诸侯纷争,先后

出现几个霸主。"霸",假借为"伯",二字上古音义相同。不同典籍所记述的霸主国名和数量略有不同,而齐桓公、晋文公、秦穆公、楚庄王是被称说得最多的。

⑤政中:政治举措正确。

⑥举:举动,这里指施政举措。果:有结果,一贯到底,不改来改去。

⑦谋:谋划,这里指治国谋略。和:指内外和谐一致。

⑧愉:同"偷",苟且,这里指马虎、不认真。

⑨首拔:首先提拔。五羖(gǔ):指百里奚,虞国人,为大夫,虞灭,适秦,沦为随秦国到楚国的陪嫁奴隶。后秦穆公发现其才干,用五张公羊皮将其赎回,任命为秦相,故人称"五羖大夫"。百里奚辅佐秦穆公在处理与晋国的关系、增强秦的国力、选用人才、称霸天下等方面,起了很大作用。羖,黑色的公羊。

⑩与语:指和百里奚谈话。

⑪取:这里指选取贤才。

⑫虽:即使。

⑬其:指秦穆公。少:指称霸只是他功业的一部分。

〔译文〕

齐景公来到鲁国,住在鲁侯接待他国国君的宾舍,并派晏婴将孔子迎接到公馆来。

孔子抵达公馆,景公向他咨询执政之道。孔子回答说:"执政要节省财物。"

景公听后很高兴。又问道:"秦穆公的国家很小且地处西部偏僻的地方,却能称霸,这是为什么?"

孔子说:"秦穆公的国家面积虽然小,但他的志向却很远

贤君第十三 | 143

大;地理位置虽然偏僻,但其政治措施十分正确。他的政治措施能够贯彻到底并取得成果,他的治国谋略注重内外和谐一致,他的法律不偏私,而且政令在执行上没有不认真之处。秦穆公首先提拔了百里奚,授予他大夫的爵位,跟他交谈了三天,然后才把政务交给他。这种选拔人才的方法,即使成为圣王也是可能的,霸业只是他功业的一部分而已。"

景公说:"很好。"

孔子见宋君①,君问孔子曰:"吾欲使长有国,而列都得之②。吾欲使民无惑,吾欲使士竭力,吾欲使日月当时③,吾欲使圣人自来,吾欲使官府治理,为之奈何?"

孔子对曰:"千乘之君④,问丘者多矣,而未有若主君之问问之悉也⑤。然主君所欲者,尽可得也。丘闻之,邻国相亲,则长有国;君惠臣忠⑥,则列都得之;不杀无辜,无释罪人,则民不惑;士益之禄⑦,则皆竭力;尊天敬鬼,则日月当时;崇道贵德,则圣人自来;任能黜否,则官府治理。"

宋君曰:"善哉!岂不然乎!寡人不佞⑧,不足以致之也。"

孔子曰:"此事非难,唯欲行之云耳⑨。"

〔注释〕

①宋君:周武王灭商后,将商朝子遗和归顺者封为诸侯,都于宋,让他

们继续奉祀祖先。宋君的封地即今河南商丘一带。

②列:位序,这里指所有都城。都:人口聚集最多的城市。得之:得其治理之道(参用王肃注),指得到符合需求的治理。

③日月当时:让日月的运行与季节相符,意思是让季节变化与历法相符。古人认为这是天下平顺的征兆。当,对着,这里指相符。时,季节。

④乘(shèng):一车四马为一乘。千乘之君:指拥有一千辆兵车的国家的君主。按周代制度,天子拥有万乘兵车,诸侯可拥有千乘。

⑤悉:详尽。

⑥惠:仁惠,即对百姓仁慈、仁爱。

⑦益:"溢"的本字,溢出,这里指增加,增多。

⑧佞(nìng):有口才,能言善道。

⑨云耳:在这里表示自己还有些话,但是不再继续说了。

〔译文〕

孔子拜见宋国国君,宋君问孔子道:"我想让我的家族长久地统治宋国,并且让所有都城都得到符合需求的治理。我想让百姓没有困惑,我想让士人竭尽全力,我想让季节的变化与历法相符,我想让圣人自己前来归附,我想让官府得到良好的治理,应该怎样才能做到呢?"

孔子回答说:"千乘之国的诸侯向丘提问的有很多,但是没有像主君您问得这样详尽的。然而主君想要的这些,都可以得到。丘听说,跟邻国相互亲近,就可以使国家长存;君主对百姓仁慈,臣下对君主忠诚,都城就会得到恰当的治理;不杀害无辜的人,不释放有罪的人,百姓就没有困惑;增加士人的俸禄,他们就会竭尽全力;尊奉天,敬事鬼,季节的变化和历法就会相符;崇

贤君第十三 | 145

尚道,珍视德,圣人就会自己到来;任用有才能的人,罢黜没有才能的人,官府就会得到良好的治理。"

宋国的国君说:"好啊!谁说不是这样呢!但是寡人没有才能,不足以做到这个程度。"

孔子说:"这件事不难,只要真的想要这样去做就可以做到。"

辩政第十四

〔题解〕

　　本章题为"辩政",主要内容是讲为政之道,选文两篇。第一篇讲的是,孔子向弟子宓子贱询问他治理单父邑时如何得到百姓拥护,使之诚服的。孔子把子贱的经验分成三个层次,第一层是子贱通过"父其父,子其子,恤诸孤,哀丧纪"使普通百姓归附,这是众多礼仪中的小事;第二层是子贱通过自身的行为教导百姓要孝顺父母,兄友弟恭,以及倡导善行,这是中等的礼仪,可以让士人归附;第三层是子贱向当地比自己贤能的人请教为政的方法,孔子说这才是重点,往昔尧舜治理天下时就是请贤人来辅助自己。最后,孔子感叹地说,太可惜了,子贱治理的地方太小了。第二篇讲的是子贡在去信阳做城宰前向孔子辞行时,孔子对他的嘱咐。孔子说,要避免夺、伐、暴、盗这四种行为。所谓"夺",是指某个职位上本来就是贤者,却要用另一位贤者去取代;所谓"伐",是指用不成器的人取代贤能的人;所谓"暴",是指法令下达得迟缓,惩罚却执行得迅速;所谓"盗",是指将别人的功绩据为己有。此外,孔子还提醒子贡,廉洁和公平的操守不能动摇,君子凡事都要谨慎。

孔子谓宓子贱曰①："子治单父,众悦,子何施而得之也②?子语丘所以为之者③。"

对曰:"不齐之治也,父其父,子其子,恤诸孤④,而哀丧纪⑤。"

孔子曰:"善!小节也⑥,小民附矣⑦,犹未足也。"

曰:"不齐所父事者三人⑧,所兄事者五人,所友事者十一人。"

孔子曰:"父事三人,可以教孝矣⑨;兄事五人,可以教悌矣⑩;友事十一人,可以举善矣⑪。中节也,中人附矣⑫;犹未足也。"

曰:"此地民有贤于不齐者五人,不齐事之而禀度焉,皆教不齐之道⑬。"

孔子叹曰:"其大者乃于此乎有矣⑭。昔尧舜听天下⑮,务求贤以自辅⑯。夫贤者,百福之宗也⑰,神明之主也⑱。惜乎不齐之所以治者小也。"

〔注释〕

①宓(fú)子贱:名不齐,字子贱,鲁国人,孔子弟子,以仁爱和才智著称,任单(shàn)父邑之宰。单父,在今山东单(仍读 shàn)县以南,菏泽市境内。

②何施:采取了什么措施。

③丘:孔子自称。古礼,在他人面前,包括和弟子谈话,都要自称名以

表自谦和对对方的尊重。下文宓子贱自称"不齐"亦如是。所以为之者：这是进一步问宓不齐采取这些措施的原因。

④父其父,子其子,恤诸孤：四部丛刊本《家语》作"父恤其子,其子恤诸孤",意思是,教导和要求单父的人们,为父者要体谅怜恤儿辈,做儿子的也要同样关心怜悯社会上那些无父的孤儿。其意亦通,可参。

⑤哀丧纪：对单父邑出现的所有丧事都表达哀痛之情。丧纪,指丧事。

⑥小节：指众多礼仪制度中的小事。节,指执政者的举措。

⑦小民：庶民,平民。附：归附,指听从单父邑宰的教导。

⑧父事：像对待自己父亲那样侍奉、服侍。下文"兄事""友事"的意思近似。

⑨可以教孝矣：可以用自身的行为对单父邑的人们进行孝道的教育。

⑩教悌(tì)：以悌道教育人们,即弟弟敬爱兄长,兄长爱护弟弟。

⑪举善：指广泛地倡导人与人之间的善行。

⑫中人：中等的人,按孔子的思想,应指"士"阶层的人。本文将施政对象分为"小民""中人"和"贤者",足见是以品德修养的高低来划分的。

⑬禀度(dù)：向人请教并聆听教诲,这里指向贤于己者请教。皆教不齐之道：宋本《说苑》作"皆教不齐所以治之术",语意更为浅显明了。

⑭大者：指为政的大事、重要的举措。

⑮听：这里指听取天下情况事态,即处理天下大事。

⑯务求：认真、努力地寻找。

⑰百福之宗：意谓所有福分的源头。

⑱神明：指天道和祖先。主：指根本精神。

〔译文〕

孔子对宓子贱说："你治理单父邑,那里的百姓生活和悦,你采取了什么措施而取得了这样的效果?请告诉我采取这些措施的原因。"

子贱回答说:"不齐的治理方法是把百姓的父亲当作自己的父亲对待,把百姓的孩子当作自己的孩子对待,抚恤孤儿,并且对所有的丧事表达哀伤之情。"

孔子说:"好!但这只是众多礼仪制度中的小事,普通百姓会归附你,还不足以成就你的施政效果。"

子贱说:"不齐像对待父亲一样侍奉的人有三个,像对待兄长一样侍奉的人有五个,像对待朋友一样交往的人有十一个。"

孔子说:"像对待父亲一样侍奉三个人,可以用自身的行为对单父邑的人们进行孝道的教育;像对待兄长一样侍奉五个人,可以进行兄友弟恭的教育;像对待朋友一样结交十一个人,可以广泛地倡导人与人之间的善行。这是中等的礼仪,士人会归附你,但还是不足以达到你的施政效果。"

子贱说:"单父这个地方的百姓中有五个人比我贤能,我侍奉他们并接受他们的教诲,他们都教给我治理单父的方法。"

孔子感叹道:"为政最重要的举措就在这里。过去尧舜治理天下的时候,认真地寻求贤能的人来辅助自己。所谓贤人,是所有福分的源头,是天道和祖先的根本精神。可惜啊,不齐治理的地方太小了。"

子贡为信阳宰①,将行,辞于孔子。

孔子曰:"勤之慎之,奉天之时,无夺无伐,无暴无盗。"

子贡曰:"赐也少而事君子,岂以盗为累哉?"

孔子曰:"汝未之详也②。夫以贤代贤,是谓之夺;以不肖代贤③,是谓之伐;缓令急诛④,是谓之暴;取善自与,是谓之盗。盗非窃财之谓也。吾闻之,知为吏者,奉法以利民⑤;不知为吏者,枉法以侵民⑥,此怨之所由也⑦。治官莫若平⑧,临财莫如廉。廉平之守⑨,不可改也。匿人之善,斯谓蔽贤⑩;扬人之恶,斯为小人。内不相训⑪,而外相谤⑫,非亲睦也。言人之善,若己有之;言人之恶,若己受之;故君子无所不慎焉。"

[注释]

①信阳:"信阳"作为邑名,未见于春秋战国时期文献,可能是当时鲁国的一个小邑。或云,周王室所封诸多小国中有名为"申"者,"申"与"信"音义相通,子贡所宰,或即此处。但该申国位于今陕西宝鸡一带。后来东周又在周与楚交界封有"申国",史称"南申",认为是子贡任宰之所,但与史实多有不合。所以不妨"载疑阙疑",于本文只注意孔子谆谆告诫子贡之语所表达的思想。宰:指小城邑的最高管理者。

②详:详细,仔细,这里指深入理解。

③不肖:与"贤"相反,不好的,不成器的。

④缓:迟缓,这里指下令拖沓。急:紧急,迅速。诛:惩罚。

⑤奉:恭敬地捧着,引申指严格奉行。

⑥枉:歪曲,扭曲,这里指违背。

⑦怨:恨。所由:产生的根由。

⑧平:正直,公平,一视同仁。

⑨守:节操,操守。

⑩斯:这。蔽:遮蔽,挡住,这里指埋没人才。

⑪内:对内,在内部。训:教导,教诲,这里指通过彼此沟通而使关系顺畅。

⑫谤:公开指责别人。

〔译文〕

子贡要到信阳担任城宰,临行前,来向孔子辞行。

孔子说:"要勤奋和谨慎,要顺应自然规律,要不'夺'不'伐',不'暴',不'盗'。"

子贡说:"赐自少年起就一直跟着您学习,怎么会行盗窃之事,让它成为一生的罪过呢?"

孔子说:"你还没有理解我说的话。某个职位上本来就是贤者,却要用另一位贤者去取代他,这叫作'夺';用不成器的人取代贤能的人,这叫作'伐';法令下达得迟缓而惩罚却执行得迅速,这叫作'暴';将别人的功绩占为己有,这叫作'盗'。'盗'不是窃取财物的意思。我听说,懂得做官的人,严格奉行法律,让百姓受益;不懂得做官的人,违背法律,让百姓受到侵害,这是民怨产生的根由。做官没有比一视同仁更好的方法,面对财物没有比廉洁更好的方法。廉洁和公平的操守,不可以动摇。把别人的优点掩盖起来,这叫作埋没人才;宣扬他人的缺点,这是小人的做法。在内部不通过彼此沟通而使人与人之间的关系顺畅,却在外面公开地指责他,这不是亲近和睦的行为。

说到别人的优点,就像在说自己的优点一样真诚而喜悦;说到别人的缺点,就像自己经受着犯错时的教训那样痛心;因此,君子没有什么事情不去谨慎对待的。"

六本第十五

〔题解〕

　　本章题为"六本",章名取自第一篇,选文两篇。第一篇是孔子对君子为人处世的"六本",即六种道德修养的根本的阐释。"六本"具体是指,孝为仁之本,哀为丧纪之本,勇为战阵之本,农为理政之本,储君为国家之本,勤奋为生财之本。孔子还指出,君子修身要从跟亲戚建立和悦的关系开始,外交方面则要从处理好跟邻国的关系开始,否则就谈不上跟亲族及距离更远的国家的交往了。第二篇讲的是孔子向捕雀者询问所获皆为小雀的原因。捕雀者说,大雀善惊难于捕获,而小雀贪食容易抓到,小雀跟从大雀就不容易被抓,大雀即使跟从小雀也不容易抓到。孔子以此为喻告诫身边的弟子说,警惕可以远离危机,贪利容易忽视祸患,君子一定要谨慎选择自己所跟从的人。

　　孔子曰:"行己有六本焉①,然后为君子也。立身有义矣②,而孝为本;丧纪有礼矣③,而哀为本;战阵有列矣④,而勇为本;治政有理矣⑤,而农为本;居国有道矣⑥,

而嗣为本⑦;生财有时矣⑧,而力为本⑨。置本不固,无务农桑⑩;亲戚不悦⑪,无务外交⑫;事不终始,无务多业⑬;记闻而言⑭,无务多说;比近不安,无务求远。是故反本修迩⑮,君子之道也。"

[注释]

①行己:意思是为人处世。有:这里指应该有。本:根,这里指思想、道德修养的根源、出发点。

②立身有义:这是说,有了"六本",作为一个君子生活在社会上就有"义"了。孔子所说的"义",概括言之即具有平等待人的胸怀和为社会做出贡献的志向。他说自己治学、为人的过程是"十五而志于学,三十而立,……",也包含了"立身有义"的意思。

③丧纪:办丧事的礼仪规范。

④战阵:作战时的阵法,即部署兵力的数量、位置、变化、分工等的综合安排。有列:指已经各就各位,准备就绪。

⑤理:这里指条理、计划。

⑥居:天子以天下为居,其所在也称居。有道:指立国大政已定。

⑦嗣:继承,确立继承者。《说文解字》:"嗣,诸侯嗣国也。"

⑧有时:时节,最适合的季节。古代创造财富主要依靠农耕,因此对"时"特别重视。

⑨力:这里指劳动力充足与否,及其强弱、勤惰如何。

⑩务:努力从事。

⑪亲:父系的亲人。戚:母系的亲人。悦:和睦喜悦。

⑫外交:指与家族之外的人交往。

⑬多业:指更多的事务。

⑭记闻:记述所闻,这里指道听途说的话。

⑮反本:返回根本。修迩(ěr):搞好和邻国及邻近地区的关系。迩,近,近邻。

〔译文〕

孔子说:"人立身处世有六个道德修养的出发点,做到这些才能成为君子。立身处世要有'义',也就是平等待人的胸怀和为社会做贡献的志向,对父母孝顺是它的根本;办丧事要符合相应的礼仪规范,哀伤的心情是它的根本;作战时的阵法要做到各就各位、准备就绪,英勇的士气是它的根本;治理政务要事先制订计划,农耕是它的根本;统治国家的大政已经确定,确立继承者是它的根本;创造财富有自身的时节规律,劳动力充足与否,及其强弱和勤惰是它的根本。根本确立得不牢固,就不能治理好农桑生产;不能跟父系和母系两边的亲属和睦喜悦地相处,就没办法跟家族以外的人交往;已经开始做一件事但还没有完成,就不要去做其他事;道听途说的消息,就不要再以讹传讹;邻近的国家不安定,就不要费力去寻找距离更远的国家和地区。所以要回到根本上来,搞好跟邻国的关系,这才是符合君子之道的做法。"

孔子见罗雀者①,所得皆黄口小雀②。夫子问之曰:"大雀独不得,何也?"

罗者曰:"大雀善惊而难得③,黄口贪食而易得。黄口从大雀则不得④;大雀从黄口亦不得。"

孔子顾谓弟子曰:"善惊以远害⑤,利食而忘患⑥,自其心矣,而独以所从为祸福⑦,故君子慎其所从。以长者之虑⑧,则有全身之阶⑨;随小者之戆⑩,而有危亡之败也⑪。"

[注释]

①罗:捕鸟的网,这里指用网捕鸟。

②雀:麻雀一类的小鸟。雀类的特点之一是行进时两爪同时向前跳跃。黄口小雀:雀幼时喙是黄色的,故称其"黄口"突出其特征。大雀:体型大的雀,这里指成年的雀。

③善惊:容易受到惊吓,意思是说大雀警觉反应快。善,喜欢,这里指容易。

④从:跟从,跟随。

⑤害:伤害,祸患。善惊以远害:这句话是以黄口小雀喻图利忘灾的人。

⑥利食:以食为利,贪食。

⑦独:唯独,仅仅。

⑧长(zhǎng)者:年长的人,与上文"大雀"相应,而与下文"小者"(年轻人)相对。

⑨阶:阶梯,所由上下也,这里指凭借。

⑩戆(gàng):愚也,等于说傻乎乎,无知。

⑪败:败坏,这里指灾难性后果。

[译文]

孔子见到用网捕鸟的人,所捕到的都是黄嘴小雀。夫子问捕鸟者道:"您唯独捕不到大雀,这是为什么?"

捕鸟者说:"大雀警觉反应快,黄嘴小雀因为贪吃所以容易捕到。黄嘴小雀如果跟着大雀就不容易捕到,大雀即使跟着小雀也不容易捕到。"

孔子回头对弟子说:"保持警觉可以远离祸患,贪图食物就会忘记祸患,这都是由雀的心决定的啊,并且因为所跟随的人而招来祸或福,所以君子要谨慎地选择跟从的人。听从年长者的思虑,就有保全自身的方法;跟随年轻人的无知,就可能导致危亡的灾祸。"

辩物第十六

〔题解〕

　　本章题为"辩物",主要内容围绕孔子对各类事物的辨别判断展开。选文一篇,讲述了孔子在陈国时预测到鲁国遭受火灾的宗庙是鲁桓公和鲁僖公的宗庙。孔子陪同陈侯出游,听说鲁国司铎的官府起火殃及宗庙,于是对陈侯说,遭灾的大概是鲁桓公和鲁僖公的宗庙。陈侯问为什么,孔子解释道,桓公和僖公过世已久,他们不像始祖和始祖的继承者那样建立了开国和巩固国家的伟大功勋,而且也不在现任鲁公的祭祀范围之内,所以即使鲁国人没有按照礼制适时拆除他们的宗庙,他们也已经失去了保全宗庙的基础,当天灾发生时就可能先祸及这两座庙。三天后,鲁国的使者来到陈国,陈侯向使者确认了情况后,感慨地说,圣人真的非常可贵啊!子贡向陈侯进谏道,知道圣人的可贵是好事,但是不如推行圣人的教化之道。

　　孔子在陈,陈侯就之燕游焉①。行路之人云:"鲁司铎灾及宗庙②。"以告孔子。
　　子曰:"所及者其桓、僖之庙③。"

陈侯曰:"何以知之?"

子曰:"礼,祖有功而宗有德④,故不毁其庙焉⑤。今桓、僖之亲尽矣⑥,又功德不足以存其庙,而鲁不毁,是以天灾加之⑦。"

三日,鲁使至,问焉,则桓、僖也。陈侯谓子贡曰:"吾乃今知圣人之可贵。"

对曰:"君之知之,可矣⑧,未若专其道而行其化之善也⑨。"

〔注释〕

①陈侯:陈国的国君,因陈是侯爵,故称陈侯。就:走向,向某人或某目标靠近。此处说"就之",意谓陈侯尊重孔子,主动到孔子那里,表示俯就、屈尊,不以君臣之间的礼仪相见。燕游:闲游。燕,安闲,安适的样子。

②司铎:春秋时期官名,掌管文教、向民间宣告朝廷意旨等事务,这里指司铎的官府。灾:火灾。《左传·哀公三年》载,夏五月辛卯日,鲁国司铎的官府发生火灾。及:到达,这里指火延烧到了桓公、僖公的庙。根据鲁公宫室的制度,此火是越过了鲁宫庭院而点燃宗庙的。详见下文。案,鲁司铎的官署在鲁公的宫院内。古代帝王和诸侯祭祀祖宗的庙宇建于宫院外,"左祖右社",即祖庙建在宫院的东边,祭祀土神和谷神的庙宇在西边,可见"司铎"官署和桓、僖之庙隔着鲁公宫院。

③其:表示推测的语气。桓:指鲁桓公。僖:指鲁僖公。

④祖:指开国或始封之君。功:指建国的空前功业。宗:始祖再传的嫡子(或庶子)继承者。德:指维护、继承始祖功业的功德。

⑤故:所以。不毁:指不拆掉。(依周代礼制,为了永志祖先的功德,

按时祭祀,天子建七庙,诸侯建五庙,大夫建三庙,士建一庙,庶人不建庙在家中祭祀。建庙的数量和等级是固定的,是社会等级的标志之一。天子和诸侯祖庙中所供奉的固定"神位"有三座,分别为自始祖以降的三位祖先,他们的庙不会被拆毁。从第四位起,其庙在出现新去世的君王时就要毁掉,将其"神主"即特制的木牌,迁到始祖"神主"的背后,分"昭穆"即一左一右依次排列。

⑥今桓、僖之亲尽矣:意思是说桓、僖二公去世已经很久,和还在位的哀公已相隔六代以上,依周礼,"诸侯亲庙四焉"(《左传·哀公三年》孔颖达疏),即亲自拜祭的庙只有四座(高祖、曾祖、祖和父的庙)。但是桓、僖二庙因公室和家族内部历史等多种原因直到哀公即位也没有毁掉。其"亲"已尽,他们的功德又不足以成为保存庙的理由。

⑦是以天灾加之:意思是说既然桓、僖二公的后人不毁二庙,于是"天"就将司铎府的火灾加到桓、僖之庙上,使其毁于"天火"。

⑧可:可以,这里指是好事。

⑨专:专注,专心。这里指专心于圣人之道。未若……之善也:不如……好。

〔译文〕

孔子在陈国,陈侯主动到孔子的住处,陪他一同闲游。路上有行人说:"鲁国司铎的官府发生火灾,火灾殃及了宗庙。"有人把这件事告诉了孔子。

孔子说:"祸及的大概是鲁桓公和鲁僖公的宗庙吧。"

陈侯说:"您是怎么知道的?"

孔子说:"根据礼仪制度,开国之君立下了建国的空前功业,始祖再传的继承者有维护、继承始祖功业的功劳,所以后代

辩物第十六 | 161

才不会拆掉他们的庙。现在桓公和僖公已经去世很久了,按礼制诸侯无须去祭祀他们,他们的功德又不足以维系他们的庙,虽然由于各种原因鲁人没有拆掉他们的庙,但上天将火灾加到了他们的庙之上。"

三天之后,有鲁国的使者来到陈国,陈侯向使者询问这件事,得知确实是桓公和僖公的宗庙发生了火灾。陈侯对子贡说:"我现在知道圣人的可贵了。"

子贡回答说:"国君您知道这个道理是好事,但还是不如专心于圣人之道,并致力于推行圣人的教化更好。"

哀公问政第十七

〔题解〕

　　本章题为"哀公问政",主要内容是鲁哀公向孔子请教如何为政。哀公首先向孔子请教如何执政,孔子回答关键是要把百姓当作自己的孩子一样教化,而为了实现教化的目标,就要选取遵循仁义的人才。孔子还指出,要处理好五种大道,即君臣、父子、夫妇、兄弟和朋友这五对关系,并尊奉智、仁和勇三种大德。哀公听了孔子的话,感到自己见识浅薄,无法做到像孔子说的那样好。孔子说,只要做到好学、力行和知耻,就接近于智、仁、勇了,也会进而知道修身、治人和齐家、治国、平天下的方法。接着,哀公问,做到这些就足够了吗?孔子回答道,治理天下国家有九条长久不变的根本规律,就是要修身、尊贤、亲亲、敬大臣、体群臣、重庶民、来百工、柔远人和怀诸侯。这九条做到了,就能分别做到把握事物的规律、不疑惑、和睦亲属、不遭受祸乱、得到士人的回报、百姓听从命令、财用富足、四方归顺、让其他诸侯敬畏。最后,哀公向孔子请教应该如何开始,孔子的回答是,应该由国君给百姓做出榜样,国君敬爱双亲,百姓就会学着与人和睦相处;国君尊敬年长者,百姓就会学着顺从。

哀公问政于孔子。

孔子对曰:"文、武之政①,布在方策②。其人存则其政举③,其人亡则其政息④。天道敏生⑤,人道敏政,地道敏树⑥。夫政者,犹蒲卢也⑦,待化以成。故为政在于得人。取人以身⑧,修道以仁⑨。仁者,人也,亲亲为大;义者,宜也⑩,尊贤为大。亲亲之杀⑪,尊贤之等⑫,礼所以生也。礼者,政之本也,是以君子不可以不修身。思修身,不可以不事亲;思事亲,不可以不知人;思知人⑬,不可以不知天⑭。天下之达道有五⑮,其所以行之者三。曰君臣也,父子也,夫妇也,昆弟也⑯,朋友也。五者,天下之达道。智、仁、勇三者,天下之达德也。所以行之者,一也⑰。或生而知之⑱,或学而知之,或困而知之⑲。及其知之,一也。或安而行之⑳,或利而行之,或勉强而行之。及其成功,一也。"

〔注释〕

①文、武:指周文王和周武王,是周代开国的两位贤君。

②布:陈述,逐一记述。方:古代用于书写的木板。策:竹简,也叫"册"。

③举:兴举,大力施行。

④息:歇息,这里指停止、消失、废弃。

⑤敏生:生生不息。敏,勉,勤恳,这里指快速(参用汉代郑玄、宋代朱熹说)。

⑥地道:大地之道,土地的功能、规律。

⑦蒲卢:蜾蠃,一种细腰的野蜂。《诗经·小雅·小宛》:"螟蛉有子,蜾蠃负之。教诲尔子,式穀似之。"意思是,蜾蠃把螟蛉的幼虫带回巢穴养大,还教诲它们继承祖先的好品德。(案,蜾蠃带回螟蛉幼虫,是用以喂养自己的幼虫,待其长大,露于巢外,古人误以为是蜾蠃把螟蛉养大的,由此还形成了"螟蛉义子"一词。本文即用蜾蠃的故事来说明养育教化的作用。)

⑧身:指身心的整体。

⑨修道以仁:意谓"仁"的关键就是把所面对的人和万物都视为有其体、有其心。

⑩义者,宜也:对于和自己没有血缘关系的人要按照天、地、人之道以"义"相处。"义"的意思就是"宜",即各方面都很适宜。这种种关系与交往中,尊重贤者是最重要的。

⑪亲亲:第一个"亲"为动词,表示亲近;第二个"亲"为名词,意思是与自己有血缘关系的人。杀(shà):削减,这里指依血缘关系的远近、辈分的高低分别出"亲"的差别和等级。古代在参与祭祀和丧葬时所穿的丧服上有着明显的等级差别。

⑫等:等级,差别。

⑬思:虑,这里指考虑到。

⑭天:指儒家所说的"天道"。

⑮达:通达,通畅地达到。

⑯昆:众多,这里指兄弟们。

⑰一:同一个。这里指前面所说的道理。

⑱或:表示不定指,即有的,有的人。

哀公问政第十七 | 165

⑲困:有所不通者,感到困惑。《论语·季氏》:"生而知之者,上也;学而知之者,次也;困而学之,又其次也;困而不学,民斯为下矣。"

⑳安:安定,这里指安于生活,不论生活境遇如何都能推行大道。

[译文]

鲁哀公向孔子询问执政之道。

孔子回答说:"周文王和周武王两位开国贤君的政教,都记述在简册之上。他们在世的时候,政治教化得到大力施行,他们亡故之后,政教也随之废弃。自然界的运行规律在于生生不息,人类社会的运转规律在于勤勉地建立政治教化,大地的运作规律在于使草木迅速生长。推行政教,就像螺蠃把螟蛉的幼子背来自己抚养、教育它长大一样,要等待教化的成功,所以为政的关键在于得到人才。选取人才的关键在于修养身心,修养身心的关键在于以仁为本,仁,就是把所面对的人和万物都视为有其体、有其心,而其中爱自己的亲人是最重要的;所谓义,指的是合宜,在与人相处时,各方面都要处理得适宜,其中尊重贤者是最重要的。爱自己的亲人有远近的差别,尊重贤者也有等级分别,这就是礼仪产生的缘由。礼仪,是政治教化的根本,所以君子不能不修养身心。想要修身,就不能不侍奉双亲;想要侍奉双亲,就不能不对人有所了解;想要了解人,就不能不对天道有所了解。天下的通达之道有五个,推行它们的途径有三种。五种天道是君臣、父子、夫妇、兄弟和朋友。以上五种关系是天下的大道。而智、仁、勇是天下共行的大德。推行五种大道和三种大德的方法是同一个。有的人天生就知道怎么做,有的人经过学习才知道,有的人在困惑中通过思虑而知道。等到他们知道了,他们就一样了。这时,有的人安于生活境遇去推行大道,有的人为了得到好处而推行它,有的人勉励自己推行它。等到他们推行成功了,他们又一样了。"

公曰:"子之言美矣,至矣①!寡人实固②,不足以成之也。"

孔子曰:"好学近乎智③,力行近乎仁,知耻近乎勇。知斯三者,则知所以修身④;知所以修身,则知所以治人;知所以治人,则能成天下国家者矣⑤。"

〔注释〕

①至:达到顶点,这里指孔子的话好到无人能比。
②实:确实,实在。固:鄙陋,见识浅薄。
③乎:于。
④所以:用来……的路径、方法。
⑤成天下国家:周王有天下,诸侯有国,大夫有家(家族)。这句话的意思是,知所以治人,就能够齐家、治国,辅助天子平天下。

〔译文〕

哀公说:"您的话讲得非常好,没人讲得比您更好了!但是我实在见识浅薄,不足以做到您说的那么好。"

孔子说:"喜好学习就更近于有智慧,奋力践行就更近于仁义,知道廉耻就更近于有勇气。知道智、仁、勇这三种品德,就会知道修身的途径;知道修身的途径,就会知道治理百姓的方法;知道治理百姓的方法,就能够齐家、治国,辅助天子平定天下。"

公曰:"政其尽此而已乎?"

孔子曰:"凡为天下国家有九经①,曰修身也,尊贤也,亲亲也,敬大臣也,体群臣也②,子庶民也,来百工也③,柔远人也④,怀诸侯也⑤。夫修身则道立,尊贤则不惑,亲亲则诸父、兄弟不怨⑥,敬大臣则不眩⑦,体群臣则士之报礼重⑧,子庶民则百姓劝⑨,来百工则财用足⑩,柔远人则四方归之,怀诸侯则天下畏之⑪。"

〔注释〕

①经:长久不变的根本性法则、原则、规律。

②体:体恤,关心。

③来:使之自动来,吸引来。

④柔:安抚,怀柔,通过宽松的措施使人主动前来归顺。远人:远方的人,指他国和异族的人。

⑤怀:关心,包容,友好相处。

⑥诸父:同姓的叔伯辈(不分血缘远近)。兄弟:指自己的同姓弟兄。怨:埋怨,不高兴。

⑦眩:晕眩,看不清,迷糊,惑乱。

⑧报:指对君王体恤关心群臣的回报,体现在严格尊礼守法上。

⑨劝:受到鼓励。
⑩财用:钱财和货物。
⑪天下:这里指其他诸侯国。

〔译文〕

哀公问:"为政做到这些就足够了吗?"

孔子说:"但凡治理天下国家有九个长久不变的根本规律,就是修养身心,尊敬贤人,亲近亲属,礼敬大臣,体恤群臣,爱民如子,吸引各类工匠,通过宽松的措施让他国和异族的人前来归顺,以及跟诸侯友好相处。修养身心,就会把握万事万物的运行规律;尊敬贤人,自己就有了榜样和努力的方向,因而遇事就不再迷惑、犹豫;亲近亲人,那么同姓的叔伯和兄弟就不会有什么埋怨;对大臣以礼相待,那么就可以避免祸乱的发生;体恤群臣,那么士人就会以严格尊礼守法来回报君主;爱民如子,那么百姓就会听从;吸引来各类工匠,那么钱财和货物自然就会充足;怀柔他国和异族的人,那么四方的百姓就会自愿归顺;跟诸侯友好相处,那么天下人就会对您敬畏。"

公曰:"子之教寡人备矣①。敢问行之所始?"

孔子曰:"立爱自亲始②,教民睦也;立敬自长始③,教民顺也④。教之慈睦,而民贵有亲⑤;教以敬,而民贵用命⑥。民既孝于亲,又顺以听命,措诸天下⑦,无所不可。"

哀公问政第十七 | 169

公曰:"寡人既得闻此言也,惧不能果行而获罪咎⑧。"

〔注释〕

①备:完备,没有缺漏。
②亲:指父母双亲。
③长(zhǎng):指年长者。
④顺:谦逊,顺从。
⑤贵:珍惜,看重。
⑥用命:听从命令,执行命令。
⑦措:安排,用到……。诸:"之""于"二字的合音字。
⑧果行:做事、行动果断(参用《周易·蒙》王弼注、孔颖达正义)。获:得到,这里指招致。罪咎:指获罪于天、遭谴于人。咎,过失。

〔译文〕

哀公说:"先生您的教导已经很完备了,敢问我该怎么开始施行呢?"

孔子说:"树立仁爱的品德要从敬爱亲人开始,这是为百姓做出榜样,引导人民彼此之间和睦相处;树立礼敬的品德要从尊敬年长者开始,这是为百姓做出示范,引导人民要谦逊、顺从。引导教育百姓要慈爱、和睦,百姓就会珍视亲人;引导教育百姓对人礼敬,百姓就会认真听从并执行命令。百姓既对双亲孝敬,又顺从地执行命令,把他们安排到天下的任何地方,就没有什么是做不到的。"

哀公说:"我既然得以听闻以上这些话,现在就是担心自己不能果断地将这些理念推行,而最终招致上天的惩罚和百姓的谴责。"

颜回第十八

〔题解〕

　　本章题为"颜回",颜回是孔子最得意的学生,孔子对颜回的评价很高,如"有颜回者好学,不迁怒,不贰过。不幸短命死矣,今也则亡,未闻好学者也"(《论语·雍也》)。全章内容围绕颜回的言行展开,选文五篇。第一篇讲仲孙何忌向颜回请教有没有一句话而有益于仁和智,颜回的回答是"预"和"恕",即事先做好准备和"己所不欲,勿施于人"的恕道。第二篇讲颜回向孔子请教什么是小人,孔子的回答是"毁人之善""狡讦怀诈""幸人之有过""耻学而羞不能"。第三篇里颜回劝子路要在勇力和仁德之间取得平衡。孔子听到以后说,人们都知道这个道理,却很少有人能够做到。第四篇中颜回向孔子请教,小人说的话跟君子相同,如何分辨。孔子告诉颜回,君子会把说过的话付诸行动,而小人只会停留在口头上。第五篇颜回问朋友之间如何相处,孔子说君子对待朋友,不忘记过去的恩德,不记住过去的埋怨,这样就可以说做到仁义了。

　　仲孙何忌问于颜回曰[1]:"仁者一言而必有益于仁

智②,可得闻乎?"

回曰:"一言而有益于智,莫如预③;一言而有益于仁,莫如恕④。夫知其所不可由⑤,斯知所由矣⑥。"

〔注释〕

①仲孙何忌:鲁国人,仲孙氏,名何忌,谥号懿,又称孟懿子。鲁庄公后人强势家族"三桓"之一孟孙的后人,南宫敬叔的哥哥,战国时孟轲(孟子)的先祖。其父孟僖子临终前,叮嘱他和南宫敬叔一定要去跟着孔子学习。

②言:话,言论,这里指言辞中的一句话。与《论语·为政》"《诗》三百,一言以蔽之,曰思无邪"中的"一言"意思相同。

③预:同"豫",事先,预先,事先有所准备。与《礼记·中庸》"凡事豫则立,不豫则废"中的"豫"同义。

④恕:儒家的恕道:"己所不欲,勿施于人",以仁爱之心待人。

⑤由:从,用,这里指应该跟随的或采用的。

⑥斯:则,就。

〔译文〕

仲孙何忌向颜回请教道:"仁者的言辞中有一句话必定有益于仁和智,我可以听听这其中的道理吗?"

颜回说:"一句话就有益于智,莫过于'预',意思是要事先有所准备;一句话就有益于仁,莫过于'恕',即己所不欲,勿施于人。既然知道了不能怎么办,如不预而行,也就知道为什么和应该怎么办了,如行恕道。"

颜回问小人。

孔子曰:"毁人之善以为辩①,狡讦怀诈以为智②,幸人之有过③,耻学而羞不能④,小人也。"

〔注释〕

①毁:毁谤,诋毁。善:与"恶"相对,这里指人的优点。辩:能言善辩,有口才。

②讦(jié):揭发或攻讦别人的弱点、短处。怀:心里存有某种想法。诈:欺骗,虚假。

③幸:庆幸。

④羞:羞辱。

〔译文〕

颜回问关于"小人"的问题。

孔子说:"诋毁别人的优点,却把这当作是自己有口才;狡猾地攻击他人的弱点,心里怀有狡诈的想法,却认为这是自己有智慧;对别人犯的过错幸灾乐祸;自己耻于学习,却去羞辱做不好事情的人,这就是小人。"

颜回谓子路曰:"力猛于德而得其死者①,鲜矣。盍慎诸焉②?"

孔子谓颜回曰:"人莫不知此道之美,而莫之御也③,莫之为也。何居为闻者④,盍日思也夫⑤?"

〔注释〕

①得其死:即得其寿,活到生命应该有的年岁,意思是寿终正寝。

②盍(hé):何不,为什么不。慎:指慎重地使用自己的勇猛之力,多用仁德以化人。

③莫之御:即莫御之。莫,没有谁。御,驾驭,这里指把握住。

④何居:何故,什么原因。居(旧读jī),语气助词。

⑤日思:天天想着。也夫:两个语气词连用,表达更深切的感慨。

〔译文〕

颜回问子路道:"勇力胜过仁德的人,能够活到寿终正寝的,非常少。你为什么不慎重地使用自己的猛力,而多用仁德来教化人呢?"

孔子对颜回说:"人都知道这个道理是对的,但是没有人能够把握住自己的行为,也就没有谁能够做到这一点了。为什么只是作为一个听闻道理的人,为什么不每天认真思考这个问题呢?"

颜回问于孔子曰:"小人之言有同乎君子者,不可不察也。"

孔子曰:"君子以行言,小人以舌言①。故君子于为义之上相疾也②,退而相爱③;小人于为乱之上相爱也,退而相恶④。"

〔注释〕

①以舌言:用舌头说话,这里指仅仅停留在口头上,而没有行动。
②疾:急,这里指争着去做。
③退:与前文的"相疾"相对而言,指平时,无须行义的时候。
④相恶(wù):彼此不能和谐相处。恶,憎恨,讨厌。

〔译文〕

颜回向孔子请教道:"小人说的话有的跟君子的相同,不可以不明察啊。"

孔子说:"君子的言行相符,小人的话却只停留在口头上,而没有行动。所以,君子在需要行义的时候,相互争着去做,而在平时则互亲互爱;小人则在作乱的时候相互亲近,而平时却不能和谐相处。"

颜回问:"朋友之际如何①?"

孔子曰:"君子之于朋友也,心必有非焉②,而弗能谓③,吾不知其仁人也。不忘久德④,不思久怨⑤,仁矣夫⑥。"

〔注释〕

①际:……之间。
②非:过失,错误,或自己不同意对方的地方。
③谓:告诉,向对方说。

④久:时间长,这里指过去。

⑤思:思考,这里与"忘"相对,指回味,记着。

⑥夫:语气词,和"矣"连用,加重了感慨的语气。

〔译文〕

颜回问:"朋友之间该如何相处?"

孔子说:"君子对待朋友,心里一定知道他的过失,或者自己有不同意对方的地方,却不能对他说出来,这样我不知道他是不是仁爱之人。不忘记过去很久的恩德,不记住过去很久的埋怨,可以说是做到仁了吧。"

子路初见第十九

〔题解〕

　　本章题为"子路初见",选文两篇。章名取自第一篇,第一篇讲的是子路第一次见到孔子时,与孔子讨论学习有何作用。子路认为,南山有一种竹子,不用矫正就长得笔直,这说明学习没用。而孔子说,如果用它来做箭,在尾端捆上羽毛,并把箭头磨得锋利,它射入目标就会更深。子路听后感到信服,向孔子连续拜了两次,郑重地表示愿意恭敬地向孔子学习。第二篇讲的是孔子的两个弟子都在做官,孔子分别问二人所得和所失,他们的答案却刚好相反。孔篾认为没有所得,失去的东西有三样:公事繁多,使学到的知识没有办法反复实践,进而无法理解;俸禄太少,不能照顾到亲戚,使亲情更加疏远;公事大多紧急,致使不能吊唁、探病,使朋友间的关系变差。宓子贱则认为没有失去的,却得到了三样:以前只能在书本上朗读的知识现在得以实践,所以更加明晰;俸禄可以照顾到亲戚,骨肉更加亲近;公事之余,可以兼顾吊唁和探病,朋友之间的关系更加亲厚。孔子感叹,子贱是个君子。

子路初见孔子①,子曰:"汝何好乐②?"对曰:"好长剑。"孔子曰:"吾非此之问也。徒谓以子之所能③,而加之以学问,岂可及乎?"子路曰:"学岂有益也哉?"

孔子曰:"夫人君而无谏臣则失正,士而无教友则失听④。御狂马不释策⑤,操弓不反檠⑥。木受绳则直⑦,人受谏则圣⑧。受学重问⑨,孰不顺哉⑩?毁仁恶士,必近于刑。君子不可不学。"

子路曰:"南山有竹,不揉自直⑪。斩而用之,达于犀革⑫。以此言之⑬,何学之有?"

孔子曰:"括而羽之⑭,镞而砺之⑮,其入之不亦深乎⑯。"

子路再拜曰⑰:"敬而受教。"

〔注释〕

①初:一开始,第一次。

②好(hào):喜欢。乐(lè):对事务有着更深的了解,沉浸其中,欲罢不能。《论语·雍也》:"知之者不如好之者,好之者不如乐之者。"与此同义。

③徒:仅,只是。谓:说。

④士:读书人。教友:能够给予自己知识、启发、解答疑难的朋友。失听:听不到声音,这里指听不到于己有益的语言和思想。

⑤释:放下,放开。策:马鞭。

⑥操:执,拿着。反:同"返"。檠(qíng):矫正弓弩弯度和偏正的

器具。

⑦绳：木工用来矫正木材的墨线。《荀子·劝学》："木受绳则直。"
⑧圣：无所不通。这里指通达事理。
⑨重(zhòng)问：重视向他人请教。
⑩孰：什么。
⑪揉：用水浸、烘烤等方法改变竹木的形状，这里指矫正形态。
⑫达于：这里指刺穿。犀革：指犀牛皮所做的铠甲。
⑬此：子路这里指自己的天赋和练出的用剑之术。
⑭括：箭杆尾部和弓弦相扣之处。羽之：使之有羽，给箭尾扎上大型禽类的羽毛。
⑮镞(zú)：锐利，锋利。砺：磨。
⑯入之：这里指射到目标的内部。
⑰拜：古代一种表达敬意的礼节，两手在胸前合拢，弯腰微躬，头不过胸。再拜：连续拜两次，礼重于拜。

〔译文〕

　　子路第一次见孔子，孔子问："你有什么喜欢的，了解得深入，能够沉浸其中的事情吗？"子路回答说："我喜好长剑。"孔子说："我不是问这个。我只是说以你的能力，如果加上些学问，难道还有人能赶得上你吗？"子路说："学习难道有什么好处吗？"

　　孔子说："如果君主没有直言劝谏的臣子，就会有失公正；读书人如果没有能够给予自己知识、启发和解答疑难的朋友，就听不到有益于自己的语言和思想。驾驭狂奔的马不能丢掉马鞭，已经拉开的弓不能用檠来矫正弯度和偏正。木材经过墨线的矫正才能确保笔直,人接受劝谏才会通达事理。学习并重视向他人请教,还有什么会不顺利呢?诋毁仁者,厌恶读书人,一定就离遭受刑罚不远了。所以,君子不可以不学习。"

子路说:"南山有一种竹子,不用水浸、烘烤等方法矫正它的形态,自然就长得笔直。砍伐之后用它做箭杆,可以射穿犀牛皮做的铠甲。用这个例子来说,学习有什么作用呢?"

孔子说:"在箭杆尾部和弓弦相扣之处扎上大型禽类的羽毛,把箭头磨得更加锋利,它射到目标内部的深度不就更深了吗?"

子路连续拜了两次,说:"我愿意恭敬地接受您的教导。"

孔子兄子有孔篾者①,与宓子贱皆仕②。孔子往过孔篾而问之曰③:"自汝之仕,何得何亡?"

对曰:"未有所得,而所亡者三。王事若龙④,学焉得习⑤?是学不得明也。俸禄少,馆粥不及亲戚⑥,是以骨肉益疏也⑦。公事多急,不得吊死问疾,是朋友之道阙也⑧。其所亡者三,即谓此也。"

孔子不悦,往过子贱,问如孔篾。

对曰:"自来仕者,无所亡,其有所得者三。始诵之⑨,今得而行之,是学益明也;俸禄所供,被及亲戚⑩,是骨肉益亲也;虽有公事,而兼以吊死问疾⑪,是朋友笃也。"

孔子喟然谓子贱曰:"君子哉若人⑫!鲁无君子者,

则子贱焉取此!"

〔注释〕

①孔篾:又作"孔蔑"。即孔忠,字子蔑,鲁国人,孔子兄长孟皮的儿子,从孔子学习。

②宓子贱:名不齐,字子贱,鲁国人,孔子弟子。

③过:过访,顺路探望。

④王事:这里指公事。龙:形容多,连续不断,事情一件接着一件。今"车水马龙"保留了这个意思。

⑤习:本义是鸟拍动翅膀练习飞翔,因此引申指练习、反复实践。

⑥馆(zhān)粥:稠的粥。古代稀粥叫"粥",稠粥叫"馆",这里泛指粗劣的食物。

⑦益:愈发,更加。

⑧朋友之道:朋友之间应有的相处之道,这里指朋友间应有的往来。阙:同"缺",缺少,缺乏。案,古代文献中提到的"宫阙"一词,其中"阙"即指宫门外两侧向南伸出的部分,实为从上观望门外的城楼,形成"凹"进去,即缺了一块的形状,"阙"字之义即由此来。

⑨诵:出声地读。

⑩被:覆盖。这里指使受益、照顾到。

⑪兼:同时做别的事。吊:吊唁,表达对不幸者的悼念和哀痛。问:慰问,问候。

⑫若:这个。

〔译文〕

孔子的兄长有个儿子名叫孔篾,跟宓子贱一起做官。孔子顺路探望孔篾,问他:"自从你做了官,得到了什么又失去了什么?"

孔篾回答道:"没有得到的,却失去了三样:公事繁多,一件接着一件,学到的知识哪有时间实践呢?所以所学的知识不能深刻地理解。俸禄少,连粗劣的食物都无法分给亲戚,所以骨肉之间愈发疏远。公事大多需要马上处理,不能够吊丧及慰问病患,所以朋友之间应有的往来日益减少了。所失去的三样,就是指这些。"

孔子听了以后很不高兴,又顺路去探望子贱,问了他同样的问题。

子贱说:"自从出仕以来,没有什么失去的,而在三方面有所得:原来只能记诵书本上的知识,现在得以将其实践,所学的知识更加明晰了;俸禄的供给,能够照顾到亲戚们,骨肉之间更加亲近了;虽然有公事,但仍能兼顾到吊唁和慰问病患,这样朋友之间就更加笃实亲厚了。"

孔子感慨地对子贱说:"这个人真是君子啊!如果鲁国没有君子,子贱又怎么学到这些的呢!"

在厄第二十

〔题解〕

　　本章题为"在厄",讲的是孔子及其弟子在困境中的情形。第一篇讲楚昭王依礼邀请孔子,孔子去楚国拜访答礼,途经陈国和蔡国。陈、蔡二国认为,孔子如果为楚国所用,自己的国家就危险了,因此派兵阻截孔子,致使孔子一行受困,到了第七天连粗劣的粮食都没有了。此时,孔子问学生,自己的道并非猛兽,为什么会遭遇今天这样的情况?第二篇是讲孔子在问过子路和子贡以后,又问颜回同样的问题。颜回说,夫子的道已经达到至高境界,正因为这样天下都不能容纳,而夫子还是坚持推广和践行自己的道,这不是夫子的错,而是诸侯们的耻辱,恰恰彰显了夫子的君子品格。听了颜回的话,孔子感到很欣慰。

　　楚昭王聘孔子①,孔子往拜礼焉,路出于陈、蔡②。
　　陈、蔡大夫相与谋曰③:"孔子圣贤,其所刺讥皆中诸侯之病④。若用于楚,则陈、蔡危矣。"遂使徒兵距孔子⑤。
　　孔子不得行,绝粮七日,外无所通,藜羹不充⑥,从者皆病。孔子愈慷慨讲诵⑦,弦歌不衰⑧。乃召子路而问焉⑨,曰:"《诗》云⑩:'匪兕匪虎⑪,率彼旷野⑫。'吾道非乎,奚为至于此⑬?"

〔注释〕

①楚昭王:春秋时期楚国君主,当时楚国多次与吴国以及附近小国交战,甚至国都被毁。年轻的楚昭王采纳大臣们的意见,与之攻防周旋,同时向秦国请求救兵,楚、秦夹攻吴军,转败为胜。这是当年楚庄王一度称霸中原后取得的一次最大的胜利。史上有人称之为楚国的中兴时期。聘:依礼邀请。诸侯派使节到他国行友好之礼也称为聘。

②路出:途经。

③相与:这里指聚集在一起。

④刺讥:通过旁敲侧击或引史讽谏等方法指出对方的问题或错误。病:病重或伤重(不重的称"疾"),这里指严重或要害问题。

⑤徒兵:没有战车的士兵。距:排斥,拒绝,这里指阻挡、拦截。

⑥藜羹:用藜草做的汤,指粗劣的食物。藜,草本植物,刚长出来的幼芽和嫩叶可以食用。羹,本指带汁水的肉食。不充:不够,不足。

⑦慷慨:情绪高昂。

⑧弦:弹奏有弦的乐器,应为古琴,这里指弹琴。歌:这里指和着琴声吟唱诗歌。衰:衰退,这里指声音降低。

⑨乃:于是,接着就。

⑩《诗》:这里指《诗·小雅·何草不黄》。

⑪匪:同"非",不是。兕(sì):野兽,形似野牛,青色,一般认为是犀牛。

⑫率:循,指兕、虎等猛兽一群接一群地。

⑬奚为：为什么。奚，通"何"。

[译文]

　　楚昭王依礼邀请孔子到楚国去，孔子去拜访答礼。赴楚，要途经陈国和蔡国。

　　陈国和蔡国的大夫相互谋划道："孔子是圣贤之人，他所讽谏的都切中诸侯的要害问题。如果他被楚国起用，那么陈国和蔡国就危险了。"于是两国派遣步兵去拦截孔子。

　　孔子一行受到阻拦，无法前行，断粮已经七天，无法跟外界联系，连粗糙的食物都吃不上，跟随孔子的人都面露病色。孔子却更加情绪高昂地讲授、诵读，弹琴唱歌的声音没有比平时降低。接着就召唤子路过去，问他道："《诗》上说：'不是犀牛不是老虎，一群接一群地在那旷野上逡巡。'我所坚持的道难道有什么不对吗？为什么会遭遇今天这个情况？"

　　子贡出，颜回入，问亦如之①。

　　颜回曰："夫子之道至大，天下莫能容。虽然，夫子推而行之②。世不我用③，有国者之丑也④，夫子何病焉⑤？不容，然后见君子⑥。"

　　孔子欣然叹曰："有道哉，颜氏之子！使尔多财，吾为尔宰⑦。"

[注释]

　　①问亦如之：此段选文前有孔子分别与子路、子贡的对话，这里是说

用问过子路和子贡的问题来问颜回,问题是本章选文第一篇中的"吾道非乎,奚为至于此"?

②行:践行。这里是说,孔子不但推广、宣讲为人处世之道,而且自己也在践行其道。

③不我用:不用我。

④有国者:指各个诸侯。丑:可恶(wù)。

⑤夫子何病焉:老师您有什么过错呢?意思是天下容不下您的道,是当今时代有问题。

⑥见:出现,这里指显现出、凸显出。

⑦宰:家宰,古代卿大夫家中的管家。

〔译文〕

子贡出去后,颜回进来,孔子也问了他相同的问题。

颜回说:"夫子您的道达到了最高境界,因此天下都容纳不下。即使这样,老师您还是继续推广、宣讲为人处世之道,而且自己也在践行着这些道,时世不能起用我,这是各国诸侯的耻辱,老师您有什么过错呢?正因为他们容不下您,才更加凸显出您的君子品格。"

孔子高兴地感叹说:"讲得很有道理啊,颜家的孩子!假使你有很多财富,我愿意做你的家宰。"

入官第二十一

〔题解〕

　　本章题为"入官",主要是孔子与子弟子张之间关于如何为官的对话。选文两篇。第一篇讲子张向孔子请教为官的要点,孔子指出难在"安身取誉",并进一步说明如何做到这一点。为官者若能做到"有善勿专,教不能勿急,已过勿发,失言勿掎,不善勿遂,行事勿留"六点,就能实现政通人和。这一段是对话的开头。选文第二篇是对话的结尾,孔子阐释了治理百姓和为官的最高原则。他指出,只有政治和谐,百姓才会遵从教化,习得应有的道德规范,然后才会听从官员的差遣。做到这些,百姓虽然是被指挥、被管理的,但也会有自觉性,且是坚强有力的。要达到这一程度,官员需要时刻保持谦虚求知的态度,凡事都要身先士卒做出表率,并按生产和生活规律来治理社会。

　　子张问入官于孔子[①]。
　　孔子曰:"安身取誉为难。"
　　子张曰:"为之如何?"

孔子曰："己有善勿专②,教不能勿怠③,已过勿发,失言勿掎④,不善勿遂⑤,行事勿留⑥。君子入官,自此六者,则身安誉至而政从矣⑦。"

〔注释〕

①入官:做官,一般需身为大夫以上(参用《伪古文尚书·周官》孔颖达疏)。

②善:好事,这里指功绩。

③不能:能力有所不足,这里指做得不好的人。

④掎(jǐ):从旁斜向地拖住,这里指抓住不放。

⑤遂:通达,实现,遂意。这里指照原来的想法做。

⑥留:停滞,有所保留。这句话的意思是,做事要彻底,不要中途停下来。

⑦从:指随着"身安誉至"的实现,所承担的官府之事也就跟着做好了。

〔译文〕

子张向孔子请教入朝做官的关键。

孔子说:"安身处世,取得好名誉,是困难的。"

子张继续问:"怎么才能做到?"

孔子答道:"自己有了功绩,不要占为己有;教导做得不好的人,不要怠惰;已经出现过的失误,不要再次提出来;别人说错了话,不要抓住不放;没有做好或不善于做,就不要继续做下去;做事要彻底,不要中途停下来。君子入朝做官,从这六点出发,那么随着'身安誉至'的实现,所承担的官府之事也就会跟着做好了。"

"政不和,则民不从其教矣。不从教,则民不习①。不习,则不可得而使也②。君子欲言之见信也③,莫善乎先虚其内④;欲政之速行也,莫善乎以身先之;欲民之速服也,莫善乎以道御之⑤。故虽服必强。自非忠信,则无可以取亲于百姓者矣。内外不相应⑥,则无可以取信于庶民者矣。此治民之至道矣⑦,入官之大统矣⑧。"

子张既闻孔子斯言,遂退而记之⑨。

〔注释〕

①习:习得,意思是接受道德教化之后,就在现实生活中反复实践,从而得到真切的认识和体验。

②得而使:民众得到真知而可以为国、家所差使。

③见:被。

④虚其内:感到自己知识和精神不够充实,即永不自满。

⑤道:这里指治国治民的"道",即按照社会生活和生产的规律来治理百姓的方法。御:掌控,治理。

⑥内外:指为官者的内心和言行。相应:符合,一致。

⑦至:最高的,最重要的。

⑧统:原则,规律。

⑨遂:这里指"马上"。

[译文]

　　"政治不和谐,百姓就不会听从教化。不听从教化,接受道德教化之后,就不会在现实生活中反复实践,从而得到真切的认识和体验。如果百姓没有在生活中遵从教化而建立起道德规范,那么他们就不会听从官员的差使。君子如果想要使自己的话被百姓信任,没有比虚心听取意见更好的办法;如果想要政治措施得到迅速实行,没有比自己身先士卒做出表率更好的办法;如果想要百姓迅速对自己信服,没有比按照社会生产和生活规律治理百姓更好的办法。这样做了,虽然百姓是被指挥、被管理的,但仍是自觉的、坚强有力的。如果自己不是有着忠于国家和敦诚可信的品格,那就没有什么能够让百姓觉得为官者可亲可敬的了。为官者的内心和言行如果不一致,那么就没有什么可以拿来让百姓相信的品格了。这是治理百姓最重要的规律,也是为官的最高原则。"

　　子张听过孔子这些话,便退了下去并记录下来。

困誓第二十二

[题解]

　　本章题为"困誓",主要内容是孔子讲述如何面对不同的困境。选文讲的是子贡因在勤学至道的过程中感到困顿而想停歇下来,去做其他事情,孔子针对子贡想要做的其他事情,一一说明了君子是无法在侍奉君主、孝顺双亲、教养妻子和孩子、与朋友交游、躬耕于田这些事上停止对道的学习和追求的。子贡最后问,那就没有什么事情可以让他停歇了吗?孔子回答说,有的,当你遥望那些死者的坟墓时,它们高高耸立,当你观察死者在世时一同优游的士人时,会发现他们也都成了一座座坟墓。子贡感慨道,死亡真是重大又不简单!君子死去,是他竭尽了一生的精力之后不得不歇息;普通人死去,则只是生命就此终止!

　　子贡问于孔子曰:"赐倦于学①,困于道矣②,愿息而事君,可乎?"

　　孔子曰:"《诗》云③:'温恭朝夕,执事有恪④。'事君之难也,焉可以息哉⑤?"

曰:"然则赐愿息而事亲⑥。"

孔子曰:"《诗》云⑦:'孝子不匮⑧,永锡尔类⑨。'事亲之难也,焉可以息哉?"

〔注释〕

①赐:子贡自称其名,这是和长者说话时表示敬意的礼仪。

②困:指在深入钻研孔子所论述的"道"而难以达到更高境界时的困惑。

③《诗》:这里指《诗经·商颂·那》。

④恪(kè):恭敬。

⑤焉:等于说"哪里""怎么能"。

⑥然则:这样的话,那么……。事亲:指在父母膝下全身心地照顾他们。

⑦《诗》:这里指《诗经·大雅·既醉》。

⑧匮(kuì):匮乏,竭尽。这里是说孝子对父母敬顺的言行随时随地出自内心,因而能够永不中断。

⑨锡:通"赐",赐给,赠予,这里指把自己遵循的孝道教给、传给他人。尔类:你们的同族同姓和后代。

〔译文〕

子贡向孔子请教道:"赐在学习的过程中感到倦怠,在深入钻研老师您所论述的'道'而难以达到更高境界时感到困惑,我想把勤学至道的事情放下,去侍奉鲁君,可以吗?"

孔子说:"《诗》上说:'在国君身边做事,要温良恭行礼仪,早晨和傍晚按时朝拜,做什么事情都要恭敬地按照一定的规矩办。'侍奉君主是很难的,哪里可以让你停止追求勤学至道呢!"

子贡说:"这样的话,那么赐想停止学习,在父母膝下全身心地照顾他们。"

孔子说:"《诗》上说:'孝子对父母敬顺的言行随时随地出自内心,因而能够永不中断,还要把自己遵循的孝道教给、传给他人。'服侍双亲也是很难的,哪里可以让你停止追求勤学至道呢!"

曰:"然则赐请愿息于妻子①。"

孔子曰:"《诗》云②:'刑于寡妻③,至于兄弟④,以御于家邦⑤。'妻子之难也,焉可以息哉?"

曰:"然则赐愿息于朋友⑥。"

孔子曰:"《诗》云⑦:'朋友攸摄⑧,摄以威仪⑨。'朋友之难也,焉可以息哉?"

〔注释〕

①请:请求,这里指请对方允许自己做某事。
②《诗》:这里指《诗经·大雅·思齐》。
③刑于寡妻:全家以嫡妻为榜样。刑,同"型",这里指模范、典范。寡妻,嫡妻。
④至于:指把对妻子的敬重、友好之心推及自己的兄弟身上。
⑤以:以此。御:治理。家:这里指大夫的家族。

⑥朋友：同门曰朋，同志曰友（依《周易·兑》孔颖达疏）。即同学是朋，有共同志向的是友。

⑦《诗》：这里指《诗经·大雅·既醉》。

⑧攸（yōu）：所。摄：辅佐，帮助。

⑨威：这里指威严。仪：容止仪表。

〔译文〕

子贡说："那么，赐请求允许我停止学习，教养妻子和孩子。"

孔子说："《诗》上说：'全家以嫡妻为榜样，把对妻子的敬重、友好之心推及自己的兄弟身上，并用这一方法来治理大夫的家族。'教养妻子和孩子是很难的，哪里可以让你停止追求勤学至道呢！"

子贡说："那么赐想停止学习，跟同门和有共同志向的人交游。"

孔子说："《诗》上说：'朋友之间应该互相帮助的，就是在公众场合中如何保持庄重威严。'跟同门和有共同志向的人交游是很难的，哪里可以让你停止追求勤学至道呢！"

曰："然则赐愿息于耕矣①。"

孔子曰："《诗》云②：'昼尔于茅③，宵尔索绹④。亟其乘屋⑤，其始播百谷⑥。'耕之难也，焉可以息哉？"

〔注释〕

①耕：耕种，这里指从事农业生产。

困誓第二十二 | 195

②《诗》:这里指《诗经·豳风·七月》。这是一首创作于周代早期,叙述庶民、奴隶全年辛苦地劳动、生活的叙事诗。

③昼:白天。尔:你。茅:茅草,这里指割取茅草。

④宵:夜,晚上。索:把草、麻等长纤维物编起来。绹(táo):绳索。

⑤亟(jí):急忙地。乘:通"登"。

⑥始:指一年之始的春天又到来了。百谷:统指各种粮食作物。

[译文]

子贡说:"那么赐想停止学习,躬耕于田,从事农业生产。"

孔子说:"《诗》上说:'白天去割茅草,晚上编搓绳子,抓紧时间修葺房屋,然后一年之始的春天到来了,又要开始播种粮食作物了。'农业生产是很难的,哪里可以让你停下休息呢!"

曰:"然则赐将无所息者也?"

孔子曰:"有焉,自望其广①,则睪如也②;视其高,则填如也③;察其从④,则隔如也⑤。此其所以息也矣。"

子贡曰:"大哉乎死也!君子息焉⑥!小人休焉!大哉乎死也!"

[注释]

①广(kuàng):通"圹",墓穴,坟墓。《荀子·大略》即作"圹",当从之。

②睪(gāo)如:等于说"睪然",形容高大的样子。

③填:填充,这里指往圹穴里填土,填得很充实。

④从:随从,跟从,这里指在世时彼此有所来往、相随优游的士人。

⑤隔如:当从《荀子·大略》作"鬲(lì)如",也是形容坟冢高耸的样子(参用清代经学、小学家郝懿行说,转引自王先谦《荀子集释》)。隔:应为"鬲"之误。一种较大型的礼器、食器,和"鼎"等同类,口小腹大。

⑥息:《说文》:"息,喘也(即呼吸,包括快速的呼吸)。""休,息止也。"即呼吸停止,死亡。

〔译文〕

子贡说:"那么就没有让赐可以停下休息的地方了吗?"

孔子说:"有的,你从远处观望那些坟墓,它们高高大大;在近处观察它们,会发现圹穴里的土填充得很充实;再仔细观察被埋葬者在世时彼此来往、相随优游的士人,现在也是一座座高高耸立的坟头。这是他们歇息的地方。"

子贡说:"死亡真是一件重大又不简单的事情啊!君子死了,那是他竭尽一生精力之后不得不歇息一下;小人死了,那是他的生命停止了!死亡真是一件很重大又不简单的事情啊!"

五帝德第二十三

〔题解〕

　　本章题为"五帝德",选文为孔子对中华民族人文始祖"黄帝"事迹的阐释。选文开头,学生宰我向孔子请教,为什么说"黄帝三百年"?一个人怎么能活三百年?为了回答这一问题,孔子介绍了黄帝的生平。他说,黄帝天赋聪慧,年少的时候明智通达,庄重恭敬,敦厚敏锐,诚实守信。长大以后取得了很多成就,例如治理五行之气,设立五种计量标准,安抚百姓,击退炎帝,制定礼服制度,顺应天地运行规律治理社会,指导百姓播种粮食作物,考察日月星辰的运行规律等。百姓就这样受其恩惠,直到他过世;此后,百姓有很长时间敬畏他的神灵;再之后,百姓仍有很长时间遵从他的教化。所以有"黄帝三百年"的说法。

　　宰我问于孔子曰[①]:"昔者吾闻诸荣伊曰[②]:'黄帝三百年。'请问:黄帝者,人也?抑非人也[③]?何以能至三百年乎?"

孔子曰："禹、汤、文、武、周公，不可胜观也④。而上世黄帝之问，将谓先生难言之故乎？"

宰我曰："上世之传⑤，隐微之说⑥，卒采之辩⑦，暗忽之意⑧，非君子之道者，则予之问也固矣⑨。"

〔注释〕

①宰我：即宰予，字子我，鲁国人，孔子弟子。

②荣伊：人名，可能是博通远古史迹（其中很多是"口传历史"）的人，事迹不详。例如《左传·昭公十二年》载，楚灵王即称楚国的一位名倚相的左史，"是（他）能读《三坟》《五典》《八索》《九丘》"（都是传说的远古"史书"），由此推测，当时很可能有一些这样的"贤者"。

③抑：抑或，或者，还是。

④胜（shēng）：尽数，全部。观：观察，认识，这里指了解。

⑤传：传闻，口耳相传流于后世的信息。

⑥隐微：隐约细微。

⑦卒（cù）：仓促，即很随便地。采：采纳，引用，拿来。辩：辩说之辞。

⑧暗：不明，这里指隐晦。忽：似有似无，也指不明确。

⑨固：鄙陋，见识浅薄。这里宰我听说"黄帝三百年"就认为是黄帝活了三百岁，他确实是在说自己见识有限，因此"固"在此处并非用作自谦之辞。

〔译文〕

宰我向孔子请教道："过去我听荣伊说'黄帝三百年'。请问：黄帝，是人呢？抑或不是人？他怎么能活到三百岁呢？"

孔子说："大禹、商汤、周文王、周武王和周公，都不能够尽

五帝德第二十三 | 199

数了解,而你却要问比他们时代还早的黄帝,难道是前辈的人都难以说清楚的原因吗?"

宰我说:"前代的传闻,用的都是隐约细微的言辞,仓促拿来的辩说之辞,传达的意义隐晦不明,这些都不符合君子之道,因此我提出有关'黄帝三百年'的问题,确实是因为我见识浅薄。"

孔子曰:"可也。吾略闻其说。黄帝者,少典之子,曰轩辕。生而神灵①,弱而能言②,幼哲睿齐庄③,敦敏诚信。长聪明④,治五气⑤,设五量⑥,抚万民,度四方⑦,服牛乘马⑧,扰训猛兽⑨,以与炎帝战于阪泉之野⑩,三战而后克之。始垂衣裳⑪,作为黼黻⑫,治民,以顺天地之纪⑬,知幽明之故⑭,达死生存亡之说⑮。播时百谷⑯,尝味草木⑰,仁厚及于鸟兽昆虫⑱。考日月星辰,劳耳目⑲,勤心力,用水、火、财、物以生民⑳。民赖其利,百年而死;民畏其神,百年而亡;民用其教,百年而移。故曰:黄帝三百年㉑。"

〔注释〕

①神灵:等于说天赋聪慧。

②弱:这里指婴儿在哺乳期,未离母亲怀抱的时候。

③幼:年少。哲睿(ruì):明智,通达。齐(zhāi)庄:庄重恭敬。

④长(zhǎng):与"幼"相对,指长大以后。

⑤五气:五行之气。
⑥五量:五种计量标准,即权衡、升斛、尺丈、里步、十百。
⑦度:法度,这里指用法度。
⑧服:驾,驾车,后代也写作"犕(bèi)"。乘:这里也是"驾"的意思。
⑨扰:驯,驯服。训:同"驯"。
⑩以:用,意思是在以上措施成功的基础之上。阪泉:古地名,在今何处说法不一,一说在山西省阳曲县东北,一说在河北省涿鹿县东南,一说在山西省运城县南。野:郊外。
⑪垂:下垂,指战事结束,换下戎装,衣服平整下垂。衣:上衣。裳:下服,类似后代的"裙"。
⑫作:创制,与"为"意近连用。黼(fǔ)黻(fú):礼服上的纹饰。黼,黑白相间的斧形花纹。黻,黑青相间,形状似两个相背的"己"字。
⑬纪:法则,规律。
⑭知:知道。幽明:这里指阴阳。故:缘故,原因,这里指原理。
⑮达:通晓,通达事理。说:言论,主张,这里指道理。
⑯时:通"莳"(shì),播种,种植。
⑰尝:品尝,与"神农尝百草"之"尝"义同。味,在这里也是尝的意思,通过品尝加以辨别能否食用。草木:草本和木本植物,泛指植物。
⑱仁:这里指怀有仁爱之心。
⑲劳:辛劳,劳动,这里指使耳目劳动,即耳闻目见。
⑳生:使之生,这里指养活。
㉑百年:指达到其生命的极限。下文的两个"百年",大意略同,并非实数。

〔译文〕

　　孔子说:"你提出这个问题是可以的。我粗略地听说过黄帝的事迹。黄帝是少典的儿子,名叫轩辕。生下来天赋聪慧,在哺乳期的时候就能说话,年少的时候明智通达,庄重恭敬,敦厚敏锐,诚实守信。长大以后很聪明,能治理五行之气,设立了五种计量标准,安抚百姓,用法度使四方安定。驾驶牛车和马车,驯服猛兽,在以上措施成功的基础之上,跟炎帝在阪泉的郊外,打了三仗,战胜了炎帝。这才换下戎装,穿上平整下垂的衣裳。他设计了礼服上的纹饰,治理百姓,以顺应天地运行的法则,他懂得阴阳的原理,通晓生死存亡的道理。他指导百姓,按时节播种粮食作物,品尝辨别哪些植物可以食用,不驱逐滥杀飞鸟、走兽和昆虫等野生动物。考察日月星辰的运行规律,耳闻目见,勤尽心力,动用水、火、钱财和物资来养活百姓。百姓依赖黄帝给大家带来的恩惠利益,直到黄帝生命的尽头;在他身后,百姓仍旧敬畏他的神灵,直到很长时间之后;其后,百姓仍遵从他的政教,又过了很长时间。因此才有'黄帝三百年'的说法。"

五帝第二十四

〔题解〕

　　本章题为"五帝",内容是季康子与孔子之间围绕"五帝"展开的对话,选文包含两部分。第一部分讲季康子向孔子请教五帝如何与五行相配。孔子指出,自然运行的规律可以用五行来表达,五行相克相生,孕育形成万物,而与五行相配的是五位圣王的神明,即太皞配木,炎帝配火,黄帝配土,少皞配金,颛顼配水。此外,因朝代更迭而变更年号,这也要效法五行规律,五行运转生生不息,这象征着王朝的永续发展。第二部分是季康子追问不同朝代与五行之德的关系。孔子解释道,一个王朝的人崇尚什么跟他得以称王的品德相配,如夏后氏凭借金德称王,所以崇尚黑色,丧葬在黄昏时分举行,战争中用黑色的马,祭祀时用黑色的牛;殷人和周人则分别崇尚白色和红色,因此在丧葬、战争和祭祀时都各有特色。

　　季康子问于孔子曰:"旧闻五帝之名,而不知其实①,请问何谓五帝?"
　　孔子曰:"昔丘也闻诸老聃曰②:'天有五行③,木、火、金、水、土,分时化育④,以成万物,其神谓之五帝。'古之王者,易代而改号⑤,取法五行,五行更王⑥,终始相生⑦,亦象其义⑧。故其为明王者,而死配五行。是以太皞配木⑨,炎帝配火⑩,黄帝配土⑪,少皞配金⑫,颛顼配水⑬。"

〔注释〕

①实:事实,这里指事迹。

②老聃:老子,姓李,名耳,字聃。五行:中国古人认为,金、木、水、火、土五种元素间存在相生相克的关系,这就是五行运行的规律,并用这一规律解释万物运行的现象。五行相生的意思是,木生火,火生土,土生金,金生水,水生木。五行相克是指,金克木,木克土,土克水,水克火,火克金。

③天:天道,这里指自然运行的规律。

④分:分别。时:时节。化:化生。育:孕育。

⑤易:改变。代:朝代。易代:指朝代更迭。

⑥更:变更,更替。王:帝王,这里指帝王的年号。五行更王:根据五行变更帝王年号(依王肃说)。

⑦终始相生:结束和开始相互促生,意思是周而复始,循环往复。

⑧亦:也,同样。象:象征。

⑨太皞(hào):即伏羲氏,又作大皞或太昊,古代华夏部落的首领,以龙为图腾。秦汉阴阳家以五帝配位五方,太皞配位东方,东方属木,故谓有木德。

⑩炎帝:即神农氏,上古姜姓部落首领,配位南方,五行属火。

⑪黄帝:名轩辕,五帝之首,上古部落联盟首领,配位在中,五行属土。

⑫少皞:即少昊,黄帝长子,上古部落联盟首领,配位西方,五行属金。

⑬颛(zhuān)顼(xū):黄帝之孙,上古部落联盟首领,配位北方,五行属水。

[译文]

季康子问孔子道:"过去我只听说过五帝的名号,却不知道他们的事迹,请问什么是五帝?"

孔子说:"过去我从老子那里听说:'自然运行的规律可以用五行表达,也就是金、木、水、火、土五种元素相克相生,在不同时节化生孕育,形成万事万物,与五行相配的是五位圣王的神明。'古代的帝王,因朝代更迭而变更年号,就要效法五行运行的规律,根据五行变更的顺序来更改帝王的年号,循环往复,这也象征着希望王朝的运转跟五行运行一样,周而复始,无始无终。因此,那些圣明的帝王,死后的神明就被用来跟五行相配。所以,太皞与木相配,炎帝与火相配,黄帝与土相配,少皞与金相配,颛顼与水相配。"

康子曰:"如此之言,帝王改号,于五行之德各有所统①,则其所以相变者②,皆主何事③?"

孔子曰:"所尚则各从其所王之德次焉④。夏后氏以金德王⑤,色尚黑,大事敛用昏⑥,戎事乘骊⑦,牲用玄⑧。殷人以水德王⑨,色尚白,大事敛用日中,戎事乘翰⑩,牲用白。周人以木德王,色尚赤,大事敛用日出,戎事乘䮽⑪,牲用骍⑫。此三代之所以不同。"

康子曰:"唐虞二帝⑬,其所尚者何色?"

孔子曰:"尧以火德王,色尚黄。舜以土德王,色尚青。"

〔注释〕

①统:起统领作用的准则,这里指遵从某种规律。

②相(xiàng):看,指认真仔细地观察。

③主:五行之位(参用《素问·至真要大论》王冰注)。

④次:次第,排列的前后。这里指依照五行的次第。

⑤夏后氏:指夏朝,中国首个世袭制度王朝,简称夏。首位王是大禹,第二位王是其子启。该朝史称"夏后氏","后"是"君"的意思。

⑥大事:重大的事情,当时指战争和丧葬事宜。"国之大事,在祀与戎。"(《左传·成公十三年》)敛:指丧葬殡殓事宜。

⑦骊(lí):深黑色的马。

⑧牲:牺牲,祭祀时使用的全牛。玄:黑色。

⑨殷:中国历史上的第二个王朝商朝,国都最后设立在殷,故又称殷商。

⑩翰:白色的马(参《礼记·檀弓上》郑玄注,《孔子家语·五帝》王肃注)。

⑪騵(yuán):赤毛白腹的马匹。

⑫骍(xīng):赤色的牛马,这里指赤色的牛。

⑬唐虞:唐尧和虞舜的合称。尧,上古北方部落联盟首领,帝喾之子,封地在唐(在今山西省临汾市襄汾县一带),故史上又称唐尧。舜,上古部落联盟首领,轩辕黄帝八世孙,号有虞氏,故称虞舜。

〔译文〕

季康子说:"这样说来,帝王改换年号,要遵从五行之德的规律。那么用来观察变化的依据,在五行之位上都与哪些方面相关?"

孔子说:"每个王朝所崇尚的分别遵从它得以称王的那一种品德。夏后氏凭借金德称王,在颜色上崇尚黑色,丧葬殡殓在黄昏时分举行,战争中驾乘深黑色的骊马,祭祀时用黑色的全牛作为牺牲。殷人凭借水德称王,在颜色上崇尚白色,丧葬殡殓在中午时分举行,战争中驾乘白马,祭祀时用白色的全牛。周人凭借木德称王,在颜色上崇尚红色,丧葬殡殓在日出时分举行,战争中驾乘红毛白腹的骠马,祭祀时用赤色的全牛。这是三代所不同的原因。"

季康子说:"唐尧和虞舜两位帝王,他们所崇尚的是什么颜色?"

孔子说:"尧凭借火德称王,颜色崇尚黄色。舜凭借土德称王,颜色崇尚青色。"

执辔第二十五

[题解]

　　本章题为"执辔",章名取自篇首孔子之言。文章开头,弟子闵子骞向孔子请教如何为政。孔子指出为政要平衡地使用道德和律法,并以驾驭马车为喻,说明为政者如何治理天下。接着,子骞问古代的人是如何执政的?孔子仍然以驾驭马车为喻,进一步解释了古代天子的治世方法。他说,仁德和律法就像马嚼子和马笼头,百官就像缰绳,刑罚就像马鞭,而百姓就好比马匹。善于管理百姓的人会使道德和律法一致,端正官员的品行,均衡地发展民力,在百姓和管理者之间培养信任和默契。这样就能做到政通人和。先代的圣王,之所以至今仍受到称颂,正是因为他们的律法周详且仁德深厚。

　　闵子骞为费宰①,问政于孔子。

　　子曰:"以德以法。夫德法者,御民之具,犹御马之有衔、勒也②。君者,人也;吏者,辔也③;刑者,策也④。夫人君之政,执其辔策而已。"

〔注释〕

①闵子骞:即闵子,名损,字子骞,鲁国人,孔子弟子。费:鲁国的城邑。

②衔:马嚼子,也称之为"马衔",是一根横着放在马口里的金属棒,两端用金属环或皮具与驾驭者手中的缰绳相连,利于驾驭,并防止因马咬扯而伤物伤人。勒(lè):马笼头。

③辔(pèi):驾驭牲口用的缰绳。有时也指包括马衔在内、套在马头上的全部驾驭工具。

④策:竹木条,这里指马鞭。

〔译文〕

闵子骞做费邑的城宰,向孔子请教执政的方法。

孔子说:"用仁德和律法来治理。仁德和律法,是管理民众的工具,就像驾驭马匹需要马嚼子和马笼头一样。君主是驾驭马车的人,官吏是缰绳,刑罚是马鞭。君主执政,就要握紧缰绳和马鞭。"

子骞曰:"敢问古之为政?"

孔子曰:"古者天子以内史为左右手①,以德法为衔勒,以百官为辔,以刑罚为策,以万民为马,故御天下数百年而不失。善御马者,正衔勒②,齐辔策,均马力③,和马心④。故口无声而马应辔⑤,策不举而极千里⑥。善御民者,壹其德法⑦,正其百官⑧,以均齐民力,和安民心。

故令不再而民顺从⑨,刑不用而天下治。是以天地德之,而兆民怀之⑩。夫天地之所德,兆民之所怀,其政美,其民而众称之。今人言五帝三王者⑪,其盛无偶⑫,威察若存,其故何也?其法盛⑬,其德厚,故思其德,必称其人,朝夕祝之⑭,升闻于天,上帝俱歆⑮,用永厥世⑯,而丰其年⑰。"

〔注释〕

①内史:周代官职,是太宰的副职,协助天子管理爵位、俸禄、提拔和罢免官员等事务。左右手:最亲近、最重要的助手。

②正:使之端正,指把马衔平正地安置在马口中,喻指正确地、恰当地运用德和法。

③齐:使之整齐,这里指整理辕马和骖马的缰绳。一车有六至八条缰绳,长短有差别,行车前必须整理好才能上路。均:平均地使用。

④和:使之和谐、和睦,包括御者和马之间的默契。

⑤声:声音,这里指发出的号令、口令。应:回应,听从指挥。

⑥极千里:指行至最远处。

⑦壹:同"一",一致,统一,这里指使之一致。

⑧正:这里指端正道德品行。

⑨令不再:意思是不用反复下达命令,命令下达一次就会得到执行。再,两次。

⑩兆:古代对兆是多少,有几种算法,或以十亿为兆,或以万万亿为兆(参《礼记·内则》孔颖达疏)。通常用来表示数量极为巨大。习惯上天子之民叫"兆民",诸侯之民叫"万民"(参用《礼记·内则》郑玄注)。怀:归顺(参《书·皋陶谟》孔安国传)。

⑪三王:夏、商、周的三代圣王,具体是指禹、汤和周文王。

⑫盛(shèng):美盛,盛大,这里指仁德盛大。无偶:意思是无可匹敌,到达了极致。

⑬盛:这里指周详。

⑭祝:祝祷,祝告神明。

⑮上帝:最高的天神。歆(xīn):"神食气也。"(《说文解字》)古人认为,祭品的香气能上达于天。如果祭者有德,鬼神享用了其香气,就会降福于拜祭者。

⑯用:因此。永厥世:意思是使他们这样德法俱佳的时代长久。厥(jué),代词,其。

⑰年:年成,五谷成熟叫作年。

〔译文〕

子赣问:"敢问古代如何执政?"

孔子说:"古代天子把内史当作最贴近自己的重要助手,把仁德和律法视作马嚼子和马笼头,把百官视作缰绳,把刑罚视作马鞭,把百姓视作马匹,所以管理天下数百年也不会失去。擅长驾驭马车的人,驾车前要把马衔平正地安置在马口中,整理好引导辕马和骖马的缰绳,准备好马鞭,平均地使用每一匹马的体力,在御者和马匹之间形成默契。这样,御者嘴里不用发出号令,马就会听从缰绳的指挥,不使用马鞭,马车就可以行至最远的地方。善于管理百姓的人,会让仁德和律法相一致,端正官员的道德品行,使百姓之力均衡地发展,在百姓和管理者之间建立信任和默契。这样,政令不用反复下达,只下达一次,百姓就会顺从地去执行;刑罚不必一定使用,天下就已经治理好了。因此,天地都认为这样的君王是有仁德的,天下的百姓都归顺于他。天地认为有仁德的,天下百姓所归顺的,他的政治一定美善,百姓也一定交口称赞。现在的人谈到五帝和三王时,认为他们的仁德盛大到了极致,他们的威严和对世事的明察好像仍然存在于世,这是为什么呢?因为他们的律法周详,他们的仁德深厚,所以人们想到他们的仁德,一定会称颂他们个人,早晚都要向神明祝告,他们的声音上升被天上的神明听到。最高的天神都能享用到祭品的香气,并降福给拜祭者,使他们这样德法俱佳的时代长长久久,使他们的年成五谷丰登。"

本命解第二十六

〔题解〕

　　本章题为"本命解",讲的是孔子对人一生中所应该遵守的礼仪及其原因的解释。选文是鲁哀公和孔子之间的对话。开篇,鲁哀公向孔子请教,什么叫"命"和"性"。孔子答道,"性"从自然规律中分化而来,与自然规律一致;而"命"是"性"在个体上所体现出的自然而有的肉体和心理现象与特征。任何事物有了生命就有了性,事物的存在便是性的开始,而死就是生命及其性的终结。接着,孔子进一步解释了人,男人和女人的生命历程。从出生开始,随着年龄的增长,人的身体机能从视、食、行、言、化育几方面由"不能"成长为"能",随着男女成年的到来,男人在十六岁、女人在十四岁举行过成年礼,就可以谈婚论嫁。继而,鲁哀公问,根据《礼记》的规定,男人三十岁、女人二十岁才可以嫁娶,会不会太晚了?孔子回答说,《礼记》上说的是最晚的年龄,是说男女不应该超过这个年龄。而在举办婚嫁事宜的时间上,圣人也根据时节做出了安排,这是符合自然运行法则的。婚嫁事宜的准备工作应该在霜降时节完成,并开始操办相应事宜,等到天气变暖,农耕劳动开始的时候,就应该结束。

鲁哀公问于孔子曰:"人之命与性,何谓也?"

孔子对曰:"分于道谓之命①,形于一谓之性②。化于阴阳,象形而发谓之生,化穷数尽谓之死③。故命者,性之始也;死者,生之终也。有始则必有终矣。"

〔注释〕

①分:分化。

②形:这里指形成活生生的个体。性:指生命体自然而有的肉体和心理现象与特征。

③穷:与"尽"义同,终极、尽头。数:命数,指不同的生命体自然具有的生命长短。

〔译文〕

鲁哀公问孔子道:"人的命和性,是什么意思?"

孔子回答道:"从自然规律中分化出来的,与自然规律相一致的,叫作'命';形成于一个活生生的个体上的自然而有的肉体和心理现象与特征,叫作'性'。由阴阳和合转化孕育而生,以形体的形式发育成长,叫作'生';这种转化和命数走到了尽头,叫作'死'。所以,任何事物有了生命就有了性,可以说事物的存在是性的开始;死,则是生命及其性的终结。任何事物既然有开始,也必然有其终结。"

"人始生而有不具者五焉,目无见,不能食,不能行,不能言,不能化①。及生三月而微煦②,然后有见。八月生齿,然后能食。三年囟合③,然后能言。十有六而精通④,然后能化。阴穷反阳,故阴以阳变⑤;阳穷反阴,故阳以阴化。是以男子八月生齿,八岁而龀⑥。女子七月生齿,七岁而龀,十有四而化。一阳一阴,奇偶相配,然后道合化成。性命之端,形于此也。"

〔注释〕

①化:化育,生育。

②煦(xù):温和,轻柔。这里指眼睛轻微地转动,即有了一点视力(参用王肃注)。

③囟(xìn):指初生婴儿几块颅骨尚未完全密合时的缝隙处。现口语称其为"囟门"。囟门密合需一年至一年半,孔子说"三年",大概是因为古代婴儿一出生通常即算是一岁,因此一岁半可能会跨越三个年头。

④精:精气。

⑤阴以阳变:意思是"阴"根据"阳"的存在和演变而发生转变。

⑥龀(chèn):换牙,由乳牙换为恒齿。《说文解字》:"龀,毁齿也。"意谓儿童"换牙",一般是先掉牙(即"毁齿"),再长出新牙。

〔译文〕

"人刚出生而不具备的有五样东西:眼睛看不见,不能嚼食东西,不能走路,不能说话,不能生育。等到出生三个月以后眼睛可以稍微转动,便有了一点视力,然后就能看见东西了。第八个月开始长出牙齿,然后能嚼食东西。出生后第三年头顶的囟门闭合,然后能够说话。十六岁的时候精气通畅,然后能够生育。阴发展到了极限就会向阳反转发展,所以"阴"根据"阳"的存在和演变而发生转变;阳发展到了极限就会向阴反转发展,所以"阳"根据"阴"的存在和演变而发生转化。因此,男子八个月大的时候长出牙齿,八岁换牙。女子七个月大的时候长出牙齿,七岁换牙,十四岁能够生育。一阳一阴,奇数和偶数相配,然后阴阳之道相合,化育成为生命。性和命的开端从这里开始形成。"

公曰:"男子十六精通,女子十四而化,是则可以生民矣。而《礼》①,男必三十而有室②,女必二十而有夫也。岂不晚哉?"

孔子曰:"夫《礼》言其极,不是过也③。男子二十而冠④,有为人父之端⑤;女子十五许嫁⑥,有适人之道⑦。于此而往⑧,则自婚矣⑨。群生闭藏乎阴⑩,而为化育之始。故圣人因时以合偶⑪,穷天数也⑫。霜降而妇功成⑬,嫁娶者行焉。冰泮而农桑起⑭,婚礼而杀于此⑮。"

〔注释〕

①《礼》:《礼记》,这里指《礼记》上的规定。鲁哀公所据,见《礼记·内则》篇。

②室:家室,这里指妻子。古语云,男有室,女有家。

③是:指《礼记》中规定的婚配年龄。不是过:即不超过"礼"所规定的

年龄极限。

④冠:冠礼,古代男子的成人礼。冠礼是一种很隆重的礼仪,有很复杂的程序,其中最明显最重要的,是把此前下垂的头发扎为一束,在头顶上盘为发髻,用"冠"固定。冠的功能主要是标志和装饰。行过冠礼,就要按照成年人的标准为家族和社会(在此之前即部落、部族)尽应承担的义务,享应有的权利。

⑤端:开端,这里指家族开始可以讨论该男子未来的婚事问题了。

⑥许嫁:女子十五岁要行"笄(jī)礼",即女性的成人礼,将头发束起,盘于头顶,用一根簪子贯穿、固定。笄,簪子(依《说文解字》)。笄礼后,家族就可以为女子安排婚事了。许,应许。

⑦适:往,到……去。这里指女子出嫁,到婆家去。道:指婚嫁的礼仪、规矩和与人相处的原则、规则。

⑧往:与"来"相对,这里指走下去。于此而往:自此开始,从这时开始。

⑨自:自然,自然而然。自婚矣:自然就可以婚配了。

⑩群生:所有的生物。闭藏:指进入冬季,农历十、十一、十二月,被称为"闭藏之季",阴气大盛,阳气收敛,生物暂停生长,同时也孕育着阳气的回升、春天将要到来。

⑪合偶:匹配成双,这里指合夫妇之偶,即举办婚事。

⑫穷:穷尽,这里指严格遵守。数:天地万物生长的次序,也兼指每年、每季的日数(参《礼记·月令》郑玄注及孔颖达疏)。

⑬妇功:妇女为婚嫁而做的各项准备。

⑭泮(pàn):冰化开,溶解。农桑起:意思是天气转暖,户外的农耕劳动开始。

⑮杀:收尾,结束。

[译文]

鲁哀公说:"男子十六岁精气通畅,女子十四岁能够生育,就是可以孕育子女了。而根据《礼记》的规定,男子必须三十岁才能有家室,女子必须二十岁才能有丈夫,这难道不是太晚了吗?"

孔子说:"《礼记》上的规定,说的是极限,是说不要超过这个年龄。男子二十岁行冠礼,便是成人了,他可以成为别人的父亲,家族开始讨论他的婚事。女子十五岁行笄礼,便是成年了,也就可以为她安排婚事,应许她出嫁,以及学习出嫁到婆家应该遵守的婚嫁礼仪、规矩和与人相处的规则了。懂得了以上的道理,自然就可以婚配了。所有的生物闭藏在'阴'之中,这是生命转化孕育的开端。所以,圣人按照时节来安排婚嫁事宜,这是严格遵守自然运行的法则。霜降的时候,为婚嫁所做的各项准备就已经完成了,于是嫁娶事宜就可以开始操办了。冰融化,天气转暖的时候,户外的农耕劳动即将开始,婚嫁事宜就应该到此时结束。"

论礼第二十七

〔题解〕

本章题为"论礼",主要内容是孔子跟弟子围绕"礼"的讨论。选文开头,子夏向孔子请教什么叫"民之父母",孔子答道,要成为百姓的父母,就要通达礼乐的根本,做到"五至"和"三无",才能使礼乐遍布天下。所谓"五至",是指人的志向、《诗》、礼仪、音乐和哀伤的心情要在高度上达到一致。"三无",是指运化于心,无须借助声音的音乐;融入内心,无须规则约束,使人从心所欲不违礼的礼仪;不必着丧服而举止之间体现着哀伤的服丧。做到以上这些,再奉行三无私,就会得到天下人的拥护。所谓"三无私",指的是上天没有什么是为自己的,它覆盖万物;大地没有什么是为自己的,它承载万物;日月没有什么是为自己的,它照耀万物。商汤的仁德正是来自对"三无私"的践行,从而得到了百姓的崇敬和拥护。

　　子夏侍坐于孔子,曰:"敢问《诗》云'恺悌君子,民之父母'①,何如斯可谓民之父母②?"
　　孔子曰:"夫民之父母,必达于礼乐之源③,以致五至而行三无④,以横于天下⑤。四方有败⑥,必先知之。此之谓民之父母。"

[注释]

①《诗》:这里指《诗经·大雅·泂(jiǒng)酌》。泂,远,义与"迥"通。这里指远处流来的水。酌,汲取,舀。恺(kǎi):又作"岂",义同,意思是喜悦,高兴。悌:敬爱兄长,这里指兄弟间和睦相敬。

②斯:则,就。

③礼乐之源:即礼乐之本,指从更古老的时代开始发生,逐渐形成,后代成形的"礼乐"、道德的源头和萌芽。简言之,即仁爱之心。《孟子·公孙丑上》说,恻隐、羞恶(wù)、辞让、是非之心,是"仁"之四端,亦即仁心的源头,其义与孔子的话相同。

④致:通"至",达到,做到。

⑤横:充,充满(参用《礼记·孔子闲居》郑玄注),这里指使之遍布。

⑥败:坏,这里指灾难、战乱之类的事情。

[译文]

子夏陪坐在孔子旁边,问道:"敢问《诗》上说:'和悦可亲且兄弟间关系和睦的君子,是百姓的父母',要做到什么样子就可以算作是百姓的父母了呢?"

孔子说:"要做百姓的父母,一定要通达礼和乐的本源,具有仁爱之心,做到'五至',践行'三无',并让礼乐制度遍布天下。天下四方如果有灾难、战乱之类的事情,他们一定会提前知道。这样就可以称得上老百姓的父母了。"

子夏曰:"敢问何谓五至?"

孔子曰:"志之所至①,《诗》亦至焉②;《诗》之所至,礼亦至焉;礼之所至,乐亦至焉;乐之所至,哀亦至焉。《诗》、礼相成③,哀、乐相生④,是以正明目而视之⑤,不可得而见;倾耳而听之⑥,不可得而闻。志气塞于天地,行之充于四海。此之谓五至矣。"

子夏曰:"敢问何谓三无?"

孔子曰:"无声之乐⑦,无体之礼⑧,无服之丧⑨,此之谓三无。"

〔注释〕

①志:意念,心愿。至:达到某种高度或程度,根据上下文,本段中多处说到的"亦至",意思是"也达到"了同样的高度或程度,我们在这里译为"一致"。

②《诗》:指以《诗》三百篇为代表的古诗。

③相成:意思是两个方面相互配合、补充,而达成一个目标。成,成就。

④相生:意思是两个方面同时存在,并相互催生、转化。

⑤正:面对着。

⑥倾耳:侧着耳朵听,指专注地听,认真地听。

⑦无声之乐:没有声音的音乐,意思和《老子》的"大音希(同'稀')声"相通,是说最高境界的音乐没有声音,运化于人的心灵之中。

⑧体:形体,这里指按照礼仪的规范行礼的动作和仪态。

⑨无服之丧:意思是在服丧期间,不需要过于计较丧服的规矩,重要

的是痛彻心扉的哀伤体现在这期间的一举一动之中。

〔译文〕

子夏问:"敢问什么叫'五至'?"

孔子说:"人的志向所达到的高度,要跟《诗》一致;《诗》所达到的高度,要跟礼仪制度一致;礼仪制度所达到的高度,要跟音乐一致;音乐所达到的高度,要跟哀伤的心情一致。《诗》和礼仪相互配合、补充,进而达成同一个目标;哀伤和欢乐两种情绪同时存在,相互催生、转化。所以用明亮的眼睛从正面去看,看不见;侧着耳朵认真聆听,也听不到;虽然看不见、听不到,但是怀有高尚志向者的浩然正气和无所畏惧的行为充斥在天地之间,影响着四面八方。这就叫作'五至'。"

子夏问:"敢问什么叫'三无'?"

孔子说:"已经运化于人心之中,无需借助声音传达的音乐;已经融入人的内心,使行为举止可以从心所欲而不违礼的礼仪;不必计较丧服规矩,而一举一动之间都体现出痛彻心扉的哀伤的服丧。这就是'三无'。"

孔子曰:"无声之乐,气志不违[1];无体之礼,威仪迟迟[2];无服之丧,内恕孔悲[3]。无声之乐,所愿必从;无体之礼,上下和同;无服之丧,施及万邦[4]。既然[5],而又奉之以三无私而劳天下[6],此之谓五起。"

子夏曰:"何谓三无私?"

孔子曰:"天无私覆⁷,地无私载,日月无私照。其在《诗》曰⁸:'帝命不违⁹,至于汤齐⑩。汤降不迟⑪,圣敬日跻。昭假迟迟⑫,上帝是祇⑬。帝命式于九围⑭。'是汤之德也。"

子夏蹶然而起⑮,负墙而立⑯,曰:"弟子敢不志之⑰!"

〔注释〕

①气:人的精神状态。志:人的意志。

②威:威严。仪:容止仪表。迟迟:从容舒缓的样子。

③恕:推己及人,亦即设身处地体谅他人(参用《四书集注·论语》朱熹注)。孔:甚,很,非常。

④施(旧读 yì):扩展,等于说延绵、影响。邦:与"国"同义。"国"也指受封诸侯所居守之地。但也有人认为"大曰邦,小曰国"(见《周礼·天官·太宰职》郑玄注)。万邦:指所有诸侯国。

⑤既然:已经如此。

⑥私:为己的,私有的。劳(lào)天下:知道、体谅到天下百姓的劳累、劳苦,因而能够得到百姓的拥护。

⑦覆:覆盖。

⑧《诗》:这里指《诗经·商颂·长发》。

⑨帝:上帝,最高的天神。不违:指世世代代不违天命。

⑩齐(jī):通"跻",升,登,这里指登上王位。

⑪降:下,这里指对臣民,礼贤下士,为民操劳。不迟:急速。迟:迟缓,慢慢来。

⑫昭假:向神祷告。昭,昭告。假,至,达于某处(参用《诗经·大雅·云汉》毛亨传)。迟迟:徐徐,舒缓。

⑬上帝是祗:意思是敬奉上帝。祗(qí),敬。是,指代前文的"上帝"。

⑭式:用,这里指施行。九围:九州,指天下。

⑮蹶(juě)然:等于说猛然,急速地。

⑯负:背,背对着。

⑰志:记载下来,这里指记住。

〔译文〕

孔子说:"没有声音的音乐,跟人的精神状态和意志不会有不和之处;不靠规则束缚,内化于心的礼仪,使人容止仪表威严且从容舒缓;不依靠服装而深藏于心的服丧,内心的哀伤非常深沉。用无声之乐治理国家,君王的愿望百姓一定顺从;用无体之礼治理社会,国家上下一定和谐同心;用无服之丧体察民情,哀伤的心情将会影响到所有诸侯国。已经做到以上方面,再奉行'三无私'的原则来体察天下百姓的劳苦,进而得到他们的拥护,这就叫作'五起'。"

子夏问道:"什么叫'三无私'?"

孔子说:"上天没有什么是为自己的,它覆盖万物;大地没有什么是为自己的,它承载万物;日月没有什么是为自己的,它照耀万物。这在《诗》里对应的诗句是:'最高天神的命令世世代代不被违背,直到商汤登上王位。商汤急于礼贤下士,为民操劳,人们对圣王的恭敬之心日益增高。他徐徐地向神明祷告,敬奉上帝,把上帝的命令在天下施行。'这就是商汤的仁德。"

子夏听到这里猛然起立,背对着墙站立着说:"弟子怎敢不将这些谨记于心!"

观乡射第二十八

〔题解〕

　　本章题为"观乡射",分别讨论了乡射礼、乡饮酒礼和蜡祭,选文为"乡饮酒"部分。乡饮酒礼是周代基层社会的重要礼仪之一。周代设有乡校,学制三年,每三年举行一次乡饮酒,由乡大夫作为主人宴请乡学中最贤能的五个人。五人中,最贤者作为"宾",次贤者为"介",再次之的三人为"众宾"。主人在迎接五人时,所行之礼有等次之分,对"宾"行礼最重。在宴饮开始之后,主人与宾客之间的敬酒也要按照礼仪进行。在其后的宴饮环节,设立一位"司正"确保宾客能够在享乐宴饮的同时不失礼。饮酒要适可而止,总体原则是晚上饮酒不能耽误次日早晨的事,傍晚饮酒不能耽误晚上的事。最后,主人拜送宾客。乡饮酒礼辨明了宾客的贵贱,区分了礼仪的等级,宴饮和乐而有序,年龄大小无一遗漏,人们安享宴乐而不会神志昏乱。明确了这五点,就足以端正自身、安定国家了。因此,孔子从乡饮酒事事合于礼仪,知道推行王道是容易的。

　　孔子曰:"吾观于乡①,而知王道之易易也②。主人亲速宾及介③,而众宾皆从之。至于正门之外,主人拜宾及介④,而众宾自入,贵贱之义别矣。三揖至于阶⑤,三让⑥,以宾升,拜至⑦,献、酬辞让之节繁⑧;及介升则省矣。至于众宾,升而受爵⑨、坐祭⑩、立饮,不酢而降⑪。隆杀之义辨矣⑫。

〔注释〕

①乡:这里指乡饮酒礼(依《荀子集解·乐论》引卢文弨说)。乡饮酒礼是周代基层社会的重要礼仪之一,也是一种宴饮之礼。周代设有乡学(又称为乡校),学制三年。乡校也是乡里父老闲暇时聚会闲谈的处所。每三年的正月举行一次"乡饮酒",由乡大夫和乡先生从学成者中选择一名最贤者作为"宾",一位次贤者作为"介",三名再次者作为"众宾",总计五人,与他们宴饮并举荐他们到朝廷为官。

②王道:圣王之道,圣王治理国家的方法。易易:等于说很容易,叠词为加重语气。因为教化的根本是尊重贤者和比自己年长的人,这是人们很容易接受的伦理(参用《礼记·乡饮酒义》郑玄注)。

③主人:指负责举办乡饮酒礼仪的乡大夫。速:邀请,这里指迎接。介:陪同宾客或提前到主人家通报的人。中国古代士人、君子彼此往来,都要有"介"事先通报对方并陪同。

④拜:见面礼节之一,双手相合、微曲(男左手在前),高举到面部,腰部稍弓。

⑤三:三次。揖:作(zuō)揖。古代的一种礼仪,双手微曲相合,稍稍前伸,高度根据对方的身份而定,分为"上揖""中揖""下揖"。阶:堂前以供登堂的台阶。

⑥让:谦让,这里指请宾走在前面。

⑦拜至:这是说,登到堂上,主人行拜礼,对主宾的到来表示感谢。

⑧献:主人向客人敬酒。酬:客人回敬主人以后,主人再敬酒(参用《诗·小雅·楚茨》郑玄注)。繁:繁盛,这里指主人和主宾、众宾相互敬酒,席间很融洽热闹(参用《礼记·乡饮酒礼》郑玄注)。

⑨受:下承上曰"受",指从尊长那里接受某物。爵:酒杯,酒盏。

⑩祭:宴饮时客人举爵祭神,这是主宾饮酒时的一个仪节。

⑪酢(zuò):客人回敬主人。

⑫隆:隆厚,突出。杀(shà):降等。

[译文]

孔子说:"我观看乡饮酒之礼,就知道圣王治理国家的方法很容易。举办乡饮酒的乡大夫亲自迎接'宾'和'介','众宾'则跟在他们后面往里走。走到正门的外面,主人要向'宾'和'介'行拜礼,而'众宾'则自行进去。由于主人迎接宾、介与众宾的礼仪不同,也就把来客身份的贵或贱(包括年岁的长幼、在乡学中贤能的高低)显示出来了。作过三次揖,就到了堂前的台阶下,主宾之间相互谦让三次,让宾先登上台阶,到了堂上的时候,主人行拜礼,感谢宾的到来,主人与宾之间相互敬酒,席间很是热闹。等到介登上堂来,主人只是看望一下他,打个招呼而已,这是依据对方的身份而简化了礼仪。轮到众宾的时候,他们登上堂来,接受一杯酒,坐下举爵祭神再站着饮下酒,不用回敬主人就直接走下堂去。这样对待不同宾客的礼仪的高低等级就区分开来了。

"工入①，升歌三终②，主人献宾；笙入三终③，主人又献之。间歌三终④，合乐三阕⑤。工告乐备而遂出⑥。一人扬觯⑦，乃立司正焉⑧，知其能和乐而不流也⑨。宾酬主人，主人酬介，介酬众宾，少长以齿，终于沃洗者焉⑩，知其能弟长而无遗矣。降，脱屦升坐，修爵无算⑪。饮酒之节⑫，旰不废朝⑬，暮不废夕⑭。

〔注释〕

①工：《礼记·乡饮酒义》郑玄注为"乐正"，古代掌乐之官。

②升：升起，这里指歌声响起，即演唱。三：三次，这里指三首。三首歌具体指《诗经》中的《小雅·鹿鸣》《小雅·四牡》和《小雅·皇皇者华》三篇（参用《仪礼》《孔子家语》王肃注）。终：终止，这里指乐曲结束，即完成一首乐曲。

③笙：簧管乐器，由十三根至十九根簧管组成。三首笙乐是《诗经》中的《小雅·南陔》《小雅·白华》和《小雅·华黍》。

④间歌：间歇着唱歌，意思是在笙乐之间穿插着唱歌，即一首笙乐，一首歌曲，交叉进行。具体为，先歌《诗》中的《小雅·鱼丽》，笙《小雅·由庚》；继而歌《小雅·南有嘉鱼》，笙《小雅·崇丘》；最后歌《小雅·南山有台》，笙《小雅·由仪》。

⑤合乐：歌和笙配合表演。阕（què）：乐曲终止（参用《史记·留侯世家》）。《孔子家语》王肃注认为是从《诗经·国风》的《周南》和《召南》中选取三首表演。《仪礼》载，"合乐"曲目包括《周南》中的《关雎》《葛覃》和《卷耳》，及《召南》中的《鹊巢》《采蘩》和《采𬞟》。

⑥告：告诉，禀告。备：齐备，全，这里指完成，结束。

⑦扬：扬起，这里指举起。觯（zhì）：古代的饮酒器，在商朝、西周和春

秋时期形制有所变化,春秋时期杯体较长。

⑧司正:主礼者,主持礼仪的人(参用《后汉书·郅恽传》李贤注)。

⑨流:流水,这里喻指像溪水那样起伏流动而无序。

⑩沃洗者:在筵席上负责帮助宾客洗手的侍者。沃洗,洗涤,浇水洗手。

⑪修爵无算:意思是随意地相互敬酒,不受次数限制。修爵,依次敬酒。无算,无数,不计其数。

⑫节:规则,法度,这里指礼节。

⑬旰(gàn):与"朝"相对,天色晚。

⑭暮:傍晚,日落时分。夕:日暮,傍晚。

〔译文〕

"乐正进来,演唱三首歌曲之后,主人向宾敬酒。吹笙的人进来,吹奏三曲之后,主人再次向宾敬酒。笙乐和歌唱轮番各演出三首,然后笙乐和歌唱配合演出三首。这时,乐正禀告全部曲目已经演奏完毕,于是乐队就退出去了。一个人举起觯,这是确立了主持礼仪的人,知道他能够使宾客和谐娱乐且不至于没有秩序。宾向主人敬酒,主人向介敬酒,介向众宾敬酒,长幼有序,直到宴席的侍者都得到答谢,由此确认他们懂得长幼次序的礼仪且没有遗漏任何人。然后,大家走下堂来,脱掉鞋子,坐到座位上,随意地相互敬酒,不受次数限制。饮酒的礼节是,晚上饮酒不能耽误明早的事,傍晚饮酒不能耽误晚上的事。

"宾出①,主人拜送,节文终遂焉②,知其能安燕而不乱也③。贵贱既明,降杀既辨④,和乐而不流,弟长而无遗,安燕而不乱。此五者,足以正身安国矣。彼国安而天下安矣⑤。故曰:'吾观于乡,而知王道之易易也。'"

〔注释〕

①出:走出乡校。

②节文:礼仪制度,包括与之相配的文辞、音乐、举止等。节,节奏,节制。文,在事务的基础上增添庄重、美化、达情的元素。这里指"乡饮酒"礼乐的全过程。终遂:圆满完成。终,结束。遂,顺利,顺遂。

③燕:同"宴",宴享。乱:神志昏乱。

④辨:分别,分辨。

⑤彼国:指孔子所观看举行"乡饮酒"礼的国家。这句是说,举一反三,该国安定了,天下也就安宁了。

〔译文〕

"宾客走出乡校,主人拜送,礼仪制度都圆满完成,已经确定他们能够安享宴乐而不至于神志昏乱。宾客的贵贱分别已经明确,礼仪的高低等级已经区分开,宴饮和乐且没有失去秩序,年纪大的和小的无一遗漏,安享宴乐而不会神志昏乱。做到这五个方面,就足以端正自身安定国家了。国家安定了,天下也就安定了。所以我说:'我由乡饮酒事事合于礼仪,就知道推行王道是很容易的。'"

郊问第二十九

〔题解〕

　　本章以"郊问"为题,全章为鲁定公和孔子之间有关郊祭的对话,选文选自对话的前半部分,讲的是郊祭的来源和意义。开篇,鲁定公问孔子,为什么古代帝王郊祭祖先的时候要与祭天相配?孔子回答说,万事万物来源于天,而人来源于祖先,所以祭祖以配天是表明不忘万物的根本法则,并将根据天地运行的法则来为人、治世。接着定公问,为什么同为郊祭,但是周天子和诸侯在祭祀的各方面都有所不同?孔子解释道,周天子进行的第一次郊祭定在了冬至日,这也是最大规模的郊祭,到了惊蛰,又要郊祭最高的天神,祈祷五谷丰登。这两次郊祭是周天子的祭祀,鲁公不具备资格,说明鲁公的地位比周天子低。因此,同为郊祭,但祭祀的礼仪、牺牲、礼器都有所不同。接着定公又问,为什么郊祭叫作"郊"?孔子说,那是因为通过占卜而确定的祭祀地点在国都南面的郊野,所以叫"郊"。

　　定公问于孔子曰①:"古之帝王必郊祀其祖以配天②,何也?"

孔子对曰:"万物本于天③,人本乎祖。郊之祭也,大报本反始也④,故以配上帝⑤。天垂象⑥,圣人则之⑦,郊所以明天道也⑧。"

〔注释〕

①定公:指鲁定公,襄公的儿子,哀公的父亲。
②郊祀:周朝君主(天子和诸侯)在王都和诸侯都城的郊野举行的祭天仪式,其中最为重要的是冬至举行的那一次。
③本于天:意思是源于天、宇宙、自然。
④大:规模盛大。报本反始:意思是不忘万物的根本法则,返回王族初始创业的祖先,即天下以天为根本,自己和后代以祖宗为根本。报,回报,这里指向天表达敬畏之心。反,返回,这里指反思。始,初始,自己的来源。
⑤配:同一时间相合、对应。
⑥垂:垂示,向下展示。象:指宇宙所显示的种种现象。
⑦则:法,效法,取法。圣人则之:意思是圣人根据天地运行的法则来为人、治世。
⑧明:表明,显示。

〔译文〕

鲁定公问孔子说:"古代的帝王一定要在王都的郊野祭祀自己的祖先,并与祭天相配,这是为什么?"

孔子回答道:"万事万物源于天,人的来源是祖先。郊祭,是以盛大的祭祀表明不忘万物的根本法则,返回王族初始创业的祖先,所以在祭祀祖先的同时祭祀最高的天神。宇宙向人间垂示种种现象,圣人根据天地运行的法则来为人、治世,所以郊祭是用来明辨宇宙法则的。"

公曰:"寡人闻郊而莫同①,何也?"

孔子曰:"郊之祭也,迎长日之至也②。大报天而主日③,配以月。故周之始郊,其月以日至,其日用上辛④;至于启蛰之月⑤,则又祈穀于上帝⑥。此二者,天子之礼也。鲁无冬至大郊之事,降杀于天子⑦,是以不同也。"

〔注释〕

①郊:指郊祭。莫同:没有什么相同的,即天子、诸侯、卿大夫之家,仪式、牺牲供品等都各有不同。

②迎长日之至:白天的日影("圭影")最长的一天,也就是"冬至"日。从其次日起白天渐渐缩短,直到夏至,日影最短,白天最长。周朝第一次举行郊祭是在冬至日,白天最短,故曰是迎接更长的白天到来。

③主日:因为万物均以天为"源"为根,祭日即是祭天,所以祭天即以日为主。

④上辛:农历每个月上旬的辛日。中国古代一种独具特色的纪年、月、日、时的方法,通常称为"干支计时法"。简略地说,即以十个"天干"字(甲、乙、丙、丁、戊、己、庚、辛、壬、癸)和十二个"地支"字(子、丑、寅、卯、辰、巳、午、未、申、酉、戌、亥),一"干"一"支"两两相配以计数时间。干支相配,六十次一循环,所以也把六十年称为"一甲子",记录周期为六十天,因此一个月里就有了"上辛日"。

⑤启:开,启动。蛰:指蛰伏于地下过冬的动物。启蛰,后来成为二十四节气之一,称"惊蛰",意谓春天开始出现雷声,惊醒了冬眠的昆虫和

动物。

⑥穀:今写作"谷",泛指五谷、各种粮食作物。

⑦降杀:指鲁公没有冬至日举行郊祭的天子之大祭,所以其礼仪、牺牲、礼器都不同于天子。

〔译文〕

鲁定公说:"我听说虽然同为郊祭,但是天子、诸侯、卿大夫之家在仪式、牺牲供品等方面各有所不同,这是为什么?"

孔子说:"因为周朝的第一次郊祭是在白天最短的冬至日举行的,所以说是为了迎接更长的白天的到来。以最大规模回报上天的郊祭日期,主要是根据日照的情况,配合参考月份的情况确定的,即在每年日照最短的冬至日举行。所以,周朝第一次举行郊祭的时候,选择了白天最短的月份,而日期则刚好是那个月的上辛日。等到惊蛰所在的月份,再向最高的天神祈祷谷物丰收。这两次郊祭,是属于周天子的祭礼。冬至日举行郊祭是周天子的大祭,鲁公不能在冬至日举行郊祭,这是因为鲁公比周天子等级低,所以礼仪、牺牲、礼器都不同于天子,因此虽然同为郊祭,但各方面有所不同。"

公曰:"其言郊,何也?"

孔子曰:"兆丘于南①,所以就阳位也②。于郊,故谓之郊焉。"

〔注释〕

①兆:古人烧灼龟甲以占吉凶,龟甲上烧裂的给人预示的纹路,称为

郊问第二十九 | 235

"兆",这里指通过占卜选定位置。丘:《礼记·郊特牲》无"丘",此句作"兆于南郊"。南,国都的南郊。

②阳:古人以山之南、水之北为阳,这里指国都的南面。中华民族生活于北半球,太阳永远在南边,是阳位,所以祭天在国都之南。

〔译文〕

　　定公问:"这一祭祀叫作'郊祭',是什么原因?"

　　孔子说:"祭祀的地点,通过占卜选定在国都南郊,是按照阳位来安排的。在郊外祭祀,所以称之为郊祭。"

五刑解第三十

〔**题解**〕

　　本章题为"五刑解",主要内容是孔子对刑罚的来源,及其与礼之间关系的论述。选文为开篇第一部分,孔子对"五刑"进行了解释。弟子冉有向孔子请教,三皇五帝不使用"五刑"是否可信,孔子指出,圣人设立法律是为了防止犯罪,看重的是不让百姓犯罪,制定"五刑"是用来治理天下,使天下达到安定、太平的手段和工具,并不是最终的目的。百姓犯罪的根本原因是各种欲望得不到满足,进而导致出现各种犯罪行为,君王制定法律,百姓知道哪些事不能做,也就不会身陷囹圄。从五刑角度看,通过制定节制生活的制度阻止奢侈浪费,百姓就不会做奸邪偷盗之事;通过服丧和祭祀培养仁爱之心,百姓就会懂得孝敬父母;通过诸侯向周天子行朝聘之礼,明确贵贱、尊卑关系,百姓就会懂得忠义;通过乡饮酒礼树立长幼次序,百姓就会懂得恭敬谦让;通过婚姻聘享的礼仪明确夫妇关系,百姓就不会淫乱。五种刑罚的产生均有其源头,应该在源头上加以阻断,而不是单单用刑罚本身来处置犯人。

冉有问于孔子曰:"古者三皇五帝不用五刑,信乎①?"

孔子曰:"圣人之设防②,贵其不犯也③;制五刑而不用,所以为至治也。凡民之为奸邪、窃盗、靡法④、妄行者,生于不足⑤,不足生于无度⑥。无度,则小者偷盗,大者侈靡⑦,各不知节⑧。是以上有制度则民知所止⑨,民知所止则不犯⑩。故虽有奸邪、贼盗、靡法、妄行之狱,而无陷刑之民⑪。

〔注释〕

①五刑:指殷周时期的五种主要刑罚,即墨(在脸上刻字)、劓(yì,削掉鼻子)、剕(fèi,砍掉脚)、宫(割除生殖器)、大辟(处死)。信乎:意思是,是真的吗。

②防:本指为避免灾难(例如旱涝、战争)而修筑的较大型设施(例如堤坝、城墙)。这里指防止犯罪的制度、规则、刑罚。

③贵:指最看重、珍惜的。

④靡(mí)法:等于说目中无法。靡,没有。

⑤不足:指个人的欲望得不到满足。

⑥无度:没有限度,这里指不节制。

⑦靡:奢侈,浪费。

⑧各:各自,指犯大罪和小罪的各种犯人。节:节制,适度而止。

⑨所止:停下、罢手的地方,这里指不可以做的事。

⑩犯:触犯,指犯五刑之罪。

⑪陷:陷入,这里指被依法羁押在五刑罪犯的牢狱中。

[译文]

冉有向孔子请教道:"古代三皇五帝不使用五种主要的刑罚,是真的吗?"

孔子说:"圣人设立防止犯罪的制度,看重的是不让人犯罪。制定五刑是用来治理天下,达到安定、太平的最佳手段和工具,五刑并不是最终的目的。但凡百姓出现奸诈邪恶、盗窃、目无王法和乱行的情况,都是由于个人的种种欲望得不到满足;欲望得不到满足,是由于没有节制而产生的。没有节制,所犯的小的罪过是偷盗,大的罪过是奢侈浪费,犯大罪和小罪的各种犯人都不知道节制。因此,君王制定了法律,百姓就知道哪些事不能做;知道哪些事不能做,就不会触犯五刑之罪。所以,即使有判定奸邪、贼盗、违法、乱行的法律,却没有因犯罪而被依法羁押在五刑罪犯的牢狱之中的百姓。

"不孝者生于不仁,不仁者生于丧祭之礼不明[①]。丧祭之礼,所以教仁爱也。能致仁爱,则服丧思慕[②],祭祀不解人子馈养之道[③]。丧祭之礼明,则民孝矣。故虽有不孝之狱,而无陷刑之民。

[注释]

①丧祭之礼不明:四库全书本《孔子家语》作"丧祭之无礼",此处据《大戴礼记·盛德》改。丧祭,丧葬与祭祀。

②思慕:指孝子在服丧期间回想父母在世时对自己的教导和仁爱。

③解(xiè)：同"懈"，懈怠，松懈。

〔译文〕

"不孝的行为是由于不懂得仁爱而产生的，不仁爱是由于不明白丧葬和祭祀的内涵而产生的。丧葬和祭祀的礼仪，是用来教导百姓要仁爱的。能懂得仁爱，那么孝子在服丧期间回想父母在世时对自己的教导和仁爱，日后祭祀亲人时也仍会保持着对父母的孝敬之心。丧葬和祭祀的礼仪明确了，那么百姓就能做到孝敬父母了。因此，即使有惩罚不孝的法律，也没有因犯罪而被羁押在牢狱中的百姓。"

"杀上者①，生于不义②。义，所以别贵贱，明尊卑也。贵贱有别，尊卑有序，则民莫不尊上而敬长。朝聘之礼者③，所以明义也。义必明，则民不犯。故虽有杀上之狱，而无陷刑之民。

〔注释〕

①杀上：杀害尊长。
②不义：不懂得在与人相处时应该尽到自己应尽的责任。
③朝聘：诸侯对周天子所行朝见之礼，一年一小聘，三年一大聘，五年一朝(参《礼记·王制》)。

〔译文〕

"杀害尊长，是由于不懂得在与人相处时应该尽到自己应尽的责任。义,是用来区别贵贱、明确尊卑的标准。贵贱区分开了,尊卑形成秩序,那么百姓就没有不尊重上司和不敬重长辈的了。诸侯朝见周天子的礼仪,是用来明确周天子和诸侯应该尽到的责任的。应该尽到的责任一定要明确,这样百姓就不会冒犯尊长。因此,即使有惩处杀害尊长的法律,却没有因犯罪而被羁押在牢狱中的百姓。

"斗变者①,生于相陵;相陵者②,生于长幼无序而遗敬让③。乡饮酒之礼者,所以明长幼之序而崇敬让也。长幼必序,民怀敬让。故虽有斗变之狱,而无陷刑之民。

〔注释〕

①斗变:指争斗作乱。斗,争斗。变,改变现状。
②陵:同"凌",凌驾,凌辱。
③遗:遗失,遗漏,这里指忘记了。

〔译文〕

"争斗作乱,产生的原因是受到欺凌;受到欺凌,产生的原因是长幼无序且忘记了恭敬和谦让。乡饮酒的礼仪,是用来明确长幼秩序,推崇恭敬和谦让的美德的。长幼一定要有次序,百姓才能心怀恭敬和谦让。因此虽然有惩处争斗作乱的法律,但是没有因犯罪而被羁押在牢狱中的百姓。

"淫乱者,生于男女无别;男女无别,则夫妇失义①。

婚姻聘享者②,所以别男女、明夫妇之义也。男女既别,夫妇既明,故虽有淫乱之狱,而无陷刑之民。

"此五者,刑罚之所从生,各有源焉。不豫塞其源③,而辄绳之以刑④,是谓为民设阱而陷之。"

〔注释〕

①义:这里指符合社会规范的关系。
②聘:媒聘。享:宴请。聘享为婚姻相关礼仪。
③豫:通"预",预先,事先。
④辄(zhé):总是。绳:指用一定的规则、法则加以衡量、处置。

〔译文〕

"淫乱,产生的原因是男女之间没有分别;男女之间没有分别,夫妇之间就会失去符合社会规范的关系。与婚姻相关的礼仪,是用来分别男女,明确夫妇关系的。男女已经分别开,夫妇关系已经根据社会规则加以明确,因此虽然有惩处淫乱的法律,但没有因犯罪而被羁押在牢狱中的百姓。

"以上五个方面,是刑罚产生的原因,五者各有其源头。不事先阻断它们的源头,而总是用刑罚来处置,这是给百姓设计好陷阱并且让他们陷入其中。"

刑政第三十一

〔题解〕

　　本章题为"刑政",主要内容是孔子对刑法诉讼的看法。选文讲的是弟子冉雍向孔子请教两个有关刑法的问题。他先问道,为什么说"至刑无所用政,至政无所用刑"?孔子指出,圣人治理国家,一定是把刑法和政治结合、参照使用。在治国方法的等次上,最好的是"以德教民"、"以礼齐之",其次是"以政言导民"、"以刑禁之",而制定刑法的目的是为了防止犯罪。孔子还进一步指出,在断案时,一定要考虑人伦关系;在执行刑罚时,即使是很轻的罪也不能赦免。刑法一旦形成条文,就不能随意改动。冉雍接着问,古代审理案件,量刑要跟事实相符,且不能凭借内心的情感去判断,是什么意思?孔子说,判处五刑范围内的刑罚,一定要考察父子之间是否父慈子孝,还要权衡君臣之间的关系,要竭尽全力,秉持对国法的忠诚和对百姓的仁爱去办案;做到依法量刑,从轻处罚,有疑点的案件要广泛听取大众的意见,仍然存疑的应该先释放嫌疑人。不论是授予官爵还是执行刑罚,都要在公众面前,得到大众的支持。

仲弓问于孔子曰①:"雍闻至刑无所用政,至政无所用刑。至刑无所用政,桀纣之世是也;至政无所用刑,成康之世是也②。信乎?"

孔子曰:"圣人之治化也,必刑、政相参焉③。太上以德教民④,而以礼齐之⑤。其次以政言导民⑥,以刑禁之。刑,不刑也。化之弗变,导之弗从,伤义以败俗⑦,于是乎用刑矣。制五刑必即天伦⑧,行刑罚则轻无赦⑨。刑,侀也⑩;侀,成也。壹成而不可更⑪,故君子尽心焉⑫。"

〔注释〕

①仲弓:冉雍,字仲弓,孔子弟子,鲁国人。

②成康:周成王和周康王。成王是周武王的儿子,周朝第二位君主,年幼即位,由周公旦辅政。康王是成王的儿子,周朝第三位君主。二人在位期间,社会和谐安定,史称"成康之治"。

③参:相互配合着、参照着使用(参用《荀子·王制》)。

④太上:最好的,最高明的。太,与"大"义通。

⑤齐:总体齐整,这里指使人民所遵循的道德仪礼一致。

⑥政言:政治话语,政令。导:引导,教导。

⑦义:社会认可的行为规范,社会秩序。

⑧制:四库和丛刊本《家语》原作"颛",据《礼记·王制》改作"制"。制,裁定,判定。即:就,靠近,这里指符合。天伦:人与人之间的天然、伦常关系,这里指人伦,也可简称"伦"。中国传统上对人伦的认识是,"父子有亲,君臣有义,夫妇有别,长幼有序,朋友有信"(《孟子·滕文公上》)。

⑨则:表示肯定的语气。

⑩侀(xíng):通"型",成型、定型,即形成了刑罚的条文(参用《礼记·王制》《周礼·小司寇》郑玄注)。

⑪更:改动。

⑫尽心:指王公、卿大夫对确定刑罚的类型、处罚的轻重等,要极为用心。

〔译文〕

仲弓向孔子请教道:"雍听说最严酷的刑罚让政治教化不能发挥作用,最好的政治教化让刑罚无处可用。至刑无所用政,夏桀和殷纣所统治的时代是这样;至政无所用刑,周成王和周康王所统治的时代是这样。这是真的吗?"

孔子说:"圣人治世并教化百姓,一定把刑罚和政治相互配合、参照着使用。最好的方法是用仁德教化百姓,同时使人民所遵循的道德礼仪一致。其次是用政治话语引导百姓,并用刑罚禁止非法行为。制定刑法的最终目的是为了不使用刑法。施以教化却不改变,用政令引导却不听从,违反社会秩序且败坏风俗,然后才可以使用刑法。处理即将判定为五刑之一的案件,一定要考虑到人伦关系,在执行刑罚时,即使很轻的罪也不能赦免。刑,是侀的意思;侀,是定型的意思。刑法一旦形成了条文就不可随意改动,所以王公和卿大夫对确定刑罚的类型、处罚的轻重等,要极为用心。"

仲弓曰:"古之听讼①,尤罚丽于事②,不以其心③,

可得闻乎?"

孔子曰:"凡听五刑之讼,必原父子之情④,立君臣之义以权之⑤;意论轻重之序⑥,慎测浅深之量以别之⑦;悉其聪明⑧,致其忠爱以尽之⑨。大司寇正刑明辟以察狱⑩,狱必三讯焉⑪。有旨无简⑫,则不听也。附从轻,赦从重。疑狱,则泛与众共之;众疑,则赦之,必察小大之比,以成之⑬。是故爵人必于朝,与众共之也;刑人必于市⑭,与众弃之也。古者公家不畜刑人⑮,大夫弗养也⑯。士遇之涂⑰,弗与之言。屏诸四方⑱,唯其所之⑲,弗及与政,弗欲生之也。"

〔注释〕

①听讼:听理诉讼,审理案件。听,处理,判断。

②尤:过失,罪过。罚:处罚,罪名。丽:成双成对,附着(zhuó),连带。事:事实,证据。

③以:用,这里指依据、凭着。

④原:同"源",指探究,了解。

⑤立:这里指审判者确认。权:权衡轻重。

⑥意:心中思考。论:论断。

⑦测:测度,判断。别:区别,这里指判别。

⑧悉:全部,这里指竭尽全部能力。聪明:耳聪目明,这里指注意所见所闻,善于察言观色。

⑨致:使之至,等于说奉献出。忠:指对王公、国法的忠诚。爱:指对士庶大众的仁爱。

⑩大司寇：周朝中央政府负责刑狱的最高官员，分为大司寇（总管）和小司寇（不同方面的分管）。正：修正，审定。辟：刑法条文。

⑪三讯：问询三次（据《孔子家语》王肃注）。三次问询的对象分别是群臣、群吏和万民。

⑫旨：指审判定案者的想法、意图（包括从国君到基层的官员）。简：竹简，这里指书写法律条文的简策。

⑬必察小大之比，以成之：意思是要判的刑罚无论轻重，都要参考过去发生过、与当前的案情相近的判例来决定如何判决（参用《礼记·王制》郑玄注）。

⑭刑：行刑，判处死刑。

⑮公家：诸侯的家里。畜（xù）：养，即把罪犯当奴隶。

⑯养：与上句的"畜"义近。

⑰涂：同"途"，道路。

⑱屏：赶走，放逐。

⑲所之：所到的地方。

〔译文〕

　　仲弓说："古代审理案件，对于案件中涉及的罪过和应受到的刑罚，都要与所依据的事实相符，不能凭着内心的情感去判断，关于这一点可以请您讲给我听听吗？"

　　孔子说："凡是审理五刑范围内的案件，一定要寻究诉讼双方之间的父子关系，父慈不慈，子孝不孝，要确认君臣之间的关系并权衡轻重；在心中思考论断案件的轻重等次，谨慎地判断案情的深浅程度，对其加以判别；竭尽能力，注意察言观色，奉献对王公、国法的忠诚和对士庶大众的仁爱，倾尽全力地办案。大司寇修订、辨明刑法条文,以之为依据察探案件,审理案件一定要分别向群臣、群吏和万民问询三次。虽然有国君的命令,但没有相关法律条文的规定,就不能进行审讯。依法量刑,可轻可重的从轻;可以赦免的,原判较重的先赦免。存在疑点的案件,要广泛地听取大众的意见;众人都感到疑惑的,就先赦免涉案人员,要判的刑罚无论轻重,都要参考过去发生过,与当前的案情相近的判例来决定如何判决。所以,授人爵位一定要在朝堂上,跟众官一起见证;对人执行死刑一定要在闹市,跟百姓一起唾弃他。古代诸侯的家里不把罪犯当作奴隶,大夫也不收留这样的人。士人在路上遇到他,不跟他说话,把他放逐到四方,他所到之处,不能够参与政事,这样做是让他没有滋生发展的空间。"

礼运第三十二

[题解]

　　本章题为"礼运",内容又见于《礼记·礼运》篇,但较之略简,因此在具体细节的理解上可以参照《礼记》。选文的内容有三层含义。第一层讲的是孔子在完成蜡祭的相关工作以后,登上鲁公宫门的高楼上远望,抒发了自己未能赶上大道盛行的夏、商、周三代的感慨,但是认为仍可以从文献记载中对其有所了解。第二层里,孔子描述了大道施行,天下为公之时,选贤举能,讲信修睦的良好社会环境;并阐释了大道隐没,天下为家以后,必须按照礼来治理国家的必要性。第三层中孔子说明了礼的来源和治国功用。礼是先王在把握自然规律的基础之上,对人情的治理,也体现着对鬼神的敬奉,这些精神贯穿在丧、祭、乡射、冠、婚、朝聘这些礼仪活动之中。因此,用礼来教化百姓,天下就自然能够得到正确的治理。

　　孔子为鲁司寇,与于蜡①。既宾事毕②,乃出游于观之上③,喟然而叹。言偃侍,曰:"夫子何叹也?"
　　孔子曰:"昔大道之行,与三代之英④,吾未之逮⑤,

而有记焉⑥。"

[注释]

①与:参与。孔子为鲁司寇,理应助祭;鲁公主祭,众臣助祭,为宾。蜡:蜡祭,古代国君年终的祭祀。

②事毕:指作为参与蜡祭的宾客应行之礼和需做之事已经完毕。

③观(guàn):鲁侯宫院的正门,也叫"门阙"或"阙"。

④三代:指夏、商、周三代,是古代传说中理想的最为太平和睦的时代。英:英杰,杰出人物。

⑤逮(dài):及,赶上。

⑥记:《礼记·礼运》篇作"志",与"记"同义,指文字的记载。

[译文]

孔子做鲁国的司寇时,担任蜡祭的助祭。作为参与蜡祭的宾客应行之礼和需做之事已经完毕,于是出来到宫门的高楼上游览,发出一声长叹。言偃在一旁服侍,问道:"夫子为何感叹?"

孔子说:"过去大道施行,以及夏、商、周三代的英杰,我没能赶上,但是有文字记载。"

"大道之行,天下为公,选贤与能①,讲信修睦②。故人不独亲其亲,不独子其子。老有所终③,壮有所用,矜寡孤疾皆有所养④。货恶其弃于地⑤,不必藏于己;力恶其不出于身,不必为人⑥。是以奸谋闭而弗兴⑦,盗窃乱贼不作⑧,故外户而不闭⑨,谓之大同。

〔注释〕

①与(yǔ):通"举",推举,选拔。
②讲:讲究,注重。修:践行,不断提高、增进。睦:亲切和睦。
③终:终老,意思是能够有人关心,顺利地安度晚年,活到终老。
④矜(guān):通"鳏",老而无妻的男子。孤:失去了父母的孩子。
⑤货:财物。恶(wù):厌恶。
⑥不必为人:这句话可能是说有可以效力的事情,只是厌恶自己没能出上力,不必一定为了某个特定的人而出力。案,《礼记·礼运》篇作"不必为己",语义更顺。
⑦闭:封锁,阻塞,指使其无处施展。
⑧作:起,发生。
⑨外户而不闭:屋室的门(户)向外开,无须(也无法)从里面把门(户)关闭起来。意思是社会安定和谐,无须防盗。案,古代屋室为了受光、保暖,多坐北朝南。"户"门一扇或两扇,木制或荆柴编就,向室内开;关门时向外推,从室内用木横插,即后世所谓插"门闩(栓)"。"闭"的本义即为关门,用物从内顶住门。《说文》:"闭,阖(通'合')也。从门、才,所以距(通'拒')门也。"

〔译文〕

"大道施行的时代,天下是公有的,选取贤才,推举贤能,注重诚信,不断增进人与人之间的和睦关系。因此,人们不只亲近自己的亲人,不只爱惜自己的孩子。老者能够安度晚年活到终老,壮年的才能得以运用,鳏夫、寡妇、孤儿、老而无子和有疾病的人都能够得到供养。财货厌恶它被扔在地上,但不必藏起来据为己有;力气厌恶它不是从自己的身上发出,但并不一定是为了某个人。因此,阴谋诡计无处施展,偷盗、窃取、作乱、叛上的事情不会发生,所以家里屋室的门不必关闭,这就叫作大同。

"今大道既隐①,天下为家,各亲其亲,各子其子。货则为己,力则为人②。大人世及以为常③,城郭沟池以为固④。禹、汤、文、武、成王、周公,由此而选⑤,未有不谨于礼。礼之所兴⑥,与天地并⑦。如有不由礼而在位者⑧,则以为殃⑨。"

〔注释〕

①隐:隐匿,隐伏不见。案,这是指社会上已不见"大道"的政治和风气,但对"大道"的期望和理想仍然潜在。

②力则为人:与上文相对,意思是出力气一定是为了某个人。案,"货则为己,力则为人",《礼记·礼运》作"货力为己",孔颖达疏:"藏货为身,出力赡己。"货,指财富。赡己,供己所需。

③大人:指王公贵族。世及:一代一代传位。

④城:指内城的城墙。郭:指外城的城墙。沟池:指《周礼·夏官·小司徒》中说的"五沟",根据其地势高低、流量大小分别称为遂、沟、洫(xù)、浍(kuài)、川(参《周礼》贾公彦疏),相当于后代的护城河。池,与"沟"同义。

⑤由此而选:参照《礼记·礼运》,"城郭沟池以为固"后,还有"礼仪以为纪"等内容,因此《孔子家语》王肃注此句时说:"言用礼仪为之选

也。"可供参考。

⑥兴:兴起,产生。

⑦与天地并:意思是礼的兴起符合天地的运行规律,二者并行不悖。并,并立,平列。

⑧在位:在王位之上,指居于统治地位。

⑨殃:伤人性命的祸害。

〔译文〕

"现在体现大道的政治和风气已经不见踪迹,天下已为一家所私有,人们只亲近自己的亲人,只疼爱自己的孩子。财货只为自己所用,出力气一定是为了某个人。王公贵族世代相传,把这当作常态,建起内外城墙和护城河,把它们当作牢固的防守工事。大禹、商汤、周文王、周武王、周成王、周公,都把礼仪当作治世的方法,他们中没有不谨慎恪守礼制的。礼仪的兴起符合天地的运行规律,二者并行不悖。如果有不按照礼的规则统治天下却高居王位的,一定会招致伤人性命的灾祸。"

言偃复问曰:"如此乎礼其急也?"

孔子曰:"夫礼,先王所以承天之道①,以治人之情②,列于鬼神③,达于丧、祭、乡射、冠、婚、朝聘④。故圣人以礼示之,则天下国家可得以礼正矣⑤。"

〔注释〕

①承:承接,顺从,顺应。

②治:治理,管理,处理。

③列:陈列,这里指分布。鬼:中国古人认为,人(包括祖先、亲人)死之后为鬼,受人崇拜而不可见的是神灵。

④达:通达。

⑤天下:周天子统治的疆域为天下。国:诸侯统治的疆域为国。家:大夫管理的疆域叫家。

〔译文〕

言偃又问道:"这样的话,树立礼是不是很急迫的事情?"

孔子说:"所谓礼,先王用它来承接自然规律,治理人情,敬奉鬼神,并且将这些精神贯穿在丧礼、祭祀、乡射礼、冠礼、婚礼和朝聘这些礼仪活动之中。所以圣人用礼来教化百姓,那么周天子、诸侯和大夫统治的疆域就都可以用礼使之步入正轨了。"

冠颂第三十三

[题解]

　　本章题为"冠颂"，以邾国国君隐公即位后，在行冠礼前委派大夫通过孟懿子向孔子请教冠礼为开端，借由孟懿子和孔子间的问答阐释了冠礼的来源和内涵。选文第一部分讲的是孔子回答诸侯如何举行冠礼。孔子指出，诸侯的冠礼跟世子的冠礼相似，在阼阶上加冠，表明加冠者将要接替父亲的爵位；然后在客位行醮礼，由主人向宾客敬酒。加冠要加三次，每一次都更加尊敬，这是教导被加冠者应当树立更高的志向。在礼仪的形式上，天子嫡长子的冠礼跟士人是一样的，因为没有一出生就身份尊贵的人。选文第二部分是孟懿子在听孔子说古代帝王未成年而登基则无须再行冠礼之后，问隐公即位后再行冠礼是否不合礼？孔子指出，未成年就继承王位，再行冠礼是有历史渊源的，至今没有人进行否定和批评。这一做法的开端是周成王年仅十三岁就即位，他的叔叔周公辅政，第二年其父武王的葬礼结束，周公为成王举行了冠礼。因此，先即位再行冠礼，是周公制定的礼制，也是可以的。

邾隐公既即位①,将冠,使大夫因孟懿子问礼于孔子②。

子曰:"其礼如世子之冠③。冠于阼者④,以著代也⑤。醮于客位⑥,加其有成。三加弥尊⑦,导喻其志⑧。冠而字之⑨,敬其名也。虽天子之元子,犹士也,其礼无变,天下无生而贵者故也。行冠事必于祖庙,以祼享之礼以将⑩,以金石之乐节之⑪,所以自卑而尊先祖,示不敢擅。"

〔注释〕

①邾(zhū)隐公:春秋时期邾国国君。邾是个子爵的小国,附属于鲁。既:已经。

②因:借助,等于说通过。孟懿子:鲁国三个最有权势的家族之一仲孙氏(又称孟孙氏)的宗主,名何忌,"懿"是其谥号。问礼:问关于自己行加冠礼的问题。依周代礼制,男子到二十岁时必须行加冠礼,表明已经成人。因为邾隐公已经受爵登上国君之位,需要了解依礼再行冠礼的规矩,因此派人向孔子请教。

③如:如同,与某物略同。世子:有爵位者的嫡长子,是爵位的继承者。因为隐公已经受爵就国君之位,和一般男子不同,因此向最懂周代礼仪的孔子请教。

④冠:这里指行加冠礼。冠礼,总共要加冠三次,刚开始加缁(zī)布(黑色丝帛)冠,然后加皮弁(biàn),最后加爵弁。阼(zuò):古代堂前有东西两个阶梯,东阶为阼,是主位,西阶与之相对,为客位。

⑤著:显露,表明。代:指将要接替父亲的爵位。

⑥醮(jiào):醮礼,冠礼和婚礼中的一种礼仪仪式,尊者为卑者倒酒而无须对方回敬,这里指主人给宾客敬酒而宾客无须回敬,每加一次冠都要行一次醮礼(参用《文白对照十三经·士冠礼》)。

⑦三加:指三次加冠。

⑧喻:明白、知晓。

⑨字:表字,古人有名,有字,成人后起表字。

⑩祼(guàn)享:又作"祼飨",祭祀仪式之一,把酒从上方浇灌在白茅草的草束上,酒气上升,供神明享用。将:行也,进行(参《孔子家语》王肃注)。

⑪金石之乐:指钟磬演奏的音乐。节:节律,节奏。

〔译文〕

邾隐公即位以后,将要举行冠礼,于是他派遣大夫通过孟懿子向孔子请教相关礼仪。

孔子说:"这一礼仪如同世子行冠礼。在堂前的东阶主人之位上加冠,表明他将接替父亲的爵位。然后在西面的客位上行醮礼,由主人向宾客敬酒,以示对成人之德的尊敬。加三次冠,每加一次都更加尊敬,这是教导被冠者知晓当有的志向。加冠以后给他起一个字,表明尊敬父母给他起的名,以后只称字不称名。即使是天子的嫡长子,也如同士人一样,冠礼是不变的,因为天下没有一出生就尊贵的人。冠礼一定要在祖庙举行,以祼享之礼进行,以钟磬演奏的音乐控制仪式的节奏,通过这些形式来表明自己的谦卑及对先祖的尊敬,表明自己不敢擅自做主。"

懿子曰:"今邾君之冠,非礼也?"

孔子曰:"诸侯之有冠礼也,夏之末造也①,有自来矣②,今无讥焉③。天子冠者,武王崩④,成王年十有三而嗣立⑤。周公居冢宰⑥,摄政以治天下⑦。明年夏六月,既葬,冠成王而朝于祖⑧,以见诸侯⑨,示有君也。周公命祝雍作颂⑩,曰:'祝王达而未幼⑪。'祝雍辞曰⑫:'使王近于民⑬,远于年,啬于时⑭,惠于财⑮,亲贤而任能。'其颂曰:'令月吉日⑯,王始加元服⑰。去王幼志⑱,服衮职⑲。钦若昊天⑳,六合是式㉑。率尔祖考㉒,永永无极。'此周公之制也。"

〔注释〕

①造:制造,做成,从"无"到有地制作。

②自来:由来。

③无讥:意思是直到现在没有受到过世人的否定和批评。讥,谏,讥评。

④崩:山塌下来。古代讳言尊者之死,以"崩"指"死",后来专指皇帝死去。

⑤嗣:接续,继承。

⑥冢宰:周代官名,六卿之首,统管国家的治理和文武百官。

⑦摄:持,这里是代理的意思。周成王年幼继位,由其叔父姬旦(史称周公)代理政务。

⑧朝:朝拜。祖:指祖庙。

⑨见:朝见,诸侯见天子曰"朝"。

⑩祝:祭祀时负责赞辞的官员。《周礼·大宗伯·大祝》列有多类祝辞官。雍:负责此次拜祖祝辞的官员名。颂:祭祀时敬告神明之歌(参《诗·小雅·鱼丽·序》郑玄笺,孔颖达疏)。

⑪达:通达。未幼:意思是没有一般人幼年时期的稚气,成王从小就成熟稳重。

⑫辞:颂和辞在形式上最主要的区别是,颂有奏乐、歌唱和颂扬;而辞是叙述、诵读。

⑬使:令,让。

⑭啬于时:让庄稼能够按时收获,意思是爱惜民力不夺农时,不浪费粮食。啬(sè),收获(庄稼),后来写作"穑"。

⑮惠于财:对于财物慷慨大方,意思是能够将财物慷慨地施于百姓。惠,赐,赠。

⑯令:美好的,吉祥的。

⑰加元服:即行冠礼。

⑱志:意志,思想。

⑲服:承当,担任。衮职:指君王的职责。衮(gǔn),君王的礼服。

⑳钦:敬,恭敬。昊:浩瀚,广阔无垠,常用来形容天。

㉑六合是式:即式六合。式,法,效法。六合,指上下、东西、南北六方合一,也就是指宇宙天地。

㉒率:循,遵循。祖考:指从始祖到父亲的所有先人。

〔译文〕

孟懿子说:"那么,现在郳君行冠礼,是否不符合礼?"

孔子说:"诸侯开始有冠礼,是从夏朝末期开始的,有其渊源,直到现在没有受到过世人的否定和批评。天子行冠礼的开始,是周武王崩逝以后,成王十三岁就继承了王位。周公担任冢宰,代理成王处理政务治理天下。武王过世后第二年夏天的六月,葬礼完成,于是为成王行加冠礼并礼拜祖先,让诸侯朝见成王,以此宣示又有了新的君主。周公命令负责赞辞的官员雍作颂,唱道:'祝愿成王通达事理,从小就成熟稳重。'祝雍作辞,朗诵道:'让成王亲近百姓,益寿延年,让庄稼按时收获,慷慨地把财物施于百姓,亲近贤才任用贤能。'祝雍作颂,唱道:'美好的月份吉祥的日子,成王开始加冠行礼。除去成王年幼的思想,担任君王的职务。像昊天一样恭敬,效法天地法则。遵循祖先教导,永远没有尽头。'这是周公制定王朝礼制想要达到的目的。"

庙制第三十四

〔题解〕

　　本章题为"庙制",内容是孔子对宗庙祭祀制度的解释。选文中,孔子指出,天子、诸侯、大夫、士和庶人的宗庙各有礼制。天子七庙,三昭三穆,加太祖庙;诸侯五庙,二昭二穆,加太祖庙;大夫三庙,一昭一穆,加祖考庙;士人一庙,只设考庙,祖父在为父亲设立的考庙中合祭;庶人无庙,祭于寝。这样就形成了亲疏、贵贱、多少不同的庙。在祭祀的频率上各庙也有所不同,分为每月祭祀和每个季节祭祀。又因为"古者祖有功而宗有德",所以祖与宗的庙不会被拆毁。

　　卫将军文子将立先君之庙于其家①,使子羔访于孔子②。
　　子曰:"公庙设于私家③,非古礼之所及,吾弗知。"
　　子羔曰:"敢问尊卑上下立庙之制,可得而闻乎?"

〔注释〕

　　①家:古代卿大夫由诸侯所封的采邑。

②子羔:高柴,字子羔,卫国人,一说齐国人,孔子弟子。

③公庙:诸侯的庙。私家:大夫采邑。"公庙设于私家"一句隐含着对文子的批评,立庙、祭祀都应遵循古代定下来的礼仪制度,不得随意改变。

〔译文〕

卫国的将军文子将要在自己的采邑建立先君的宗庙,派遣子羔向孔子请教这个问题。

孔子说:"诸侯的庙建立在大夫的采邑,不是古礼涵盖的内容,我不知道。"

子羔说:"敢问建立宗庙的尊卑上下制度,可以讲给我听听吗?"

孔子曰:"天下有王,分地建国,设祖宗,乃为亲疏、贵贱、多少之数。是故天子立七庙,三昭三穆①,与太祖之庙而七②。太祖近庙③,皆月祭之。远庙为祧④,有二祧焉,享尝乃止⑤。诸侯立五庙,二昭二穆,与太祖之庙而五,曰祖考庙,享尝乃止。

〔注释〕

①昭、穆:古代宗庙制度,始祖(又称太祖,周代尊后稷为始祖)位居中间,位于其左边的第二、四、六代为"昭",位于其右边的第三、五、七代为"穆"。每当有君王去世,其牌位都要进入供奉着始祖牌位的太庙,太庙所祭先祖的数量是不可更改的(天子七、诸侯五、大夫三、士一),于是就依序把后面先祖的神位迁到远祖庙里,按照"左昭右穆"的顺序排列。新逝者则补进祖庙空出的最后那个位置。这一迁庙的礼式称为"祧(tiāo)"。而

以"昭""穆"分别排列,可能是为了日后提起或叙说时清晰方便。又,远祖庙坐东朝西。"昭"义为明亮,有阳光,因此称为"昭",排位在庙堂北壁前;"穆"义为昏暗,所以穆位排在背阴的南壁前。

②太祖:始祖,这里指祖考庙。

③近庙:年代较近的祖先的庙,具体指父亲、祖父、曾祖和高祖的考庙、王考庙、皇考庙和显考庙。这五座庙每月祭祀一次。

④远庙:比高祖还早的祖先的神主安放在远庙"祧"中。天子有两座祧庙,每个季节祭祀一次。

⑤享尝:泛指四季的祭祀。此句译文参潘树仁说。

〔译文〕

孔子说:"天下有了王,分封土地建立诸侯国,为祖宗设立宗庙,于是就有了亲疏、贵贱、数目多少不同的庙宇。因此,天子建立七庙,第二、四、六代的祖先位于左边的昭位,第三、五、七代的祖先位于右边的穆位,加上太祖庙,共计七庙。太祖庙和近庙每个月都要祭祀。远祖庙叫'祧',周朝有两座不必迁移的祖庙,是周文王和周武王的庙,这类庙每个季节祭祀一次。诸侯可以设立五座庙宇,两代昭位,两代穆位,跟太祖的庙合起来是五座,即始祖庙,这类庙每个季节祭祀一次。

"大夫立三庙①,一昭一穆,与太庙而三,享尝乃止。士立一庙,曰考庙,王考无庙,合而享尝乃止。庶人无庙,四时祭于寝②。此自有虞以至于周之所不变也③。凡四代帝王之所谓郊者,皆以配天;其所谓禘者④,皆五年大祭之所及也。应为太祖者⑤,则其庙不毁。不及太祖,虽在禘郊,其庙则毁矣。古者祖有功而宗有德,谓之祖宗者,其庙皆不毁。"

[注释]

①大夫立三庙:"三庙"指的是考庙、王考庙和皇考庙(参《礼记·祭法》)。

②寝:起居之所,寝室。

③有虞:指舜。舜原为有虞氏部落首领,因此又称"虞舜"。

④禘(dì):禘祭,与郊祭皆为祖先祭祀,而禘祭是祭祀最初的祖先。《礼记·祭法》:"有虞氏禘黄帝而郊喾,祖颛顼而宗尧。"

⑤应:应当。案,此"应"字可疑,《仪礼》《礼记》等文献中"应"字无此用法,疑为衍文。

[译文]

"大夫建立三座庙,一个昭位,一个穆位,加上太祖的庙,共计三座,每个季节祭祀一次。士人建立一座庙,即考庙,祖父无庙,合在父亲的庙(考庙)里,每个季节共同祭祀一次。普通百姓没有宗庙,每个季节在寝室祭祀一次。以上情况自虞舜直到周朝都没有改变。凡是虞、夏、商、周四代帝王所说的郊祭,都要把祖先祭祀与祭天相配;所谓的禘祭,应该包括在五年一次举行的大祭之内。位列开国始祖的,他们的庙不会被拆毁。如果不是始祖,即使位列禘祭和郊祭,他们的庙也要按照礼制拆毁。古代始祖有功,宗祖有德,被称作祖宗的人,他们的庙都不会被拆毁。"

辩乐解第三十五

〔题解〕

　　本章题为"辩乐解",内容是孔子对礼乐之教的解释。选文有两层含义。第一层讲孔子向乐师襄子学习古琴,经历了提高弹奏技巧、品味琴曲所表达的志趣、体会作曲者的为人之道,直到由此推测出作曲者是周文王的学习过程。第二层讲的是孔子从礼乐教化的角度,对子路所弹奏的琴曲进行评价。孔子指出,君子弹奏的音乐温和柔顺居于中道,可以涵养生长孕育之气。小人的音乐则或激烈或细小,用以象征杀伐之气;心中没有中和之感,行为举止也就不会温和。舜帝创作的《南风》,能够教化百姓,因此他的功德源源不断;而殷纣王喜好北鄙之声,荒淫暴乱,以至于迅速亡国。子路听到孔子的话,深刻反思,以致形体消瘦。孔子说,过而能改,就是进步了。

　　孔子学琴于师襄子①。
　　襄子曰:"吾虽以击磬为官,然能于琴②。今子于琴已习,可以益矣③。"

孔子曰:"丘未得其数也④。"

有间⑤,曰:"已习其数,可以益矣。"

孔子曰:"丘未得其志也⑥。"

有间,曰:"已习其志,可以益矣。"

孔子曰:"丘未得其为人也⑦。"

有间,孔子有所谬然思焉⑧,有所睪然高望而远眺⑨。曰:"丘迨得其为人矣⑩。黮而黑⑪,颀然长⑫,旷如望羊⑬,掩有四方⑭,非文王其孰能为此?"

师襄子避席叶拱而对曰⑮:"君子圣人也!其传曰⑯《文王操》⑰。"

〔注释〕

①师:乐官。师襄子:又称师襄,春秋时的宫廷乐官,鲁国人,史称为孔子的老师之一。

②能于琴:意谓最擅长的是弹琴。

③益:增加,改善,提高。师襄是暗示孔子操琴已很熟练,接下来可以学击磬了。

④数:技能,技巧,包括操琴的指法、节奏等(参用《孟子·告子上》赵岐注)。

⑤有间:过了一段时间。

⑥志:志趣。这里指自己所学的琴曲所表达的感情、志趣。

⑦其为人:指琴曲作者的为人之道,例如心胸、品德和修养。

⑧谬(miù)然:深思的样子。

⑨睪(yì):《说文·幸部》:"目视也。"古人用以指专注地观看。

⑩迨(dài)得:这里含有终于明白了的意味。迨,到达。
⑪黮(dàn)而黑:很黑,这里指肤色很深。
⑫颀(qí)然:长长的样子,个子高。
⑬旷:广远。望羊:联绵词,与望洋、望阳等同义,形容浩浩荡荡,无涯无涘的样子。
⑭掩有四方:指眼界无限广阔,观察四面四方。掩:覆盖(参用《孔子家语》王肃注)。
⑮叶拱:古代行礼的一种方式,双手环拱,放在胸前,与"揖"近似,只是两手环拱后不动。叶(xié),相合。
⑯传(zhuàn):注释,这里指传述孔子所习古琴曲的文字。
⑰操:把持,使用,控制。古代琴曲的曲名中常用。

〔译文〕

孔子向乐官襄子学习古琴。

襄子说:"我虽然凭借击磬做官,但是最擅长弹琴。现在你已经习得了古琴,可以进一步学习其他乐器了。"

孔子说:"我还没有掌握古琴的弹奏技巧。"

过了一段时间,师襄说:"现在你已经习得了古琴的技巧,可以学习其他乐器了。"

孔子说:"我还没有学到琴曲所表达的志趣。"

过了一段时间,师襄说:"现在你已经习得了琴曲的志趣,可以学习其他乐器了。"

孔子说:"我还没学到琴曲作者的为人之道。"

过了一段时间,孔子像在深思着什么,又像在看什么,神情就好似站在高处向远处眺望。

孔子说:"我终于明白作曲的人是谁了,他肤色很深,个子高大,志向广远无涯无涘,眼界无限广阔,观察四面四方。如果不是周文王,还有谁能够做到这样?"

师襄从席子上挪开,跪坐在旁边的地上以示恭敬,拱手行礼,同时回答说:"您是圣人啊,传述您所习古琴曲的文字记载此曲之名正是《文王操》。"

子路鼓琴,孔子闻之,谓冉有曰[1]:"甚矣,由之不才也[2]!夫先王之制音也,奏中声以为节[3],流入于南,不归于北[4]。夫南者生育之乡[5],北者杀伐之城[6]。故君子之音,温柔居中,以养生育之气。忧愁之感不加于心也[7],暴厉之动不在于体也[8]。夫然者,乃所谓治安之风也[9]。小人之音则不然,亢丽微末[10],以象杀伐之气;中和之感,不载于心;温和之动,不存于体。夫然者,乃所以为乱之风[11]。

〔注释〕

①冉有:即冉求,字子有,鲁国人,孔子弟子。
②甚:太严重了,指子路不才的程度很深。由:指子路,字仲由。
③中声:中和之声,君子之乐,与下面说小人之乐"亢丽微末"相对。节:节制,节度。(参用《礼记·仲尼燕居》孔颖达疏)
④流入于南,不归于北:据《礼记·乐记》和《史记·乐书》,"南"指舜所作之《南风》,"北"为纣所好北鄙之声。舜歌《南风》诗而天下治,纣为《朝歌》之音而身死国亡。这句话的意思是,取《南风》之音,无北鄙之气。

⑤乡:家之本,即故乡、家乡(参用《管子·权修》)。

⑥城:区域,疆域,与上句的"乡"相配为文,二者意思相通(参用《读书杂志·史记第六·大宛列传》王念孙案语)。

⑦加:把某物放在他物上面,这里指赋予某种感受或情绪。下句"载"字用法同此。

⑧暴:残暴,暴躁。厉:强烈,猛烈。

⑨治:符合礼仪(参用《荀子·不苟》)。安:安定。

⑩亢丽微末:意思是乐音或激烈或细小,非中和之音。亢丽,形容激烈。微,细。末,小。

⑪乱:与"治"相对,违反、破坏礼仪,搅乱天下。风:风气,流行的风俗习惯。

〔译文〕

　　子路弹琴,孔子听到了,对冉有说:"仲由在音乐方面的天赋和修养真是差!古代圣王创制音乐,奏表达中和情感、意念的音调来节制社会行为,取《南风》之音,无北鄙之气。'南'是生长孕育万物的故乡,'北'是战争杀伐的疆域。因此,君子弹奏的音乐,温和柔顺,节奏适中,可以涵养生长孕育之气。这就使人的内心不会感到忧伤愁闷,也就没有暴躁猛烈的行为。这种音乐,就是所谓符合社会礼仪的安定之风。小人的音乐则不同,或激烈或细小,用以象征杀伐之气;心中没有中和之感;行为举止也就不会温和。这种音乐是在酝酿破坏社会礼仪,搅乱天下的风气。

　　"昔者,舜弹五弦之琴①,造《南风》之诗②,其诗曰:

辩乐解第三十五 | 269

'南风之薰兮③,可以解吾民之愠兮④;南风之时兮⑤,可以阜民之财兮⑥。'唯修此化⑦,故其兴也勃焉。德如泉流,至于今,王公大人述而弗忘。殷纣好为北鄙之声⑧,其废也忽焉⑨,至于今,王公大人举以为诫⑩。夫舜起布衣,积德含和⑪,而终以帝。纣为天子,荒淫暴乱,而终以亡。非各所修之致乎?由,今也匹夫之徒⑫,曾无意于先王之制⑬,而习亡国之声,岂能保其六七尺之体哉?"

冉有以告子路。子路惧而自悔,静思不食,以至骨立⑭。

夫子曰:"过而能改,其进矣乎!"

〔注释〕

①五弦之琴:古琴的一种,较之比较常见的七弦古琴,乐音更加温和圆润。

②《南风》:即《南风歌》,相传为舜帝所作。

③薰:香气。

④愠(yùn):忧愁,怨气。

⑤时:时节。

⑥阜(fù):丰厚,这里指使之丰厚。

⑦唯:只是因为。

⑧北鄙之声:指粗糙败陋的音乐。北,北方。鄙,边境上的小邑,也指粗陋(参用《史记·乐书》)。

⑨忽:急速,快速的样子。

⑩举:都,全部。诫:警示,教训。
⑪含:包括,含有。
⑫匹夫:庶人,单独一个人,通常用以指普通百姓(参用《论语·子罕》邢昺疏)。
⑬曾:用来加强语气,等于说竟然。意:志,立志学习。
⑭骨立:像骨头架子一样站立,形容极其消瘦。

[译文]

"过去,舜帝弹奏五弦古琴,创作了《南风歌》,诗歌的内容是:'南风的香气,可以化解我百姓的忧愁;南风到来的时节,可以使百姓的财物丰厚。'只有实施这样的教化,舜统治下的时代才能蓬勃兴盛。舜的盛德像泉水一样汩汩不息,直到今天,王公大人们仍在讲述,不敢忘记。殷纣王喜好粗糙败陋的音乐,国家的灭亡很快到来,直至今日,王公大人们都把它当作警示。舜帝以普通百姓的身份兴起,积累德行,主张包容和谐,最终成为帝王。纣王本为天子,却荒淫暴乱,最终导致国家覆灭。这难道不是因为各自所推行的礼乐之教而带来了不同的结果吗?仲由现在是个普通百姓,竟然没有立志学习先王礼乐制度,而学习亡国之声,怎么能保全其自身呢?"

冉有把孔子的这些话告诉了子路。子路感到恐惧又懊悔,沉静地反思不想吃饭,以致极其消瘦。

孔子知道了这件事情,说:"有过错能够改正,就是进步了!"

辩乐解第三十五 | 271

问玉第三十六

〔题解〕

　　本章题为"问玉",全章内容主要是孔子有关教化的论述,选文有两层含义。第一层为子贡向孔子请教,为什么君子以玉石为贵,而珉石为贱?孔子指出,贵与贱并非由数量的多寡而定,而是因为玉石蕴含有君子所看重的仁、智、义、礼、乐、忠、信、天、地、德的品格,所以君子才以玉为贵。第二层里孔子论述了对百姓施以六经的教化所能培养出的不同气质。《诗》的教化令人温润敦厚,但容易产生愚直的问题;《尚书》的教化使人疏通知远,但容易带来言语不实的问题;《乐》的教化让人广博易良,但容易发生奢侈的问题;《易》的教化让人洁静精微,但容易产生违背事物规律的问题;《礼》的教化培养恭俭庄敬的品质,但容易带来烦琐的问题;《春秋》的教化使人属辞比事,但容易带来混淆是非的问题。如果能够深入学习以上教化,则可以避免其可能带来的问题。

　　子贡问于孔子曰:"敢问君子贵玉而贱珉[①],何也?为玉之寡而珉之多欤?"

孔子曰:"非为玉之寡故贵之,珉之多故贱之。夫昔者君子比德于玉②:温润而泽③,仁也;缜密以栗④,智也;廉而不刿⑤,义也;垂之如坠,礼也;叩之,其声清越而长⑥,其终则绌然⑦,乐也;瑕不掩瑜⑧,瑜不掩瑕,忠也;孚尹旁达⑨,信也;气如白虹⑩,天也;精神见于山川⑪,地也;圭璋特达⑫,德也;天下莫不贵者,道也。《诗》云⑬:'言念君子⑭,温其如玉⑮。'故君子贵之也。"

〔注释〕

①珉(mín):像玉的石头。

②比德于玉:把人的品德和玉放到一起来观察、思考、论说。比:挨着,并列。

③温润:指玉看上去给人温和柔润的感觉。泽:带有水气。玉以质地细腻、带有光泽为上。现代对玉有"水色"这一行业语,基本上也是"温润而泽"的意思。孔子是说,玉的这些品质与"仁"一致。以下几句对"智""义""礼""乐""忠""信"等品质的描述,也都是以玉的高贵比喻君子的品德。

④缜密:指质地细密。以:这里等同于"而"。栗:坚硬,坚实。

⑤廉:尖锐的四方四正的棱角。刿(guì):伤,指伤害到人、物。案,"廉而不刿"也见于《老子》第五十八章。

⑥越:扬,传得远。

⑦其终则绌然:意思是说,声音终止时余音悠悠然。绌,通"诎"(qū),屈。

⑧瑕:玉上细微的杂质、斑点。瑜:美玉的光。

⑨孚尹:玉的色彩。旁达:映射到四面,意思是美玉的光彩晶莹通透,向四周散发。

⑩白虹:天之白气(参《礼记·聘义》孔颖达疏),意思是玉散发的白气就像天上散发的白气。

⑪精神:精气,指山川毓秀,生机盎然的气象。见:同"现",显现。

⑫圭璋特达:意思是在诸侯向周天子行朝聘之礼时,只有珪璋才能作为通行的凭信。圭,珪。珪,瑞玉,周天子和诸侯各执一半,当作凭信。璋,半珪为璋。珪璋,朝聘之礼时,诸侯以珪璋为聘礼,朝聘之后,天子将珪璋归还诸侯,以示重礼仪而轻钱财。

⑬《诗》:这里指《诗经·秦风·小戎》。

⑭言念:想念。言,语气词,无义。

⑮其:语气词,无义。

〔译文〕

子贡向孔子请教道:"君子以玉为贵,而珉为贱,这是为什么?是因为玉数量少,而珉数量多吗?"

孔子说:"不是因为玉少就以之为贵,珉多就以之为贱。过去,君子把人的品德和玉放到一起观察、思考、论说:玉看上去给人温和柔润的感觉,且带有水气,这像仁;质地细密而坚实,这像智;有尖锐方正的棱角却不会伤害到人和物,这像义;悬挂的时候向下坠,这像礼;敲击它的时候,发出的声音清晰绵长,终止时余音悠悠,这像乐;玉上细微的杂质掩盖不住美玉的光泽,美玉的光泽也掩盖不住细小的斑点,这像忠;玉的光彩晶莹通透,向四周散发,这像信;玉的光气如同天上散发的白气,这像天;玉的精气在山川之中显现,精气可以从外面看见,地气含藏在体内,这像大地；在诸侯向周天子行朝聘之礼时，只有珪璋才能作为通行的凭信，这像德；玉的种种品质归结起来，其道理的实质就是天下都要尊道。《诗》上说：'想念君子啊，他温润如玉。'因此，君子以玉为贵。"

孔子曰："入其国，其教可知也：其为人也，温柔敦厚，《诗》教也；疏通知远①，《书》教也；广博易良②，《乐》教也；洁静精微③，《易》教也；恭俭庄敬，《礼》教也；属辞比事④，《春秋》教也⑤。故《诗》之失愚⑥，《书》之失诬⑦，《乐》之失奢，《易》之失贼⑧，《礼》之失烦⑨，《春秋》之失乱⑩。"

〔注释〕

①疏：通，通达。《尚书》记录的是帝王的言辞、诰命，百姓学习了便通达传统、是非，也就是"疏通"；同时对前代帝王业迹及其过程（即历史）有所了解，也就是"知远"。

②广博：指的是《乐》注重和谐通畅，无所不用，无所不达，故而使人广博。易良：意思是，人如果简易良善，便容易接受教化。

③洁静：指做事应根据万事万物的规律，不过分、不混乱。精微：这里指观察事物精细入微。

④属(zhǔ)辞比事：意思是把表达事物和思想的文辞连缀聚合起来，对列国政事观其是非正邪。属，合，聚合。比，比次，排比。

⑤《春秋》：春秋时期鲁国史官记述鲁国及其他诸侯国事件的史书，为儒家的重要经典，据说孔子曾经删改过此经。后来有人做出对《春秋》的

解释,释经者给解释经典的文字冠以"传""记"等名。为《春秋》作传的,即《春秋左传》《春秋公羊传》和《春秋穀梁传》。

⑥失:缺点。愚:愚直,敦厚。

⑦诬:言语不实。

⑧贼:这里指因过于变通而有悖规律,毁坏了事情。

⑨烦:繁杂,烦琐。

⑩乱:这里指在比较、批评各国历史事实的时候,所出现的彼此矛盾而导致是非混淆的情况。

[译文]

孔子说:"进入一个诸侯国,那里的政教就可以知道了:如果百姓为人温柔敦厚,是实施了《诗》的教化;如果百姓通达传统、是非,了解历史,是实施了《尚书》的教化;如果百姓知识广博,为人简易良善,是实施了《乐》的教化;如果百姓做事能够依照事物的规律,不过分、不混乱,观察事物精细入微,是实施了《易》的教化;如果百姓恭逊、节俭、庄重、敬慎,是实施了《礼》的教化;如果百姓能够连缀聚合文辞,排比列国政事、是非正邪,是实施了《春秋》的教化。所以,《诗》教的缺点在于容易导致过于愚直敦厚,《书》教的缺点在于容易导致言语不实,《乐》教的缺点在于容易导致奢侈,《易》教的缺点在于容易导致违背规律,《礼》教的缺点在于容易导致过于烦琐,《春秋》之教的缺点在于容易导致是非混淆。"

"其为人也温柔敦厚而不愚,则深于《诗》者矣①;疏通知远而不诬,则深于《书》者矣;广博易良而不奢,则深于《乐》者矣;洁静精微而不贼,则深于《易》者矣;恭俭庄敬而不烦,则深于《礼》者矣;属辞比事而不乱,则深于《春秋》者矣。"

〔注释〕

①深:深入,深刻,这里指领会到了经典的精髓。此段中六个"深"字同义。

〔译文〕

"如果百姓为人温和敦厚,且没有愚直的问题,就是深入地习得了《诗》的教化;能够通达传统、是非,了解历史,且没有言语不实的问题,就是深入地习得了《尚书》的教化;百姓知识广博,为人简易良善,且没有奢侈的问题,就是深入地习得了《乐》的教化;如果做事符合规律,观察精细入微,且没有违反规律的问题,就是深入地习得了《易》的教化;如果恭逊、节俭、庄重、敬慎,且没有烦琐的问题,就是深入地习得了《礼》的教化;如果能够连缀聚合文辞,排比列国政事、是非正邪,且没有混淆是非的问题,就是深入地习得了《春秋》的教化。"

屈节解第三十七

〔题解〕

　　本章题为"屈节解",主要内容围绕如何"受屈不毁其节"展开。选文讲的是子贡游说吴王夫差攻打齐国,救援鲁国。孔子在卫国时,得知齐国大夫田常要攻打鲁国,便想派弟子"屈节"游说田常以拯救鲁国。在数位弟子自荐以后,孔子选择了子贡。于是子贡先后前往齐国、吴国、越国和晋国。在齐国,子贡从确保田常在齐国地位的角度,说服他放弃攻打鲁国,改为攻打吴国。他说:"忧在内者攻强,忧在外者攻弱。"只有加剧齐国的外患,才能提高大夫在齐国的地位。但那时,齐军已经向鲁国进发,军令无改,于是子贡请愿游说吴王,让他攻打齐国,借此帮助田常调转兵向。子贡抵达吴国,说服吴王夫差救鲁伐齐,可吴王希望先消灭敌视吴国的越国。这时,子贡提出自己可以劝说越王勾践随吴伐齐。吴王允诺后,子贡到达越国。他跟越王说,应该先支持吴王讨伐齐国,取信于吴王,再趁吴国战后兵力受损予以打击。子贡分析道,如果吴王胜利一定继续攻打晋国,他会说服晋君跟勾践一起削弱吴国。吴王战胜齐国后,果然去攻打晋国,越国则趁机攻打吴国国都。最终,吴国灭亡,越国称霸。孔子评价道,好听的话会伤害信义,说话和听对方说话都要谨慎敬重!

孔子在卫①,闻齐国田常将欲为乱②,而惮鲍、晏③,因欲移其兵以伐鲁。孔子会诸弟子而告之曰④:"鲁,父母之国,不可不救,不忍视其受敌。今吾欲屈节于田常以救鲁⑤,二三子谁为使?"

〔注释〕

①卫:周朝时的姬姓诸侯国,位于今天的河南北部。
②田常:时称田恒,田成子,汉代为避讳汉文帝刘恒之名而改称田常。春秋时期齐国田氏逐步取代了姜姓宗室,成为齐国最有权势的家族。为乱:发动政变。
③鲍、晏:指齐国前后掌握大权的卿大夫鲍叔牙和上大夫晏婴两个家族鲍氏和晏氏。
④会:合,集合。
⑤屈节:降低身份,违心地和不同志向的人交往。

〔译文〕

孔子在卫国,听闻齐国的田常想要发动政变,但是田氏忌惮齐国的鲍氏和晏氏,就想调动军队,准备讨伐鲁国。孔子集合众弟子,对他们说:"鲁国是我的父母国,不可以不救助,我不忍心看到它遭受敌人的入侵。现在我想要违背自己的内心,去跟田常沟通,帮助鲁国,你们谁愿意担当使者?"

子贡请使,夫子许之。遂如齐①,说田常曰②:"今子欲收功于鲁,实难。不若移兵于吴,则易。"

田常不悦。

子贡曰:"夫忧在内者攻强,忧在外者攻弱。吾闻子三封而三不成③,是则大臣不听令。战胜以骄主④,破国以尊臣,而子之功不与焉⑤,则交日疏于主⑥,而与大臣争。如此,则子之位危矣。"

田常曰:"善。然兵甲已加鲁矣⑦,不可更,如何?"

子贡曰:"缓师。吾请救于吴,令救鲁而伐齐,子因以兵迎之。"田常许诺。

〔注释〕

①如:往。

②说(shuì):劝说,游说。

③三封而三不成:意思可能是田常三次要求齐侯给他分封土地,而大臣们都不同意。

④战胜以骄主:这句话是说,田常如果战胜了鲁国,只不过是助长了齐侯的骄横之气;攻下鲁国的都城,齐国的大臣们(例如鲍氏、晏氏等)地位会更加巩固、提高,对田常"收功"的目的毫无帮助。

⑤与:助,帮助(参用《战国策·秦策一》高诱注)。

⑥交:上下相交(参用《荀子·儒效》杨琼注)。日:一天接着一天地,日渐。疏:疏远,裂痕越来越大。主:君主,这里指齐侯。

⑦加:施加,这里指齐军已经向鲁国进发。

〔译文〕

　　子贡请求出使,孔子答应了。于是,子贡往齐国去,他劝说田常道:"现在您想要在攻打鲁国这件事情上获得功劳,实际上很难做到。不如调兵攻打吴国,这样更容易成功。"

　　田常听了很不高兴。

　　子贡说:"忧患在国家的内部,应该攻打比自己强的国家;忧患在国家的外部,应该攻打比自己弱的国家。我听说您三次要求齐侯给您分封土地,三次都没有成功,这是因为大臣们不听从您的命令。现在您如果战胜鲁国,只不过是助长了齐侯的骄横之气,只有国家破败,臣子才会得到尊重,您的战功对您没有帮助,还会让您与齐侯之间的裂痕日渐增大,并与大臣们相互争斗。如果是这样,您的地位就危险了。"

　　田常说:"好吧。然而齐军已经向鲁国进发,不可以随意更改,这该怎么办?"

　　子贡说:"您让齐军减慢行进速度。我去吴国请求救援,让吴国救助鲁国而讨伐齐国,您借此机会让齐军去迎击吴军。"田常许诺照办。

　　子贡遂南说吴王,曰:"王者不灭国①,霸者无强敌,千钧之重加铢两而移②。今以齐国而私千乘之鲁③,与吴争强,甚为王患之④。且夫救鲁以显名,以抚泗上诸侯⑤,诛暴齐以服晋⑥,利莫大焉。名存亡鲁,实困强齐,智者不疑。"

吴王曰:"善。然吴常困越⑦,越王今苦身养士,有报吴之心,子待我伐越,然后乃可。"

子贡曰:"越之劲不过鲁⑧,吴之强不过齐,而王置齐而伐越,则齐必私鲁矣。王方以存亡继绝之名⑨,弃强齐而伐小越,非勇也。勇者不避难,仁者不穷约⑩,智者不失时,义者不绝世⑪。今存越示天下以仁,救鲁伐齐,威加晋国,诸侯必相率而朝,霸业盛矣。且王必恶越⑫,臣请见越君,令出兵以从,此则实害越,而名从诸侯以伐齐。"吴王悦,乃遣子贡之越⑬。

[注释]

①灭国:周代的诸侯国都是周天子分封土地建立的,诸侯有所违礼,天子可以给予多种处罚,甚至讨伐,但是并不灭其社稷和祖庙。历史上有许多小诸侯国被灭,特别是大国争霸时,不断通过灭亡小国以扩大疆域,周天子很少予以惩罚或谴责。所以子贡对吴王所说的也只是"说辞"而已。

②千钧:形容极大的重量。钧,三十斤为一钧。铢(zhū)两:铢和两都是极小的重量单位,合用表示极轻的重量。

③私:与"公"相对,私自、私下。今以齐国而私千乘之鲁:《史记·仲尼弟子列传》作"今以万乘之齐国而私千乘之鲁",意思是现在拥有万乘兵车的齐国要把千乘兵车的鲁国占为己有。

④患:忧患,担心。

⑤抚:安抚,保护。泗上:泗水北岸,泗水由泗水县发源,流经今山东

济宁一带,其北岸当时有十几个附属鲁的小诸侯国。

⑥诛:讨伐。

⑦常:常年。

⑧劲:强韧,强大。

⑨方:刚刚,正在。存亡继绝:使即将灭亡的存活下去,让将断绝的延续。

⑩仁者不穷约:是说仁者爱人,对他人有恻隐、羞恶(wù)、辞让和是非之心(孟子所言"仁之四端"),因此在履行约定时,能够体谅对方可能遇到的难以预料的难处,故而不会要求对方完全履行约定。穷约,把与人的约定用到尽头,意思是不折不扣地履行约定的所有内容。

⑪义者不绝世:与《史记·仲尼弟子列传》"王者不绝世,以立其义"互参,本句的意思是仁义的人不绝于世,即不会从世间消失。

⑫恶(wù):厌恶。

⑬之:往,到某处去。

〔译文〕

　　子贡于是离开齐国,南下游说吴王,他对吴王说:"周天子不会毁灭一个国家的社稷和祖庙,霸主没有强劲的敌人,极大的重量就算加上很小的重量形势也会发生改变。现在拥有万乘兵车的齐国要把千乘兵车的鲁国占为己有,齐国是在跟吴国争强,我很为吴王您担心。而且救援鲁国可以彰显您的威名,进而保护泗水北面附属于鲁国的小诸侯国,讨伐残暴的齐国,以此来使晋国服从吴国,利益没有比这更大的了。这在名义上是拯救即将灭亡的鲁国,实际上却困住了强大的齐国,有智慧的人不会对这种做法心存疑虑。"

吴王说:"好。但是吴国常年围困越国,越王正在劳其身志尊养贤士,有报复吴国之心,您先等我讨伐完越国,然后再去救鲁国。"

子贡说:"越国没有鲁国强大,吴国没有齐国强大,大王您放下齐国去讨伐越国,那么齐国一定早把鲁国收为己有了。大王您正打着保存危亡之国、延续即灭之国的名义,却放弃讨伐强大的齐国而去攻打弱小的越国,这不是勇。勇敢的人不回避危难,仁善的人不要求对方履行全部的约定,智慧的人不错失时机,仁义的人不会从世间消失。现在您保留越国是向天下展示您的仁德,救助鲁国讨伐齐国,威慑晋国,诸侯们一定会争相来朝见,这样吴国的霸业就兴盛了。大王一定厌恶越国,臣请求去面见越君,让他派兵跟随你攻打齐国,这实际上对越国有害,而名义上是跟随诸侯讨伐齐国。"吴王很高兴,于是派子贡到越国去。

越王郊迎,而自为子贡御①,曰:"此蛮夷之国②,大夫何足俨然辱而临之③?"

子贡曰:"今者吾说吴王以救鲁伐齐,其志欲之,而心畏越,曰:'待我伐越而后可。'则破越必矣④。且无报人之志而令人疑之⑤,拙矣;有报人之意而使人知之,殆矣⑥;事未发而先闻者,危矣。三者,举事之患也。"

〔注释〕

①越王郊迎,而自为子贡御:一国之君亲自到国都之外迎接子贡,还

亲自驾车,是对士人极大的尊重,体现了越王"苦身养士"的精神。

②蛮夷:"夷、蛮、戎、狄"等词,是中国古代中原地区各部族对东南、西北方还没有融入中原礼乐教化的众多民族、部族、部落的统称。越王自称蛮夷,是其自谦之辞。

③何足:等于说值得……吗?俨然:严肃庄重的样子。辱:意思是你委屈受辱了,等于说屈尊。临:从高处往下看。这是越王谦虚地询问子贡来访的目的。

④破:攻打并战胜。

⑤且:而且,等于说"再说"。报:报仇,报复。

⑥殆:危险。

[译文]

越王到国都的郊外迎接,并亲自为子贡驾车,越王说:"我们这样的蛮夷国家,值得大夫您这样严肃庄重地屈尊驾临吗?"

子贡说:"现在我说服吴王救助鲁国讨伐齐国,他想要这样做,但是内心畏惧越国,吴王说:'等到我讨伐完越国之后才能去救鲁国。'那么吴国攻打并战胜越国就是必然的了。再说没有报仇的想法却让人怀疑他有,是笨拙的;有报复的意图却让人知道,是危险的;事情还没开始做就让人知道了,也是危险的。以上三种情况是做事的忧患。"

勾践顿首曰①:"孤尝不料力而兴吴难②,受困会稽,痛于骨髓,日夜焦唇干舌,徒欲与吴王接踵而死③,孤之愿也。今大夫幸告利害。"

子贡曰:"吴王为人猛暴,群臣不堪④,国家疲弊⑤,百姓怨上,大臣内变⑥,申胥以谏死⑦,大宰嚭用事⑧,此则报吴之时也。王诚能发卒佐之,以邀射其志⑨,而重宝以悦其心,卑辞以尊其礼,则其伐齐必矣。此圣人所谓屈节求其达者也。彼战不胜,王之福;若胜,则必以兵临晋。臣还,北请见晋君共攻之,其弱吴必矣。锐兵尽于齐⑩,重甲困于晋⑪,而王制其弊焉。"越王顿首许诺。

〔注释〕

①勾践:春秋时期越国君主。顿首:古代一种跪拜礼,伏地,头触地即起。

②孤:古代侯王的自谦之称。不料力:不自量力。

③徒:独,只。接踵:后面人的脚尖接着前面人的脚后跟,即紧随人后,在这里等于说一起,一同。

④不堪:承受、忍受不了。

⑤弊:衰败,破败。

⑥大臣内变:意思是说吴国朝廷将众叛亲离。内变,内心发生变化,产生作乱的想法。

⑦申胥:即伍子胥,楚国人,吴国大夫,因封于申,故也称"申胥"。屡次进谏吴王暂缓攻打齐国,先灭掉越国。吴王不听,反而将申胥赐死。

⑧大宰嚭(pǐ):即伯嚭,楚国人,吴国大夫,任太宰一职。大宰,即太宰。

⑨邀射其志:等于说投其所好。射,这里指"投"的动作。古代有一种投壶游戏,将箭投到一定距离的"箭壶"里,投中多者胜。因为游戏的工具

是"箭",所以用"射"字称投箭的动作。

⑩锐兵:精锐善战的兵力。

⑪重甲:等于说主力军。

〔译文〕

勾践向子贡行了顿首礼,说:"我曾不自量力地发起跟吴国的战争,被围困在会稽,痛入骨髓,日夜唇焦舌干,只想跟吴王一同死去,这是我的愿望。现在有幸听闻大夫您告诉我这些利害。"

子贡说:"吴王为人凶猛残暴,大臣们都忍受不了,国家疲惫破败,百姓怨恨国君,大臣内心生变,伍子胥因进谏而被赐死,太宰嚭受到重用,现在正是您报复吴国的时机。大王您如果能派兵辅助吴王,投其所好,用贵重的宝物取得他的欢心,用谦卑的言辞表达对他的尊敬,那么他一定会讨伐齐国,这就是圣人所说的委曲求全,以达到最终目的的办法。这一仗打不胜,是大王您的福气;如果胜利,吴王一定会派兵攻打晋国。我回到北方请求拜见晋国国君,说服他跟您一起攻打吴国,这样削弱吴国就是必然的结果了。吴国精锐善战的兵力尽数折损在跟齐国的战争中,主力被困在晋国,这样大王您就可以在吴王衰败的时候打击他。"越王向子贡行了顿首礼,并许诺照办。

子贡返,五日,越使大夫文种顿首言于吴王曰①:"越悉境内之士三千人以事吴。"

吴王告子贡曰:"越王欲身从寡人②,可乎?"

子贡曰:"悉人之众,又从其君,非义也。"

〔注释〕

①文种:也作文仲,字少禽,楚国人,越国大夫。
②身从:亲自跟随。

〔译文〕

子贡返回吴国,过了五天,越国派遣大夫文种来到吴国,文种向吴王行了顿首礼,说:"越国愿意倾尽境内的三千兵士来听从吴王的调遣。"

吴王对子贡说:"越王想要亲自跟随我攻打齐国,可以吗?"

子贡说:"悉数调用越国境内的兵士,又让他们的君主跟随您出征,这不符合义。"

吴王乃受越王卒,谢留勾践①。遂自发国内之兵以伐齐,败之。子贡遂北见晋君,令承其弊②。吴、晋遂遇于黄池③。越王袭吴之国④,吴王归与越战,灭焉。

孔子曰:"夫其乱齐存鲁,吾之始愿。若能强晋以弊吴,使吴亡而越霸者,赐之说也。美言伤信,慎言哉⑤!"

〔注释〕

①谢留:辞谢并让人留下。

②承其弊:意思是趁着吴国刚攻打完齐国,军事力量受损这一衰弱的时机。

③黄池:指黄池之会,这是春秋末年的一次重要历史事件,是吴国逐鹿中原,北伐建立霸业的巅峰。黄池在今河南省新乡市封丘县南。吴国在黄池之会后便在笠泽之战中惨败,其霸业也随之终结。

④国:国都。

⑤慎言:指说话和听对方说话都要谨慎敬重。

〔译文〕

　　吴王于是接受了越国的兵士,辞谢并让越王勾践留下。然后,自己调动吴国的军队去讨伐齐国,并打败了齐军。子贡于是北上拜见晋国国君,让他趁着吴国刚跟齐国交战完,军事力量受损这一衰弱的时机跟吴国交战。吴军和晋军在黄池相遇。越王率兵袭击吴国的国都,吴王于是返回来跟越国作战,结果吴国覆灭。

　　孔子说:"扰乱齐国救亡鲁国,是我最初的愿望。至于增强晋国削弱吴国,让吴国灭亡,越国称霸这件事,是端木赐游说的结果。好听的话会伤害信义,说话和听对方说话都要谨慎啊!"

七十二弟子解第三十八

〔题解〕

本章题为"七十二弟子解",主要内容是介绍孔子七十二位贤良弟子的生平事迹,选文五篇,每篇介绍一位弟子。第一篇讲的是颜回,字子渊,以德行著名,孔子称赞他是仁者。第二位是端木赐,字子贡,以口才著名,对自己因言语过失而犯的错误铭记终生,他先后在鲁国、卫国和齐国做宰相。第三位是仲由,字子路,以勇力才艺和政事著名,死于蒯聩之乱,孔子听闻后心痛地说:"我自从有了仲由,违礼、不善、恶意的言辞就再也没有听到过。"第四位是卜商,字子夏,以通晓《诗》的义理和善于文学而闻名,卫国人把他尊为圣人,魏文侯以他为师,向他咨询政事。第五位是曾参,字子舆,有志于孝道,曾因父母年迈需要照顾而拒绝到齐国出仕,又因妻子连野菜都蒸不好而休妻,之后终身不再娶妻。

颜回,鲁人,字子渊。少孔子三十岁[①],年二十九而发白,三十一早死。孔子曰:"自吾有回,门人日益亲。"回以德行著名[②],孔子称其仁焉。

〔注释〕

①少(shào):比……少,等于说"小",年轻。
②德行:道德和品行。

〔译文〕

颜回,鲁国人,字子渊。比孔子小三十岁,二十九岁头发就变白了,三十一岁不幸早亡。孔子说:"自从我有了颜回,弟子们就更加亲近了。"颜回因为有德行而著名,孔子称赞他是仁者。

端木赐,字子贡,卫人。少孔子三十一岁,有口才著名,孔子每绌其辩①。家富累钱千金②,常结驷连骑③,以造原宪④。

宪居蒿庐蓬户之中⑤,与之言先王之义。原宪衣弊衣冠,并日蔬食⑥,衎然有自得之志⑦。

子贡曰:"甚矣,子如何之病也?"

原宪曰:"吾闻无财者谓之贫,学道不能行者谓之病⑧。吾贫也,非病也。"

子贡惭,终身耻其言之过。子贡好贩⑨,与时转货⑩,历相鲁卫而终齐。

〔注释〕

①每:常常,经常。绌(qū):无言以对。孔子每绌其辩:孔子时常针对

子贡好像头头是道的论辩让他回答不上来,意思是经常指出子贡言辞上的缺点或不当。

②累:多。

③结驷连骑:是说出行访友时车马排场很大。驷,一车驾四马。连骑,意思是带着骑马的多名随从。

④造:至,多指到较高的地方或身份声望比自己高的人那里去。

⑤蒿庐蓬户:茅草屋。庐,房屋。蓬,蒿草。户,房屋的门。

⑥并日蔬食:两天吃一次很粗糙的饭,意思是不是每天都有饭吃。

⑦衎(kàn)然:欢喜的样子。

⑧病:指十分贫困。

⑨贩:做生意。

⑩时:时机,商机,行情。转货:转卖货物,做买卖。

〔译文〕

端木赐,字子贡,卫国人。比孔子小三十一岁,因为有口才而著名,孔子常常指出他在言辞上的缺点或不当之处。家里富有,多达千金,出行访友时常常车马排场很大,带着骑马的多名随从,到原宪家里去。

原宪住在茅草屋里,跟子贡谈论先王的"义"。原宪穿着破旧的衣服、戴着粗陋的发冠,两天吃一次很粗糙的饭,却是一副怡然自得的样子。

子贡说:"你怎么病得如此严重?"

原宪说:"我听闻没有钱财的叫'贫',学习了道却不能践行的才叫'病'。我是贫困,不是病了。"

子贡听后,为自己的话语感到惭愧,终身都为这一言辞上的过失而感到羞耻。子贡以做生意为生计,根据行情转卖货物,历任鲁国和卫国的宰相,最后在齐国做宰相。

仲由,弁人①,字子路,一字季路。少孔子九岁,有勇力才艺,以政事著名。为人果烈而刚直,性鄙而不达于变通②。仕卫为大夫,蒯聩与其子辄争国③,子路遂死辄难。孔子痛之,曰:"吾自有由,而恶言不入于耳。"

〔注释〕

①弁(biàn):同"卞",鲁国卞邑,在今山东泗水县附近。
②鄙:固执,等于说死心眼儿。
③蒯(kuǎi)聩(kuì):卫国国君,卫灵公之子。

〔译文〕

仲由,鲁国卞邑人,字子路,又字季路。比孔子小九岁,有勇力有才艺,因为善于政事而著名。他为人果敢刚烈,刚正率直,性情固执不懂得变通。在卫国出仕做大夫,蒯聩和他的儿子蒯辄争夺王位,子路在保护蒯辄的战斗中死去。孔子心痛地说:"我自从有了仲由,违礼、不善、恶意的言辞就再也没有听到过。"

卜商,卫人,字子夏。少孔子四十四岁。习于《诗》,能通其义,以文学著名。为人性不宏,好论精微,时人无以尚之①。

尝返卫,见读史志者云②:"晋师伐秦,三豕渡河③。"

子夏曰:"非也,己亥耳④。"

读史志曰:"问诸晋史,果曰己亥。"于是卫以子夏为圣。

孔子卒后,教于西河之上,魏文侯师事之⑤,而谘国政焉⑥。

〔注释〕

①无以尚之:没有人能在这方面超过他。尚,同"上",高超。
②志:文献记载。
③豕(shǐ):猪。
④己亥:指己亥之日。"己亥"误书或误读为"三豕",由此就成了讽刺书写错别字的典故。
⑤魏文侯:春秋时期晋国魏氏家族领袖,战国时期魏国的开国国君。
⑥谘(zī):同"咨",咨询。

〔译文〕

卜商,卫国人,字子夏。比孔子小四十四岁,学习《诗》,能够通晓《诗》的义理,因善于文学而著名。为人性情不宏大,喜好谈论精微之理,当时没有人能在这方面超过他。

子夏曾经返回卫国,看到阅读史志的人说:"晋国军队讨伐秦国,'三豕'渡河。"

子夏说:"不是的,是在己亥之日渡河。"

读史志的人说：“我向晋国的史官询问，果然是己亥。”于是卫国人都把子夏尊为圣人。

孔子辞世以后，子夏在西河北岸教书，魏文侯把他尊为老师，向他咨询国家政事。

曾参，南武城人①，字子舆。少孔子四十六岁。志存孝道，故孔子因之以作《孝经》②。齐尝聘③，欲以为卿而不就。曰："吾父母老，食人之禄，则忧人之事，故吾不忍远亲而为人役。"参后母遇之无恩④，而供养不衰⑤。及其妻以藜烝不熟⑥，因出之⑦。人曰："非七出也⑧。"参曰："藜烝小物耳。吾欲使熟，而不用吾命。况大事乎？"遂出之，终身不取妻⑨。其子元请焉⑩，告其子曰："高宗以后妻杀孝己⑪，尹吉甫以后妻放伯奇⑫。吾上不及高宗，中不比吉甫，庸知其得免于非乎⑬？"

〔注释〕

①南武城：鲁国的邑名，在今山东临沂平邑县，另有一说是在山东济宁嘉祥县，据现有研究成果看，认为在平邑县者较多。

②因：因为，因此。这句话的意思是孔子因为曾参以追求孝道为志向而撰写了《孝经》（案，关于《孝经》的作者，还有另外一些说法）。

③聘：以礼聘请，这里指邀请访问。

④遇：对待。

⑤不衰：这是说，曾参对后母的供养并不因后母待他不好而有所衰减。

⑥藜(lí):藜草,藜藿,这里统指野菜。烝(zhēng):后作"蒸"。

⑦出之:使之出,指把妻子赶出门。

⑧七出:包括不顺父母、无子、淫僻、嫉妒、恶疾、多口舌和窃盗(参《孔子家语·本命解第二十六》《大戴礼记·本命》《公羊传·庄公二十七年》何休注)。案,中国封建时代,男女在婚姻上极不平等,"休妻"的事例很多。到汉代,基本形成了所谓"七出"的制度。

⑨取:后代写作"娶"。

⑩请:请示,请教。

⑪高宗:指殷高宗,武丁。孝己:殷高宗的太子,文献记载为"孝己",甲骨卜辞中称"兄己""父己""祖己",以孝闻名,比高宗早死。

⑫尹吉甫:《诗经》中标明的作者之一,西周时期的贤臣,曾辅佐周宣王实现中兴。伯奇:尹吉甫的儿子,孝子。

⑬庸:何(参用《经传释词·卷三》),这里等于说"怎么"。

[译文]

曾参,是鲁国南武城人,字子舆。比孔子小四十六岁,以追求孝道为志向,所以孔子为此而撰写了《孝经》。齐国曾经邀请他访问,想要请他担任国卿,但是他回绝了。曾子说:"我的父母已经老了,食人俸禄,就要忧心别人的事情,所以我不忍心远离双亲为他人差遣。"曾参的继母待他不好,但他对继母的供养没有因此而衰减。他的妻子蒸煮野菜没有蒸熟,曾参就把妻子赶出门。有人说:"这不符合七出。"他说:"蒸煮野菜是小事儿。我想让她蒸熟,她却不听我的话。小事上尚且如此,又何况在大事上呢?"于是赶走了妻子,终身不再娶妻。他的儿子曾元请他再娶,曾参告诉他的儿子说:"殷高宗武丁因为后妻的原因害死了孝己,尹吉甫因为后妻的谗言放逐了伯奇。我向上赶不上殷高宗,在中间比不上尹吉甫,我怎么知道自己能够避免因受后妻迷惑而犯错呢?"

本姓解第三十九

〔题解〕

　　本章题为"本姓解",主要讲的是孔子的家族世系。孔子的祖先可以追溯到商纣王的庶兄微子启。武王灭商,把武庚册封在殷,让他承继殷商的祭祀。周武王崩逝以后,武庚因作乱被灭。其后,周成王颁布诰命,把微子启册封在宋地,帮助他建立国都,并把殷商的遗嗣迁移过去。微子身后的家族传承依次为仲思(即微仲)、宋公稽、丁公申、湣公共、襄公熙,襄公有两个儿子,弗父何和厉公鲋祀。弗父何这一支的传承是:宋父周、世子胜、正考甫、孔父嘉。自孔父嘉开始,新立一族,以"孔"为氏。孔父嘉以下的传承是:木金父、睪夷、防叔。防叔为了躲避华氏之祸而逃难到鲁国。防叔以下是伯夏、叔梁纥、孔丘(即孔子)和孔鲤。

　　孔子之先,宋之后也。微子启①,帝乙之元子②,纣之庶兄。以圻内诸侯③,入为王卿士。微,国名,子爵④。初,武王克殷,封纣之子武庚于朝歌⑤,使奉汤祀。武王崩,而与管、蔡、霍三叔作难⑥。周公相成王东征之。二年,罪人斯得,乃命微子于殷后⑦,作《微子之命》以申之⑧。与国于宋⑨,徙殷之子孙,唯微子先往仕周,故封之贤⑩。其弟曰仲思,名衍,或名泄。嗣微子后,故号微仲。生宋公稽⑪。胄子虽迁爵易位⑫,而班级不及其故者⑬,得以故官为称。故二微虽为宋公,而犹以微之号自终,至于稽乃称公焉。

[注释]

①微子启:姓子,名启,宋氏,又称微子,帝乙的长子,宋国开国国君。《史记·宋微子世家》称"微子开"。

②帝乙:姓子,名羡,商王文丁之子,纣王的父亲。元子:嫡子,长子。元,头,第一个。

③圻(qí):方圆千里为圻,这里指纣王直接管辖的疆域,又称京畿(jī)。

④子爵:爵位由高到低分别为公、侯、伯、子、男五等(参《礼记·王制》)。

⑤朝歌:根据夏、商、周断代工程考古成果,朝歌当在今河南鹤壁淇县及其附近地区,"朝歌"这一名称未在甲骨文中出现,现今所见最早的文献是《左传·襄公二十三年》(参《1998年鹤壁市、淇县晚商遗址考古调查报告》,载于《华夏考古》,2006(01))。

⑥管、蔡、霍三叔:据《史记·殷本纪》和《史记·周本纪》记载,此次叛乱的主要参与者是武庚和管叔、蔡叔。管叔鲜、蔡叔度和霍叔处均为武王的兄弟。

⑦命:任命,委任。于殷后:意思是成为殷商的后人,承继殷商的祭祀。

⑧作《微子之命》以申之:此句据《史记·宋微子世家》改。《微子之命》,是任命微子的诰命,篇名的意思是微子的任命,见于《尚书·周书》。申,约束,告诫。

⑨与国于宋:是"命微子于殷后"的措施,大意是在宋地帮助微子建立一个符合周代标准的诸侯国的都城。与,帮助,参用《战国策·秦策一》高诱注。宋,周朝时国家名,在今河南商丘一带。

⑩封之贤:意思是把他封为贤人。

⑪公:公爵。稽:人名。

⑫迁爵易位:意思是,提高官爵,变换爵位。胄子,帝王或贵族的长子。迁,升职为迁。

⑬班级:爵位或官位等级。

[译文]

孔子的祖先,是周朝宋国的后人。微子启,是商朝帝乙的第一个儿子,殷纣王的庶出兄长。在纣王直接管辖的疆域内分封成为诸侯,入朝担任卿士。微,是国家的名称,位列子爵。一开始,周武王打败殷商,把商纣王的儿子武庚册封在朝歌,让他能够承奉商汤的祭祀。周武王崩逝以后,武庚与管叔鲜、蔡叔度和霍叔处一起叛乱。周公辅佐周成王向东讨伐他们。过了两年,擒获他们四个罪人,于是任命微子为殷商的后人,承继殷商的祭祀,并作了《微子之命》的诰命来告诫他牢记先祖商汤的功德和周王委派给他的使命,在宋地帮助微子建立一个符合周代标准的诸侯国的都城,并把殷商的子孙都迁徙过去。在殷商的子孙中,唯独微子率先前往周朝做官,所以把他封为贤人。微子的弟弟仲思,名衍,或名泄,继承了微子的爵位,所以称号为微仲。微仲生下了宋公稽。宋公稽虽然提高了官爵变换了爵位,但是其官位等级不如故去的先人,所以还是以原来的官位称呼。因此,微子和微仲虽然都是宋国的公爵,但是仍然用"微"的称号直到辞世,到了稽继承了爵位才以"公"来称呼。

宋公生丁公申。申公生湣公共及襄公熙①。熙生弗父何及厉公鲋祀。鲋祀以下,世为宋卿②。弗父何生宋父周,周生世子胜,胜生正考甫,考甫生孔父嘉。五世亲尽③,别为公族,故后以孔为氏焉。一曰:孔父者,生时所赐号也,是以子孙遂以氏族。

〔注释〕

①湣(mǐn)公共:湣为谥号,名共。
②世:父子相继为一世。
③五世亲尽:传承了五代人,亲族关系在生活实践中实质上已经结束了。亲,亲族的血缘和亲情关系。

〔译文〕

宋公稽生了丁公申。申公生了湣公共和襄公熙。熙公生了弗父何和厉公鲋祀。鲋祀之后,便世代都是宋国的卿士。弗父何生了宋父周。周生了世子胜。胜生了正考甫。正考甫生了孔父嘉。传承了五代人,亲族关系实质上已经结束了,于是另外新

本姓解第三十九 | 301

立一族。所以后人就把孔作为氏来使用。还有一种说法是：孔父，是出生时所赐的封号，所以他的子孙就把孔作为氏族名称了。

孔父生子木金父，金父生睪夷①，睪夷生防叔，避华氏之祸而奔鲁②。防叔生伯夏，伯夏生叔梁纥③。曰："虽有九女，而无子。"其妾生孟皮，孟皮一字伯尼，有足病，于是乃求婚于颜氏。颜氏有三女，其小曰徵在。颜父问三女曰："陬大夫虽父祖为士，然其先圣王之裔。今其人身长十尺④，武力绝伦，吾甚贪之⑤。虽年大性严，不足为疑。三子孰能为之妻？"二女莫对。徵在进曰："从父所制⑥，将何问焉？"父曰："即尔能矣。"遂以妻之。徵在既往，庙见⑦。以夫之年大，惧不时有男⑧，而私祷尼丘之山⑨，祈，生孔子，故名丘，字仲尼。

[注释]

①睪(yì)夷：人名。

②华氏之祸：又称"华氏之乱"，指宋元公十年（前522），宋国权臣华亥和向宁两家的叛乱。防叔被华氏逼迫，出逃到鲁国。（参《春秋时代的卿族政治》，华东师范大学，屈会涛，2014）

③叔梁纥(hé)：人名，孔子的父亲，为鲁国武官，勇力过人，因战功被封于陬(zōu)邑做大夫。

④十尺：周代一尺相当于21.3厘米，十尺约合今2米多一点。

⑤贪：想要得到某样东西，这里指想要跟叔梁纥结亲。

⑥制:裁断,这里指判断。
⑦庙见:依周礼,婚后三个月,丈夫率妻子到夫家祖庙敬拜祖先。
⑧不时:不合时,这里指过了生育的好年龄。
⑨尼丘山:今名尼山,在山东曲阜。

〔译文〕

　　孔父生下了儿子木金父,金父生下睪夷,睪夷生防叔,防叔为了躲避宋国华氏家族的叛乱而出逃到鲁国。防叔生下了伯夏。伯夏生了叔梁纥。叔梁纥说:"我虽然有九个女儿,但是没有儿子。"叔梁纥的妾生了孟皮,孟皮的另一个字是伯尼,患有脚疾,叔梁纥于是向颜氏求亲。颜氏有三个女儿,最小的名叫徵在。颜家的父亲问三个女儿:"陬邑大夫叔梁纥虽然其父亲和祖父是士人,但他的先祖是圣王的后裔。现在他这个人身高两米,武力无与伦比,我很想跟他结亲。虽然他年龄大,性情严肃,但这些都不足以成为疑虑。你们三个谁能嫁与他为妻?"两个女儿没有回答。徵在上前一步,说道:"我愿意遵从父亲的判断,没有疑虑。"颜氏的父亲说:"就是你能嫁给他了。"于是,把徵在嫁给了叔梁纥。徵在嫁到孔家,三个月以后到夫家祖庙敬拜过祖先,又因为丈夫年龄大,怕过了生育的好年龄,于是私下到尼山去祈祷,生下孔子,所以起名叫丘,字仲尼。

　　孔子三岁而叔梁纥卒,葬于防①。至十九,娶于宋之亓官氏,生伯鱼。鱼之生也,鲁昭公以鲤鱼赐孔子,荣君之贶②,故因以名曰鲤,而字伯鱼。鱼年五十,先孔

本姓解第三十九　│　303

子卒。

〔注释〕

①防:据《史记·孔子世家》,防,即鲁国东部的防山。该山不高,东西向横亘于今曲阜东部。
②荣:荣耀,光荣,这里指以某物、某事为荣。贶(kuàng):赏赐。

〔译文〕

孔子三岁时,叔梁纥就过世了,埋在防山。十九岁时,孔子迎娶了宋国亓官氏家的女儿为妻,生下了伯鱼。伯鱼出生的时候,鲁昭公赐给孔子鲤鱼,因以昭公的赏赐为荣,所以孔子给儿子取名叫鲤,字伯鱼。伯鱼活到五十岁,比孔子先离世。

终记解第四十

〔题解〕

　　本章题为"终记解",讲的主要是孔子辞世和办理丧事的情况,选文包含两层意思。第一层讲的是孔子临终之前七天,早晨起来,背着手,拖着手杖在门前缓步唱歌道:"泰山其颓乎!梁木其坏乎!哲人其萎乎!"子贡感到夫子将要病得厉害了,就赶紧进屋去拜见老师。这时,孔子跟子贡讲,自己是殷商的后人,殷人停柩在两楹之间,自己的家族又世代生活在鲁国,鲁人停柩在西阶(宾位)之上,表示对已死者像客人一样尊敬。既然自己梦见没有停柩在西阶之上,也就预示着没有人能够奉行他所推崇的"道"。其后七日,孔子重病在床,随后辞世,享年七十二岁。第二层讲的是孔门弟子为孔子服丧的细节。子贡劝说大家,按照孔子为颜回和子路服丧的方式,不着丧服,但心里像为自己的父亲服丧那样为老师服丧。在服装上,大家穿吊丧的衣服,系上一根麻绳,出入则都系上一条丧带,以示自己在服丧。

　　孔子蚤晨作[①],负手曳杖[②],逍遥于门而歌曰[③]:"泰山其颓乎[④]!梁木其坏乎[⑤]!哲人其萎乎!"既歌而入,当户而坐⑥。

子贡闻之,曰:"泰山其颓,则吾将安仰?梁木其坏,则吾将安杖?哲人其萎⑦,吾将安放⑧?夫子殆将病也⑨。"遂趋而入。

〔注释〕

①蚤(zǎo):通"早",早晨。《礼记·檀弓上》作"孔子蚤作"。"蚤"与"晨"义近而有别,古人分别用之,直到汉代,文献中未见二字连用的实例。此处的"晨"字,可能是后代所增衍。

②负手:背着手。曳:引,拖着。

③逍遥:徘徊,慢步地来回走。

④其:语气词,在这里含有揣测、假设的语气。颓:坠落,崩塌。

⑤梁:房屋的横梁。

⑥当:面对着。

⑦哲:智慧。萎:枯萎,凋零,这里指死去。

⑧安:何,什么。

⑨殆:表示估计、猜测的副词,相当于说大概,恐怕。病:疾疫加重谓之病,等于说病得厉害了。

〔译文〕

孔子早晨起来,背着手,拖着手杖,在门前缓慢地来回走着并唱道:"泰山大概快要崩塌了吧?梁木大概快要腐坏了吧?智者大概快要死去了吧?"唱完便进屋去了,面对着门坐下。

子贡听说了这个情况以后,说:"泰山如果崩塌了,那么我要仰望什么？梁木如果腐坏了，那么我要倚靠什么？智者如果死去了，那么我要效法谁？夫子恐怕是要病得厉害了吧。"于是，恭敬地小步快走着进了屋。

夫子叹而言曰："赐！汝来何迟①。予畴昔梦坐奠于两楹之间②，夏后氏殡于东阶之上③，则犹在阼④；殷人殡于两楹之间，则与宾主夹之⑤；周人殡于西阶之上，则犹宾之⑥。而丘也即殷人，夫明王不兴，则天下其孰能宗余⑦？余殆将死。"遂寝病⑧，七日而终。时年七十二矣。

〔注释〕

①迟：缓慢，晚了。

②畴（chóu）昔：昔日，先前。奠：祭，祭奠，梦见祭奠的情景被认为是一种凶象。楹：古代堂的南面无墙，只有两根柱子，分别叫东楹和西楹。

③夏后氏：指夏朝君主。殡（bìn）：大殓之后，停柩待葬。

④阼：阼阶，即东阶，是主人走的台阶，这里指居主人位。

⑤与宾主夹之：意思是停棺的位置介于东阶和西阶之间，即宾位和主位之间。夹，介，介于某两物或两处之间。

⑥宾之：这是说，周代对周人的去世者当作宾客那样尊重。

⑦"而丘也即殷人"句：意思是说，我是殷商人的后代，同时祖上世世在鲁，按照殷商之礼我死后应殡于两阶之间，按照鲁国之礼应殡于西阶之上，在我的梦里，鲁并没有像对待本国人那样尊重我（即把我殡于西阶），这象征着鲁国没有人尊奉我提倡的"道"。

⑧寝病:重病在床。

[译文]

孔子感叹地说:"赐啊!你为何来得如此晚?我先前梦见自己坐在东楹和西楹之间接受人们的祭奠,夏后氏停柩在堂前的东阶之上,这是主人的位置;殷商人停柩在两根楹柱之间,这是介于宾位和主位之间;周朝的人停柩在西阶上面,这是像对待宾客那样尊重地对待死者。我孔丘是殷商的后人,现在没有明王兴起,天下有谁能尊奉我所倡导的'道'呢?我大概是快要死了吧。"之后孔子重病在床,七天后辞世。时年七十二岁。

既卒,门人疑所以服夫子者。子贡曰:"昔夫子丧颜回也,若丧其子而无服。丧子路亦然。今请丧夫子若丧父而无服。"于是弟子皆吊服而加麻①,出有所之②,则由绖③。子夏曰:"入宜绖可也,出则不绖。"子游曰:"吾闻诸夫子,丧朋友,居则绖,出则否;丧所尊,虽绖而出,可也。"

[注释]

①吊服:吊丧的衣服。加麻:古代丧服有五个等级,叫作五服制度,不同等级的丧服由不同粗细程度的麻制成,所以"加麻"的意思是说在身上绑上麻布条,表示自己在服丧。

②出有所之:意思是有要去的地方。

③则由绖(dié):意思是就用一根丧带代替。绖,绑在头上的丧带。

〔译文〕

  孔子过世以后,弟子们对如何为夫子服丧而感到疑惑。子贡说:"过去夫子为颜回服丧,就像为自己的儿子服丧一样,但是不着丧服。夫子为子路服丧也是这样。现在我请大家像为自己的父亲一样为夫子服丧,但是不用穿相应的丧服。"于是,弟子们都穿着吊丧的衣服并在身上绑上麻布条,如果要出门去,就用一根丧带代替。子夏说:"在家里绑着丧带就可以了,出去就不用了。"子游说:"我从夫子那里听说,为朋友服丧,在家则绑上丧带,出去不用绑;为尊长服丧,即使绑着丧带出门,也是可以的。"

正论解第四十一

[题解]

　　本章题为"正论解",主要内容是孔子对各国政治事件和政治人物的评论,选文十三篇,其事多在《左传》中有所记载。本章篇目较多,在此仅略述前几篇的内容。第一篇讲的是齐侯在猎场误以召唤士的弓召唤猎场官员,因此没有得到官员的应答。齐侯在得知自己的错误后,便释放了由于没有应答而被抓来的官员。对此,孔子评价说,为官更重要的是守住自己的职责。第二篇讲的是孔子的弟子冉求在守卫鲁国的战争中,身先士卒,带领鲁军击退齐军。孔子认为冉求的做法符合"义",做到了身为人臣应该做的事情。第三篇讲孟僖子嘱咐自己的两个儿子南宫说和仲孙何忌,在自己身后要跟随孔子学习礼,并说只有按照礼行事才能使自己在社会上的位置安稳。孔子说,孟僖子知道自己的错误,并能以己之过来教育后人,这可以说是对子孙的庇佑了。第四篇讲卫国的孙文子因为得罪卫献公而逃回自己的食邑,且在献公过世尚未安葬时便奏乐行乐。延陵季子劝告他之后,文子终身不再听琴瑟之乐。孔子指出,季子能够用"义"来扶正人,而文子也能克制自己,服从"义",可以说是善于改过了。

孔子在齐,齐侯出田①,招虞人以弓②,不进,公使执之。

对曰:"昔先君之田也,旃以招大夫③,弓以招士,皮冠以招虞人。臣不见皮冠,故不敢进。"乃舍之。

孔子闻之,曰:"善哉! 守道不如守官。"君子韪之④。

〔注释〕

①田:同"畋",狩猎,田猎。
②虞人:掌管山泽禽兽的官员,这里指掌管猎场的官员。
③旃(zhān):一种旗子,赤色,曲柄。
④韪(wěi):是,这里指赞同。

〔译文〕

孔子在齐国,齐侯外出打猎,用弓召掌管猎场的官员晋见,人却没来,于是齐侯命人把他抓来。

被抓来的官员说:"往昔先君田猎,用赤色曲柄的旗子召唤大夫,用弓召唤士,用皮帽召唤猎场官员。臣没有看见皮帽,所以不敢前来。"于是,齐侯命人放了他。

孔子听说了这件事,说:"好啊! 守住为官敬主之道,不如遵守自己的职责。"君子赞同这一观点。

正论解第四十一 | 311

齐国书伐鲁①,季康子使冉求率左师御之②,樊迟为右③。师不逾沟,樊迟曰:"非不能也,非信子也④,请三刻而逾之⑤。"如之,众从之。师入齐军,齐军遁。冉有用戈,故能入焉。

孔子闻之,曰:"义也。"

既战,季孙谓冉有曰:"子之于战,学之乎?性达之乎?"

对曰:"学之。"

季孙曰:"从事孔子,恶乎学?"

冉有曰:"即学之孔子也。夫孔子者大圣,无不该⑥,文武并用兼通。求也适闻其战法,犹未之详也⑦。"

季孙悦。

樊迟以告孔子,孔子曰:"季孙于是乎可谓悦人之有能矣。"

〔注释〕

①国书:人名,《十三经注疏·春秋左传正义》载,鲁哀公十一年国书、高无丕帅齐师伐鲁。

②冉求:字子有,又称"冉有",鲁国人,孔子弟子。左师:即左军。御:御敌,阻挡、抵抗敌军。

③右:车右。春秋时期盛行车战。兵车三人,帅、君居中或居左,御者(驾车者)居左或居中,车右(战斗主力,执戈)居右。

④非信子也:据《十三经注疏·春秋左传正义》改。

⑤刻：古代一昼夜为一百刻，一刻相当于现在的14分钟左右。

⑥该：通"賌"，齐备，总括。

⑦未之详：即"未详之"。古代否定句的代词宾语前置。

〔译文〕

　　齐国人国书率军讨伐鲁国，季康子派冉求率领左军抵御敌军，樊迟与他同乘一辆战车，为车右，负责战斗。鲁军不敢跨越护城河进攻，樊迟说："不是他们没有战斗的能力，而是不相信您，请您在三刻内跨过护城河进攻。"于是，冉求率先冲了过去。众多将士跟着他一起向前冲，鲁军攻入齐军阵营，齐军向后逃跑。冉有使用的兵器是戈，所以才能突破齐军的阵势。

　　孔子听说了这件事，说："冉求的做法合乎义。"

　　战斗结束，季孙对冉有说："您有关战争的知识，是通过学习而知道的呢，还是天生就知道的呢？"

　　冉有回答说："我是通过学习知道的。"

　　季孙说："您跟从侍奉在孔子身边，从哪里学来的有关战斗的知识？"

　　冉有说："就是从孔子那里学到的。孔子是大圣人，他的学问无所不包，文武并用且二者兼通。我刚好学到了一点儿他的战法，还了解得不够详细。"

　　季孙听了冉有的话很高兴。

　　樊迟把这件事告诉了孔子，孔子说："季孙在这件事情上，可以说表现出了对他人才能的赏识。"

正论解第四十一　｜　313

南宫说、仲孙何忌既除丧①,而昭公在外②,未之命也。定公即位③,乃命之。辞曰:"先臣有遗命焉④,曰:'夫礼,人之干也,非礼则无以立。'嘱家老⑤,使命二臣,必事孔子而学礼,以定其位。"公许之。

二子学于孔子,孔子曰:"能补过者⑥,君子也。《诗》云:'君子是则是效⑦。'孟僖子可则效矣。惩己所病,以诲其嗣⑧,《大雅》所谓'贻厥孙谋⑨,以燕翼子'是类也夫!"

〔注释〕

①南宫说(yuè):即南宫悦、南宫敬叔,孟僖子的儿子,孟懿子的弟弟。仲孙何忌:谥号"懿",称孟懿子,孟僖子的儿子。

②昭公在外:意思是鲁昭公逃亡在外。鲁国公室和其他贵族(主要是和"三桓"之间)的矛盾自庄公时起逐渐加深。公室衰弱,三桓凌霸,到鲁昭公时,三桓联合把昭公"放逐"到齐国,孟僖子当时是主其事者之一。

③定公:鲁定公,昭公的弟弟,名宋。昭公流亡在外,三桓扶宋即位。

④先臣:这里指孟僖子。已去世,所以称"先"。因为是鲁公的臣,所以称"先臣"。

⑤家老:主持孟孙家族事务的家臣。孟孙氏是鲁桓公庶子庆父的后代,孟僖子即为孟孙氏。

⑥能补过者:指孟僖子此前行事违礼不臣,将死,嘱儿子从孔子学礼,说明他有所悔悟,想补正自己的过错。

⑦则:规则,这里是"以……为规则"的意思。效:仿效。

⑧嗣:子孙。

⑨贻(yí):一作"诒",给,留给。厥(jué):其。

〔译文〕

南宫说和仲孙何忌服丧之礼结束以后,由于鲁昭公逃亡在外,没有任命他们为大夫。等到鲁定公即位,他们才得到任命。二人得到诏令后推辞说:"您的先臣有遗嘱说:'礼,是做人的根本,没有礼就无法立身。'所以,他嘱托主持家族事务的家臣,命我们二人一定要侍奉孔子并跟随他学习礼,以安定自己的位置。"定公准许了他们的请求。

二人跟从孔子学习礼,孔子说:"能够补正自己的过失,就是君子。《诗》上说:'君子以礼为规则,效仿礼仪行事。'孟僖子可以作为效法的对象。他知道自己的缺点,并用它来教诲子孙,《大雅》上说的'留给子孙好谋略,以便庇佑子孙得到安逸',指的就是这类人了!"

卫孙文子得罪于献公①,居戚②。公卒未葬,文子击钟焉③。

延陵季子适晋过戚④,闻之,曰:"异哉⑤!夫子之在此,犹燕子巢于幕也⑥,惧犹未也,又何乐焉?君又在殡,可乎?"

文子于是终身不听琴瑟。

孔子闻之,曰:"季子能以义正人,文子能克己服义⑦,可谓善改矣。"

正论解第四十一 | 315

〔注释〕

①孙文子:卫国贵族,卿大夫,名林父,骄而无礼。
②戚:地名,孙文子的封地。在今河南濮阳北。
③击钟:这里指奏乐。钟,乐钟,一种乐器。
④延陵季子:吴王寿梦第四子季札,又称"公子札",封于延陵(今江苏常州、江阴一带),故称"延陵季子"。适:往,前去。
⑤异哉:等于说"奇怪呀!"
⑥幕:帷帐。
⑦克己:严格控制自己不当的私欲。克,战胜,克服。

〔译文〕

卫国的孙文子得罪了卫献公,于是逃回自己的封地戚。卫献公去世后还未安葬,文子就击钟奏乐。

延陵季子到晋国去路过戚地,听到音乐声,说:"奇怪啊!您在这里,就像燕子在帷帐上筑巢一样岌岌可危,恐惧还来不及,有什么事情值得高兴呢?国君又在殡殓之期,这样做可以吗?"

文子从此终身都没有再听琴瑟之乐。

孔子听说这件事,说:"季子能够用人与人之间应该遵守的规则来扶正人,文子能够克制自己的不当欲望而服从义的规则,他可以说是善于改过了。"

孔子览《晋志》①,晋赵穿杀灵公②,赵盾亡③,未及山而还[4]。史书:"赵盾弑君[5]。"盾曰:"不然。"史曰:"子为正卿,亡不出境,返不讨贼[6],非子而谁?"盾曰:"呜呼!'我之怀矣,自诒伊戚',其我之谓乎!"

孔子叹曰:"董狐,古之良史也,书法不隐。赵宣子,古之良大夫也,为法受恶。受恶,惜也,越境乃免。"

〔注释〕

①《晋志》:记载晋国历史的书。

②赵穿:晋卿。赵氏与韩氏、魏氏为晋国权势最大的三个家族。史载,晋灵公暴力骄横。

③赵盾:谥号宣子,晋国正卿,在诸卿中地位最高,赵穿的族兄。亡:逃亡。晋灵公要杀他,于是他外逃。

④山:指晋国边境。晋"表里山河",几乎四面环山。

⑤史:史官,负责记录君王和国家大事,这里指董狐。

⑥讨:诛伐。贼:杀人者,这里指赵穿。

〔译文〕

孔子阅览《晋志》,书上说:晋国的赵穿杀了晋灵公,那个时候,晋国的正卿赵盾正在逃亡途中,还没逃到晋国边境处的山就返回来。史官写道:"赵盾弑君。"赵盾说:"不是这样。"史官说:"您是正卿,逃亡却不出边境,返回又不诛伐杀人者,不是您弑君还能是谁?"赵盾说:"唉!'由于我的怀念,而招致烦恼',说的就是我吧!"

孔子感叹道:"董狐,是古代的好史官,书写历史的笔法不隐晦。赵宣子,是古代的好大夫,因为笔法而承受恶名。因此而蒙受恶名,真是可惜啊,如果当时越过边境就可以免罪了。"

郑伐陈,入之,使子产献捷于晋①。晋人问陈之罪焉。

子产对曰:"陈亡周之大德②,介恃楚众,冯陵敝邑,是以有往年之告。未获命,则又有东门之役。当陈隧者③,井堙木刊④,敝邑大惧。天诱其衷⑤,启敝邑心。知其罪,授首于我⑥。用敢献功⑦。"

晋人曰:"何故侵小⑧?"

对曰:"先王之命,惟罪所在,各致其辟⑨。且昔天子一圻⑩,列国一同⑪,自是以衰,周之制也。今大国多数圻矣,若无侵小,何以至焉?"

晋人曰:"其辞顺⑫。"

孔子闻之,谓子贡曰:"志有之⑬,'言以足志,文以足言',不言谁知其志?言之无文,行之不远。晋为伯,郑入陈,非文辞不为功。慎辞哉!"

[注释]

①献捷:出战取得胜利,战后诸侯向天子、祖庙或大国、霸主进献战利品(物资与俘虏)。

②亡:应从《左传·襄公二十五年》作"忘"字,指陈忘记了周先人和历代周王的大恩大德,周武王把长女嫁给陈的首领胡公并封其为陈侯。

③当:正对着。隧:道路。
④堙(yīn):填上。刊:砍掉。
⑤衷:内心,真心。
⑥授:给,这里指主动向我们伸过来。
⑦用:因,因此。献功:即献捷。
⑧小:郑大于陈,晋人这样说,是霸主保护其附属诸侯的口吻。
⑨辟(pì):刑罚。
⑩圻(qí):方圆千里为圻。
⑪列国:天子所列封的诸侯国。一同:方圆百里为一同。
⑫顺:这里指子产回答的辞令有据有理,没有破绽。
⑬志:指文献。

〔译文〕

郑国讨伐陈国,攻破陈的国都,其后派子产到晋国去进献战利品。晋国人问陈国的罪状。

子产回答道:"陈忘记了周先人和历代周王的大恩大德,反而靠着楚人的保护,欺凌我郑国,所以才有了往年向您报告的陈国侵扰我国的事。没有得到您的回答,于是去年又出现了陈国跟随楚国攻打我国都城东门的事。正对着陈军行进道路的水井被掩埋,树木被砍伐,我们郑国非常害怕。上天已经揭发了陈国的图谋,这是启发我们应该加以回击。陈国已经知道了自己的罪过,因此向我们投降。因此,我国斗胆给您进献战利品。"

晋国人问:"为什么郑国去侵犯比自己小的国家?"

子产回答道:"先王有命令,罪过所在的地方,都要招致刑罚。而且当年周天子可以拥有方圆一千里的土地,各诸侯国可以占有方圆一百里的土地,如此随着地位的降低可以拥有土地的数量依次减少,这是周朝的制度。现在大诸侯国的土地多达方圆几百里,如果没有侵犯小国,怎么能够拥有如此大的疆土?"

晋国人说:"他的言辞有理有据。"

孔子听说这件事,对子贡说:"文献上有记载,'言语表达意志,文采成就言语',他不说出来谁能知道他的志向呢?而言语没有文采,就不会流传久远。晋国是大诸侯国,郑国攻陷陈国国都,不是子产善于文辞就不能成功说服晋国。要谨慎地使用言辞啊!"

楚灵王汏侈①。

右尹子革侍坐②,左史倚相趋而过③。王曰:"是良史也④,子善视之,是能读《三坟》《五典》《八索》《九丘》⑤。"

对曰:"夫良史者,记君之过,扬君之善。而此子以润辞为官,不可为良史。臣又尝问焉⑥,昔周穆王欲肆其心⑦,将过行天下⑧,使皆有车辙马迹焉。祭公谋父作《祈昭》⑨,以止王心,王是以获殁于文宫⑩。臣闻其诗焉,而弗知;若问远焉,其焉能知?"

王曰:"子能乎?"

对曰:"能,其诗曰:'祈昭之愔愔乎⑪,式昭德音。思我王度,式如玉,式如金。刑民之力,而无有醉饱之心。'"

　　灵王揖而入⑫,馈不食⑬,寝不寐。数日,则固不能胜其情,以及于难⑭。

　　孔子读其志⑮,曰:"克己复礼为仁,信善哉⑯!楚灵王若能如是,岂期辱于乾谿⑰?子革之非左史⑱,所以风也⑲,称诗以谏⑳,顺哉㉑!"

〔注释〕

　　①楚灵王汰侈:此五字应独立成句,类似本书编者为本章写的题目或提要,而本章并没有记述楚灵王在物质生活方面汰侈的文字,与古代"汰侈"一语通常所指有异。楚灵王,春秋中期楚国的一位君主。汰侈,骄横奢侈。

　　②右尹:楚国官名。尹,在朝中职位最高,其副手为右尹、左尹。子革:当时右尹的名。

　　③左史:史官,地位稍低于右史,负责记录君王处理国事和日常言行。倚相:当时左史的名。趋而过:上身稍曲快步从楚灵王和子革面前走过。

　　④是:这,此,这里指倚相。

　　⑤《三坟》《五典》《八索》《九丘》:古代文献中提到过的古老史书。

　　⑥问焉:问于倚相。

　　⑦周穆王:西周早期在位时间最长的君王,曾多次征伐四方部落、部族,欲统一天下。后世关于他的传说、神话很多,也被称为"穆天子"。肆:极力陈列,放纵。

　　⑧过行:游历行走。

　　⑨祭公谋父:周穆王的士卿。《祈昭》:诗名,意为祈求光明。

　　⑩文宫:可能是穆王在各地所建的宫室,类似后代的行宫。

⑪愔愔(yīn):安稳和乐。
⑫揖:拱手,一种礼仪。后代的"作揖"是其遗痕。
⑬馈:(给他)送去食物。
⑭及:追赶上。这里指沿着旧路跑,因而遭遇战败死亡的祸难。
⑮志:指记载楚灵王事迹的文献。
⑯信:的确、果真。
⑰辱:受辱。指楚灵王最终众叛亲离,自缢身亡。乾(qián)豀(xī):在楚国东境,今安徽亳(bó)县附近。公元前529年,楚灵王征伐徐国,远离国都乾豀,多家贵族联合围攻灵王,灵王战败自缢。
⑱非:以……为非,否定。
⑲风:同"讽",讽谏,即不从正面直言批评、建议。
⑳诗:指《祈昭》。
㉑顺:于其时的风气、"言辞"习惯、君臣关系、谈话场合都很合适。

[译文]

楚灵王骄横奢侈。

右尹子革陪奉楚灵王坐着,左史倚相上身稍曲着快步走过。灵王说:"倚相是很好的史官,您要好好对待他,他能读《三坟》《五典》《八索》《九丘》这些古老的史书。"

子革回答说:"好史官应该记录君主的过错,称扬君主的善政。而此人凭借润色文辞做官,不可以把他当作好史官。臣曾向他问过这件事,从前周穆王想要放纵自己的心志,要把全天下都游历行走遍,使所过之处都留下自己的痕迹。祭公谋父作了《祈昭》一诗讽谏,用它来阻止穆王的心意,周穆王接受了祭公的意见,没有西征犬戎之族而得以寿终正寝。臣问倚相这首诗,他却不知道;如果再问他更久以前的事,他怎么会知道?"

灵王问道:"您知道吗?"

子革答道:"我知道,那首诗说:'祈求光明和安稳和乐,用来彰显君王崇高美好的品德。由此想到我们的王制定的法度,各种规矩都像玉石和金子般坚固。君王有规矩、有分寸地使用民力,没有无限享乐的心思。'"

灵王听了子革的一番话,心存愧疚,拱手行礼,道别入内,送去食物他不吃,躺着却睡不着。这样持续了几天,仍然克服不了自己养成的癖好、欲望,因此还是按照老路往前走,以至于最后遭遇战败死亡的祸难。

孔子读了记载楚灵王事迹的文献,说:"古代有这样的话,克制自己的私欲,回到礼仪规范上来,这就是仁。这句话的确说得好啊!楚灵王如果能按照子革说的做,又怎么会因为在乾谿战败而自缢身亡呢?子革否定灵王对倚相的赞美,是在讽谏,用《祈昭》这首诗来讽谏,适合当时的谈话场景。"

叔孙穆子避难奔齐①,宿于庚宗之邑②。庚宗寡妇通焉而生牛。穆子反鲁,以牛为内竖③,相家④。牛谗叔孙二人⑤,杀之。叔孙有病,牛不通其馈⑥,不食而死。牛遂辅叔孙庶子昭而立之⑦。

昭子既立,朝其家众曰⑧:"竖牛祸叔孙氏⑨,使乱大从,杀适立庶⑩,又披其邑⑪,以求舍罪,罪莫大焉,必速杀之。"遂杀竖牛。

孔子曰:"叔孙昭子之不劳⑫,不可能也。周任有言曰⑬:'为政者不赏私劳⑭,不罚私怨。'《诗》云:'有觉德行,四国顺之⑮。'昭子有焉!"

〔注释〕

①叔孙穆子:叔孙氏,名豹,鲁大夫。奔:快速地跑,此处指逃亡。

②庚宗:鲁国邑名。

③内竖:贵族家内的仆人,负责一些杂役和传达主人话语等杂事。

④相家:帮助主人料理家事。

⑤谗:进谗言,在叔孙豹面前进行挑拨。叔孙二人:等于说叔孙家族的二位成员。

⑥不通其馈:指不让人把餐饮送给叔孙豹。

⑦辅:辅佐,这里指竖牛让昭子任叔孙家长。昭:穆子庶子,即叔孙婼,谥昭子。

⑧朝:这里指昭子把家人、臣仆招集起来,朝拜自己。

⑨祸:祸害。

⑩適(dí):同"嫡",古代宗法制度下家族的正支,与"庶"相对。

⑪披:分。邑:人数较少的居民点。披其邑:指的是竖牛祸叔孙氏,分割叔孙家的三十邑给曾经帮助过自己的南遗,参《十三经注疏·春秋左传正义·昭公五年》。

⑫劳(旧读 lào):以……劳,等于说有所付出,有贡献,慰劳,犒劳。意思是昭子知道自己的继位,竖牛是有功劳的。

⑬周任:周代的大夫,可能是位史官。

⑭私劳:为个人效力而做出贡献。

⑮四国:等于说四面八方。

[译文]

叔孙穆子为了避难出逃到齐国,住在庚宗这个地方。庚宗有个寡妇与穆子私通,生下一个儿子,名字叫牛。穆子返回鲁国后,让牛在家中做仆人,帮助主人料理家中杂事。牛挑拨叔孙穆子和嫡子的关系,穆子杀了嫡子。叔孙穆子生了重病,牛不让人给他送餐饮,结果穆子因为没有吃食而饿死了。牛于是辅佐叔孙的庶子昭继承了叔孙家。

昭子确立了地位以后,让家人和家中臣仆朝拜自己,并说:"内竖牛祸乱叔孙氏,打乱了叔孙家的嫡庶次序,杀死嫡子树立庶子,又把叔孙家的属地分割给曾经帮助过他的人,以求免除罪责,罪恶没有比这更大的了,一定要马上杀了他。"于是,就把竖牛杀了。

孔子说:"叔孙昭子认为竖牛没有功劳,是不可能的。周任说过这样的话:'从政的人不奖赏私下为自己立功的人,不惩罚私下得罪自己的人。'《诗》上说:'有觉悟有德行,四面八方都来归顺。'昭子有这样的品德。"

晋邢侯与雍子争田①,叔鱼摄理②,罪在雍子。雍子纳其女于叔鱼③,叔鱼弊其刑狱④。邢侯怒,杀叔鱼与雍子于朝⑤。韩宣子问罪于叔向⑥,叔向曰:"三奸同罪⑦,施生戮死可也⑧。雍子自知其罪,而赂以置直⑨,鲋也鬻狱⑩,邢侯专杀,其罪一也。已恶而掠美为昏,贪以赇官为默,杀人不忌为贼。《夏书》曰:'昏默贼杀,咎陶之刑也⑪。'请从之。"乃施邢侯,而尸雍子、叔鱼于市。

孔子曰:"叔向,古之遗直也。治国制刑,不隐于亲。三数叔鱼之罪,不为末,或曰义,可谓直矣。平丘之会⑫,数其贿也,以宽卫国,晋不为暴。归鲁季孙⑬,称其诈也,以宽鲁国,晋不为虐。邢侯之狱,言其贪也,以正刑书,晋不为颇。三言而除三恶,加三利。杀亲益荣,由义也夫。"

〔注释〕

①邢侯:楚申公巫臣的儿子。雍子:原为楚国人。二人均到晋国为官。

②叔鱼:姓羊舌,名鲋(fù),字叔鱼,春秋时期晋国大夫。摄理:代理,某事某职暂缺人管辖,让另外的人临时负责。

③纳其女:致其女,即把女儿送去给某人,参用《礼记·曲礼》郑玄注。

④弊:遮蔽,阻拦。

⑤朝:这里指朝堂、朝廷。

⑥韩宣子:韩起,谥宣子,晋国正卿。战国时期韩国之祖。问罪:这里指问叔向此案应如何判罪。叔向,晋大夫,羊舌氏,名肸(xī),叔鱼的族兄。

⑦三奸同罪:三人一起被治罪。

⑧施生:对活着的罪人处以刑罚,对已经死去的有罪者再施杀戮和陈尸。

⑨赂:贿赂。置直:等于说确认他是无过错的,《春秋左传正义·昭公十四年》作"买直",也就是通过贿赂洗脱罪名。

⑩鬻(yù):卖。
⑪咎陶:即皋(gāo)陶(yáo),上古四圣之一,其他三位为尧、舜、禹。
⑫平丘之会:因鲁国侵略邾国、莒国,叔向等人建议晋昭公召集诸侯会盟。公元前529年各国诸侯于平丘(今河南新乡封丘)会盟,这在形式上奠定了晋国的霸主地位,但没有发挥实质性的作用。
⑬季孙:指季孙意如,春秋时鲁国正卿,史称"季平子"。

[译文]

晋国的邢侯和雍子争夺田地,叔鱼临时负责审理这桩案件,他认为罪责在雍子。雍子把自己的女儿嫁给了叔鱼,于是叔鱼就作弊维护雍子判定邢侯有罪。邢侯大怒,在朝堂上杀了叔鱼和雍子。韩宣子向叔鱼的族兄叔向询问应该如何判罪,叔向说:"三个人是同样的罪行,对活着的人处以刑罚,对死去的陈尸示众就可以了。雍子知道自己的罪责,却贿赂官员掩盖过错,鲋把审理诉讼的权力作为交易,邢侯则是擅自杀人,他们的罪过是一样的。自己丑恶却夺取别人的美善叫作'昏',因为贪婪而败坏为官之道叫作'默',杀人而无所忌惮叫作'贼'。《夏书》上说:'触犯昏、默、贼三种罪状的人,都要判处死刑,这是咎陶制定的刑罚。'请您按规定办。"于是宣子判决邢侯死刑,并将雍子和叔鱼曝尸于闹市,以示对二人的惩罚。

孔子说:"叔向的正直是古代的遗风。他治理国家判定刑罚,不包庇亲属。三次数说叔鱼的罪行,不为他减轻罪责,有人认为这是义,我认为这可以称作正直。其一,平丘会盟时,叔向责数叔鱼因接受卫国的贿赂,而宽免了卫国,这使晋国免于凶暴的恶名。其二,叔鱼帮助季孙意如回到鲁国,针对这件事,叔向指出了叔鱼的欺诈之罪,以此来宽慰鲁国,使晋国免去了凌虐的恶名。其三,邢侯的案件,叔向揭发了叔鱼的贪婪,以此修正判决结果,使晋国免于偏颇的恶名。叔向三次言明事实而解决了三件恶事,为晋国带来三个好处。因此,他杀掉了自己的亲人反而增加了荣耀,因为这些都是由人们应该遵守的社会规则出发而做的决定。"

郑子产有疾,谓子太叔曰:"我死,子必为政,唯有德者能以宽服民①,其次莫如猛。夫火烈,民望而畏之,故鲜死焉;水懦弱②,民狎而玩之③,则多死焉,故宽难。"

子产卒,子太叔为政,不忍猛而宽,郑国多掠盗。太叔悔之,曰:"吾早从夫子,必不及此④。"

孔子闻之曰:"善哉!政宽则民慢⑤,慢则纠于猛。猛则民残⑥,民残则施之以宽。宽以济猛⑦,猛以济宽,宽猛相济,政是以和。《诗》云:'民亦劳止,汔可小康。惠此中国,以绥四方。'施之以宽也。'毋纵诡随,以谨无良。式遏寇虐⑧,惨不畏明。'纠之以猛也。'柔远能迩,以定我王。'平之以和也。又曰:'不竞不绿,不刚不柔。布政优优,百禄是遒⑨。'和之至也。"

子产之卒也,孔子闻之,出涕曰:"古之遗爱。"

〔注释〕

①服民:使人服从。

②懦(ruǎn):通"软"。

③狎(xiá):亲近而不庄重。玩:因习以为常而轻视怠慢。

④及此:到这种地步。

⑤慢:怠懈,散漫。

⑥残:这里指受到伤害。

⑦济:帮助,补不足。

⑧遏(è):阻止。

⑨逎(qiú):迫近,靠近。

[译文]

  郑国的子产生病了,对他的儿子太叔说:"我死后,你一定会执政,只有有德之人才能以宽容的方式使百姓臣服,次之的做法莫过于严厉。就像烈火,百姓远远看见就会畏惧,所以很少有人死于火;而水则看起来软弱,百姓会靠近它并因习以为常而轻视怠慢,因此多因水而死,所以用宽厚的方法执政更难。"

  子产死后,他的儿子太叔从政,不忍心实行严厉的政策而采取了宽容的治理方式,结果郑国出现了很多盗贼。太叔很后悔,说:"我如果早听夫子的话,一定不至于到现在这个地步。"

  孔子听说了这件事,说:"好啊!施政过于宽缓百姓就会怠慢,怠慢了就要用严格的措施来纠正。过于严格会使百姓受到伤害,百姓受到伤害就又要施以宽容。用宽容来补严厉之不足,用严厉来补宽容之不足,宽容和严厉相互补足,这样政治就会和谐。《诗》上说:'百姓已经很劳苦,但是已经接近可以稍稍安康了。爱护这中央的国都,进而安抚天下四方。'这是说要对百姓施以宽容的政治。'不要放纵诡异盲从,以此谨防无良的行径。阻止贼寇的暴虐和曾在光天化日下作恶的人。'这是说用严格的手段来纠正。'怀柔远方的部族,安抚近处的百姓,以此稳定我王的天下。'这是说用和谐的方式使国家平定。这首诗还说:'不争不躁,不刚不柔。从容施政,百福自来。'说的是最为和谐的境界。"

子产去世了,孔子听到了消息,流着眼泪说:"子产是古代遗留下来的仁爱榜样啊。"

孔子适齐①,过泰山之侧,有妇人哭于野者而哀②。夫子式而听之③,曰:"此哀一似重有忧者。"使子贡往问之。而曰:"昔舅死于虎④,吾夫又死焉,今吾子又死焉。"子贡曰:"何不去乎⑤?"妇人曰:"无苛政。"子贡以告孔子。子曰:"小子识之⑥,苛政猛于暴虎。"

〔注释〕

①适:往,到……去。
②野:田野。已言其"哭",又言"而哀",是形容其哭之恸(大哭,极其悲痛)。
③式:与"轼"通用,指立在车上,双手扶车前轼板(古代车厢前面用作扶手的横木),伏首。这是路遇哀痛不幸者表示同情敬谨的礼仪。
④舅:丈夫的父亲,公公。
⑤去:离开(这个老虎出没伤人的地方)。
⑥识(zhì):与"志"通,记住。

〔译文〕

　　孔子到齐国去,路过泰山旁边,有一个妇人在野外悲哀地哭泣。孔子站在车上,双手扶着车前的轼板低着头仔细听,并说:"这个人的哀伤听上去像是有非常深重的忧愁。"于是派子贡过去询问情况。妇人说:"我的公公死于虎口,我的丈夫又是因此而死,现在我的儿子也这样死了!"子贡问道:"那为什么不离开这个老虎出没伤人的地方?"妇人答道:"这里没有苛政。"子贡把妇人的话告诉了孔子。孔子说:"你们要记住啊,苛政比凶暴的老虎还要厉害!"

　　晋魏献子为政①,分祁氏及羊舌氏之田②,以赏诸大夫及其子成③,皆以贤举也④。又谓贾辛曰⑤:"今汝有力于王室⑥,吾是以举汝,行乎敬之哉,毋堕乃力。"

　　孔子闻之,曰:"魏子之举也,近不失亲,远不失举,可谓美矣。"

　　又闻其命贾辛,以为忠。《诗》云:'永言配命,自求多福。'⑦忠也。魏子之举也义,其命也忠。其长有后于晋国乎⑧!"

〔注释〕

　　①魏献子:名舒,春秋时期晋国的几大宗族之一魏氏的宗主。
　　②祁氏及羊舌氏:晋国的两大公室,因作乱而被灭族。

③大夫:魏献子把祁氏和羊舌氏的土地分成了十个县,每个县的管理者都被称为大夫,他的儿子名成,也在其中。

④以贤举:根据每个人的品德进行任命。

⑤贾辛:十位县大夫之一。

⑥王室:指周王室。

⑦《诗》:指《诗经·大雅·文王》。永言:吟咏。《文王》诗句的精神是,人最重要的品德是"忠"。

⑧长:长久,永远。后:后代。

[译文]

晋国的魏献子执政时,把祁氏和羊舌氏的土地分成十个县,赏赐给几位县大夫和他的儿子成,这些人都是根据个人品德而进行的任命。魏献子又对十个县大夫之一的贾辛说:"现在你对周王室有功劳,我因为这个原因任命你,行使政务要恭敬值守,不要在使用才能和尽忠方面怠惰。"

孔子听说这件事,说"魏先生的任命,在近处没有忽视亲人,在远处没有忽略应该举荐的人,可以说做得很好了"。

孔子又听说魏献子还任命了贾辛,于是认为魏献子很忠诚。"《诗》说:'时刻不忘人的生命是和天地相应相配的,同时我们也要努力求得事事齐备顺畅。'这是在说忠诚的道理。魏先生任命县大夫符合义,也符合忠诚的原则。他的后代大概将会在晋国长久立足吧。"

卫孙桓子侵齐①,**遇**②,**败焉。齐人乘之**③,**新筑大夫**

仲叔于奚以其众救桓子④,桓子乃免⑤。卫人以邑赏仲叔于奚,于奚辞,请曲悬之乐⑥,繁缨以朝⑦。许之,书在三官⑧。子路仕卫,见其政,以访孔子。

孔子曰:"惜也⑨!不如多与之邑。唯器与名⑩,不可以假人⑪,君之所司。名以出信,信以守器,器以藏礼,礼以行义,义以生利,利以平民,政之大节也。若以假人,与人政也,政亡,则国家从之,不可止也⑫。"

〔注释〕

①孙桓子:春秋时期卫国的卿。孙氏,名良夫。

②遇:半路上意外地与齐师相遇,当时齐军正在伐鲁,战败,要经过卫国回齐,遇到孙良夫的军队。可能孙良夫事先不知齐军动向。

③乘:以压倒性优势追击。

④新筑:卫国县名。

⑤免:逃脱,免于难。

⑥曲悬之乐:周代诸侯方能享受的钟磬乐器。在厅堂东、北、西三面墙上分别悬挂,呈古文"曲"字形。

⑦繁缨:君王的马颈和马腹上的装饰。

⑧书在三官:此语未见于先秦其他古籍,其意不明。王肃认为"三官"为司空、司马、司徒。

⑨惜:痛惜,惋惜。

⑩器:标志着统治者身份等级的礼乐器物。名:名分,官号。

⑪假:借,指随便给予他人。

⑫止:遏止。

〔译文〕

卫国的孙桓子率兵侵犯齐国,半路上意外地与齐师相遇,被齐军打败。齐军以压倒性的优势追击,卫国新筑县的大夫仲叔于奚率领众人营救桓子,桓子才免于被擒。卫人用城邑奖赏仲叔于奚,于奚推辞,请求使用诸侯才能享用的钟磬,朝见国君时使用君王才能使用的繁缨装饰马匹。卫君答应了他的请求,并由三官记录下来。子路到卫国出仕,见到这样的政事,向孔子请教这件事。

孔子说:"可惜啊!还不如多给他城邑。只有礼器和名号不能随便给予他人,这是君主应该掌管的。名号显示出他为人的诚信可靠,诚信可靠才能守护住应有的礼器,礼器中蕴藏着礼的深刻含义,符合礼才能推行道义,秉持道义来产生利益,并使用这些利益去消除人间的不平,这是掌握政权最重要的准则。如果随便给予他人,就等于把执政权力给予他人,政治败落了,国家也会跟着败落,这是没有办法遏制的。"

曲礼子贡问第四十二

〔题解〕

本章题为"曲礼子贡问",主要内容是孔子对各种具体礼仪的看法,全章选文九篇。第一、五、六篇讲的是丧葬礼仪。第一篇表达了孔子对过于奢侈的丧葬准备的看法,他认为这样还不如死后让尸体迅速腐烂的好。第五篇里孔子看了吴国知礼者季子为其长子举办的丧葬礼,发现服装只用了应时的衣服,墓坑的宽度、深度和坟头的高度都合理,悼念之辞很简短,认为这是符合礼的。第六篇里孔子指出,在礼仪形式和感情的关系上,与其哀不足而礼有余,不如反之。第二篇讲的是对待钱财的正确方式。鲁国的南宫敬叔因为富有得罪了鲁定公而出逃,在返回鲁国后又载着财物去觐见鲁定公。孔子指出,富有却不懂得礼仪会招致祸患。第三篇是子贡请教管仲过于奢侈而晏婴过于节俭,二人谁更贤良?孔子说,二人都是贤大夫,但过于奢侈,他的上级为难,过于节俭,他的下属为难。第四篇讲的是子路请教贫穷难以尽孝的问题。孔子说,即使只能给父母吃粗劣的食物,只要尽力让他们心情愉悦,也是孝顺;即使只能为父母简单操办丧事,只要跟他的财力相称,也符合礼。第七篇和第八篇分别讲了孔子纠正弟子子路和儿子伯鱼守丧时不合礼的地方,孔子指出做得过度是不合礼的,于是矫正了二人的行为。第九篇,孔子指出国君和亲属之间应该服从宗法制度,国君不废弃跟亲属的关系,因而得到他们的崇敬和爱戴;族人则不能像亲近普通亲属那样亲近国君,以示谦卑。

　　孔子在宋,见桓魋自为石椁①,三年而不成,工匠皆病②。夫子愀然曰:"若是其靡也,死不如速朽之愈③。"
　　冉子仆,曰:"礼,凶事不豫,此何谓也乎?"④
　　夫子曰:"既死而议谥⑤,谥定而卜葬,既葬而立庙,皆臣子之事,非所豫属也⑥,况自为之哉?"

〔注释〕

　　①桓魋(tuí):春秋时期宋国(今河南商丘)人,官任司马,掌兵权。椁(guǒ):套在棺材外面的大棺材。
　　②病:古时称重病为"病",小病为"疾"。
　　③愈:比较好。
　　④冉子:姓冉,名求,字子有,尊称"冉子",孔子弟子。仆:御,这里指驾车(参用《春秋左传·文公十八年》)。豫:预先,事先。
　　⑤谥:谥号,古人以之体现对已死者生平的评价。
　　⑥属(zhǔ):同"嘱",嘱咐。

〔译文〕

　　孔子在宋国,见到桓魋为自己制造石椁,三年还没完成,工匠都累病了。孔夫子面色忧愁地说："如果这样奢侈，还不如死后尸身迅速腐朽更好。"

冉求边驾车边请教道："根据礼仪规定，丧事不事先准备，这是什么意思？"

孔夫子答："死去后才议定谥号，谥号定了才占卜合适的时间和地点下葬，葬礼以后再建立宗庙，这些都是臣下和子孙应该操持的事，不是死者生前提前安排的事情，又何况自己来做呢？"

南宫敬叔以富得罪于定公①，奔卫。卫侯请复之②。载其宝以朝。

夫子闻之，曰："若是其货也③，丧不若速贫之愈④。"

子游侍⑤，曰："敢问何谓如此？"

孔子曰："富而不好礼⑥，殃也⑦。敬叔以富丧矣，而又弗改，吾惧其将有后患也。"

敬叔闻之，骤如孔氏⑧，而后循礼施散焉⑨。

〔注释〕

①南宫敬叔：姬姓，南宫氏，鲁国人，孟僖子的儿子仲孙阅（参用王力《古代汉语》）。定公：姬姓，鲁襄公之子，鲁哀公之父，鲁国第二十五任国君。

②卫侯：据年份推算，当为卫灵公。

③货：货物，这里用作动词，指贿赂。

④丧：失去。

⑤子游:姓言,名偃,字子游,吴国人,孔子弟子。侍:陪同在尊长身边。

⑥好(hào):喜爱,亲近。

⑦殃:灾祸,灾难。

⑧如:往,到……去。

⑨礼:这里指社会规则、法则。

〔译文〕

南宫敬叔因为富有而得罪了鲁定公,出逃到卫国。卫灵公请求鲁定公恢复南宫的官职。于是,敬叔用车载着珍宝去朝见定公。

孔夫子听说了这件事,说:"如果是依靠财物行贿,丢掉了官职还不如迅速变穷更好。"

此时,子游陪同侍奉在孔子身边,请教道:"敢问老师为什么这样说?"

孔子回答说:"富裕而不遵从礼仪,是祸事。敬叔已经因为富有而丧失了官职,却又不知悔改,我恐怕他将来还要有祸患。"

敬叔听说了这件事,马上去见孔子,然后遵循礼仪规则将财货布施散发给百姓。

子贡问曰:"管仲失于奢①,晏子失于俭②。与其俱失也,二者孰贤?"

孔子曰:"管仲镂簋而朱纮③,旅树而反坫④,山节藻棁⑤。贤大夫也,而难为上。晏平仲祀其先祖,而豚肩不掩豆⑥,一狐裘三十年。贤大夫也,而难为下。君子上不僭上,下不偪下⑦。"

[注释]

①管仲:管氏,名夷吾,字仲,谥敬,又称管敬仲,齐桓公国相,辅佐桓公成为春秋五霸之首。

②晏子:晏婴,晏氏,字仲,谥平,史称晏子,又称晏平仲,齐国上大夫。

③簋(guǐ):商周时期重要的青铜礼器和食器,形似大碗,圆口、大腹、圆座,也有带耳和方座的(参用许嘉璐《中国古代衣食住行》)。天子、诸侯、大夫等可用簋的数量有一定规定。朱纮(hóng):古代帝王冠冕上的红色帽带。

④反坫(diàn):古代供人居住的主体建筑由外至内分为堂、室、屋三层,堂的东西两面有墙,南面无墙而只有两根柱子,叫作东楹和西楹(参用许嘉璐《中国古代衣食住行》)。两楹之间设有土台,矮的土台为诸侯放置酒杯之用。管仲非诸侯,而用反坫,是为僭越。

⑤山节藻棁(zhuō):古代天子宗庙所用装饰。山节:雕刻有山岳的斗拱。藻棁:画有水藻图案的梁上短柱。这里形容居处的豪华奢侈。

⑥豆:古代装食物的容器,也用于祭祀,形似高脚盘,托盘下面的高脚上有柄(参用许嘉璐《中国古代衣食住行》)。

⑦偪(bī):同"逼",逼迫。本句《家语》作"上不僭下,下不偪上",而《礼记·杂记下》作"上不僭上,下不偪下"。后者更符合孔子关于君臣关系和社会礼仪的观念和理论,今依《礼记》改。

[译文]

子贡问道:"管仲因为奢侈而有过失,晏子因为吝啬而有过失。与其说都有过失而全部否定,不如说说哪个更贤良?"

孔子答道:"管仲用雕有花纹的簋和帝王冠冕才用的红色帽带,在大门前树立影壁并用诸侯才能用的反坫,房屋的斗拱上刻有山形纹、短梁上绘有藻纹,十分奢侈。管仲是贤良的大夫,但是做他的上级会感到很为难。晏平仲祭祀先祖时所用的猪腿都盖不满下面的容器豆,一件狐皮衣服要穿三十年。晏子是贤良的大夫,但是做他的下属会感到很为难。君子对上不僭越使用上位者的礼仪,向下不使下位者为难。"

子路问于孔子曰:"伤哉!贫也。生而无以供养,死则无以为礼也。"

孔子曰:"啜菽饮水①,尽其欢心,斯谓之孝。敛手足形②,旋葬而无椁③,称其财④,斯谓之礼,贫何伤乎⑤?"

〔注释〕

①啜菽(shū)饮水:吃豆羹喝清水,形容生活清苦。啜:吃。菽:先秦时指豆类。

②敛手足形:收殓遗体。敛,收聚,这里指收殓。形,形体,躯体。手足形,指遗体。

③旋:即刻,很快。

④称(chèn):符合,相当。

⑤伤:妨害。

〔译文〕

子路向孔子请教道:"令人悲伤啊!贫困。父母在世的时候没有钱供养,他们亡后又没有钱周全葬礼的礼数。"

孔子答道:"即使只能让父母吃豆羹喝清水,生活清苦,但只要尽量使他们心情愉悦,这就可以认为是孝了。父母过世后收殓他们的遗体,很快就下葬,即使没有外棺,只要符合子女的财力情况,这就可以称作合乎礼了,贫穷又有什么关系呢?"

吴延陵季子聘于上国①,适齐,于其返也,其长子死于嬴、博之间②。

孔子闻之,曰:"延陵季子,吴之习于礼者也。"往而观其葬焉。其敛③,以时服而已④,其圹掩坎⑤,深不至于泉,其葬无明器之赠。既葬,其封广轮掩坎⑥,其高可肘隐也。既封,则季子乃左袒,右还其封,且号者三,曰:"骨肉归于土,命也。若魂气则无所不之,无所不之。"而遂行。

孔子曰:"延陵季子之于礼,其合矣。"

〔注释〕

①聘:诸侯使大夫问于诸侯(参用《礼记·曲礼下》),这里指受吴侯派遣出使齐国。上国:春秋时期的中原诸侯国。

②嬴、博:古邑名,在齐国。嬴,在今山东莱芜西北。博,在今山东泰

安东南。

③敛:收殓,为死者换衣服叫"小敛",入棺叫"大敛"。
④时:季节性的,当季的。
⑤圹(kuàng)、掩坎:均指墓穴。
⑥封:冢,坟头。

[译文]

吴国的延陵季子受吴王派遣出使中原地区的诸侯国,到齐国去,返程途中,他的长子死在齐国的嬴和博两城邑交界处。

孔子听说了这件事,说:"延陵季子,是吴国学习礼的人。"于是,便去看他为儿子举行葬礼。小敛,仅仅使用了当季的衣服,墓穴的深度没有到达地下水的深度,下葬时没有明器随葬。下葬以后,坟头的广度刚好盖住墓穴,高度抬起胳膊肘可以盖住。堆好坟头以后,季子袒露左侧胳膊,一边向右环绕坟头,一边大声呼喊三次,说的是:"骨肉归于尘土,是命啊。魂和气则无所不在,无所不在。"然后就离开了。

孔子说:"延陵季子的做法与礼是相合的。"

子游问丧之具①。
孔子曰:"称家之有亡焉②。"
子游曰:"有亡恶乎齐?"
孔子曰:"有也,则无过礼。苟亡矣,则敛手足形,还葬③,悬棺而封,人岂有非之者哉?故夫丧亡,与其哀不足而礼有余,不若礼不足而哀有余也。祭礼,与其敬不足而礼有余,不若礼不足而敬有余也。"

〔注释〕

①丧(sàng)之具:丧事的操办。具:备办,操办。
②称(chèn):相称,根据。亡(wú):无。
③还(xuán):通"旋",迅速,立即。

〔译文〕

子游请教如何操办丧事。

孔子说:"根据家里财产的多少来办就好。"

子游追问道:"财产有多有少,怎么做到都符合礼?"

孔子说:"富有的,不要超过礼的规定。如果贫困,就收殓遗体,迅速下葬,用绳子吊着将棺材下到墓穴里并堆起坟头,人们难道会有非议之辞吗?所以丧礼,与其哀伤不足而礼仪过度,不如礼仪不到位而哀伤有余。祭祀的礼仪,与其恭敬不足而礼仪过度,不如礼仪不足而恭敬有余。"

子路有姊之丧,可以除之矣,而弗除。

孔子曰:"何不除也?"

子路曰:"吾寡兄弟,而弗忍也。"

孔子曰:"行道之人皆弗忍。先王制礼,过之者俯而就之,不至者企而望之①。"

子路闻之,遂除之。

〔注释〕

①企:踮起脚,指向上。

〔译文〕

子路为姐姐服丧,到了可以脱去丧服的时候,却没有脱去。

孔子问:"为什么没有脱去丧服?"

子路答道:"我的兄弟少,所以不忍心按期脱去丧服。"

孔子说:"按照道行事的人都不忍心这样做。先王制定礼仪标准,是让行礼过度的人适当地控制自己的行为,而不足的人则要向上跟标准看齐。"

子路听说后,就脱去了丧服。

伯鱼之丧母也①,期而犹哭②。

夫子闻之,曰:"谁也?"

门人曰:"鲤也。"

孔子曰:"嘻!其甚也,非礼也。"

伯鱼闻之,遂除之。

〔注释〕

①伯鱼:即孔鲤,字伯鱼,孔子唯一的儿子。
②期(jī):周期,这里指一周年。

〔译文〕

孔鲤的母亲过世后,一周年了他还在哭泣。

孔夫子听到哭声,问道:"这是谁在哭?"

弟子回答说:"是孔鲤。"

孔子说:"啊!这就过度了,不符合礼。"

孔鲤听说后,就脱去了丧服,也不再哭泣了。

有若问于孔子曰[1]:"国君之于同姓,如之何?"

孔子曰:"皆有宗道焉。故虽国君之尊,犹百世不废其亲[2],所以崇爱也。虽于族人之亲,而不敢戚君[3],所以谦也。"

〔注释〕

①有若:名若,字子有,世称"有子",鲁国人,孔子弟子。
②百世:世世代代。世:古人以三十年为一世。
③戚:亲近,这里指像亲近普通的亲属一样亲近国君。

〔译文〕

有若向孔子请教道:"国君对待自己的同姓亲戚,应该怎么样?"

孔子答道:"这些都有宗法制度制约。所以虽然拥有国君的尊贵,仍然世世代代不废弃亲属关系,凭借这个获取崇敬和爱戴。虽然有同族之人的亲情,但跟国君有亲属关系的臣子不敢像亲近普通的亲属一样亲近国君,是通过这一方式表达谦卑。"

曲礼子夏问第四十三

〔**题解**〕

　　本章题为"曲礼子夏问",主要内容是有关丧葬祭祀礼仪的具体细节,全章选文八篇。第一篇是子夏询问周公如何以礼辅佐周成王。孔子指出,周公用教育世子的礼仪来教育自己的嫡子伯禽,以此让成王学习正确的父子、君臣和长幼之间的关系。只要这些关系建立得恰当,国家自然就会得到良好的治理。第二篇里,孔子指出人们在服丧时,出于身体健康的需要,可以洗澡和饮酒吃肉,君子居丧时不能毁坏身体。第三篇,子夏向孔子请教礼和仁的关系。孔子说,仁是制定礼的根据,对于礼仪一定要深入思考,二者要与社会的需求一致。第四篇里孔子为子贡解释了为父母居丧的三个层次,上等的是保持恭敬之心,中等的是哀伤的心情,而下等的是因哀伤过度而形容枯槁。第五篇孔子对比了殷人和周人的丧礼,认为周人的"反哭之吊"更合人情,殷人的"既练""而祔"更从容。第六篇里孔子评价东夷人少连和大连在为父母居丧上做到了"三日不怠,三月不解,期悲哀,三年忧",是知礼的。第七篇里子路在武叔母亲的丧礼上问孔子,武叔的行为是否合礼?孔子告诉子路,君子不能针对具体的人来评论事情的对错。第八篇讲的是晏婴为父亲守丧时,家臣说他的做法不符合大夫的守丧之礼,晏婴委婉地驳斥了这一说法。孔子认为,晏婴照顾到了人与人之间的关系,用谦逊的言辞规避了祸患。

子夏问于孔子曰:"记云①:周公相成王②,教之以世子之礼③,有诸④?"

孔子曰:"昔者成王嗣立,幼未能莅阼⑤,周公摄政而治⑥,抗世子之法于伯禽⑦,欲王之知父子君臣之道,所以善成王也。夫知为子者,然后可以为父;知为人臣者,然后可以为人君;知事人者,然后可以使人。是故抗世子法于伯禽,使成王知父子君臣长幼之义焉。凡君之于世子,亲则父也,尊则君也。有父之亲,有君之尊,然后兼天下而有之,不可不慎也。行一物而三善皆得者⑧,唯世子齿于学之谓也。世子齿于学,则国人观之,曰:'此将君我,而与我齿让,何也?'曰:'有父在,则礼然。'然而众知父子之道矣。其二曰:'此将君我,而与我齿让,何也?'曰:'有君在,则礼然。'然而众知君臣之义矣。其三曰:'此将君我,而与我齿让,何也?'曰:'长长也,则礼然。'然而众知长幼之节矣。故父在,斯为子;君在,斯为臣。居子与臣之位,所以尊君而亲亲也。在学,学之为父子焉,学之为君臣焉,学之为长幼焉。父子、君臣、长幼之道得,而后国治。语曰:'乐正司业⑨,父师司成⑩,一有元良,万国以贞⑪。'世子之谓。闻之曰:'为人臣者,曰杀其身有益于君,则为之。'况于其身,以善其君乎?周公优为也。"

〔注释〕

①记:文献记载。

②相:帮助,辅佐。成王:周朝第二位君主,周武王的儿子,周公的侄子。

③世子:天子、诸侯的嫡子。

④诸:"之""乎"的合音字。

⑤莅(lì)阼(zuò):登位执政,这里指独立处理政务。莅,到,临。阼,居室前有堂(高于庭院地面),筑有一东一西两个台阶,东阶即阼阶,为主人阶。天子登堂由阼阶而上。

⑥周公:姓姬,名旦,周文王第四子,周武王的弟弟,采邑在周,故称周公。摄政:管理政务。摄:把持,管理。治:治理好了。

⑦抗:对等,这里指按照天子传位的规矩办。伯禽:周公嫡子,鲁国第一任国君。

⑧行一物而三善皆得者:据《礼记·文王世子》改。

⑨乐正:周代统管王朝音乐和教育事务的官员。司:管理、负责。业:等于说业务,指某一领域的知识、技能。

⑩父师:太子的老师,掌管国学教育。成:成人,这里主要指完成了道德、礼仪、品行的培养。

⑪贞:正。

[译文]

子夏向孔子请教道:"文献记载上说'周公辅佐成王,用世子的礼仪来教导他,有这样的事吗?'"

孔子说:"从前成王继承王位时,因为年幼而不能独立处理政务,所以周公辅佐成王管理政务、治理好国家,并且按照天子传位的规矩来教导自己的嫡子伯禽,这样做是为了给成王做示范,让他了解父子、君臣之间的关系,以此帮助成王更好地成长。知道如何为人子,才可以做好别人的父亲;知道如何为人臣,才可以做好别人的君主;知道如何为他人工作,才可以更好地差使他人。所以,周公让成王相应地学习自己对伯禽的教育,是想让成王了解父子、君臣、长幼之间的恰当关系。国君对于嫡子而言,在亲情上是父亲,在尊卑上是君王。有父子之间的亲情,有君臣之间的尊卑,然后又要在治理好天下的情况下保持这两种关系,所以不可以不慎重。如果说有做一件事就能得到三方面好处的,那一定是指天子和诸侯的嫡子要学习长幼次序。世子学习长幼次序,那么国人看到,会问:'这个人将成为我的君王,却按长幼次序礼让于我,这是为什么?'答:'有父子关系在,那么按照礼仪应当如此。'这样百姓就知道得当的父子关系了。第二种情况是问:'这个人将要成为我的君主,却按长幼次序礼让于我,为什么?'答:'有君臣关系在,那么按照礼仪规定应当如此。'这样百姓就知道君臣之间的得当关系了。第三种情况仍是问:'这个人将成为我的君主,却按年龄次序礼让于我,为什么?'答:'尊重长者,按照礼仪应当如此。'这样百姓就知道长幼之间的礼仪规范了。有父亲在,才有儿子;有君主在,才有臣子。处于臣子和儿子的位置之上,就要尊奉君主,亲近父亲。在学业上,要学习如何对待父子关系,学习如何建立君臣关系,学习如何养成长幼关系。学会处理父子、君臣和长幼这三种关系,然后国家自然就会得到良好的治理了。古语有云:'乐正负责教育专业知识和技能,太子的老师负责培养道德、礼仪和品行,一旦有了大善至德的世子,所有诸侯国都会因此而建立起正确的关系。'这是在说世子的重要。我听说有这样的话:'做人的臣子,如果牺牲自己有益于君主,他就会去做。'又何况通过自己的努力来帮助君主更好地成长呢?周公做得真好啊!"

子夏问于夫子曰:"凡丧,小功已上①,虞袝练祥之祭皆沐浴。于三年之丧,子则尽其情矣。"

孔子曰:"岂徒祭而已哉?三年之丧,身有疡则浴②,首有疮则沐,病则饮酒食肉③。毁瘠而为病④,君子不为也。毁则死者,君子谓之无子⑤。且祭之沐浴,为齐洁也⑥,非为饰也。"

〔注释〕

①小功:丧服名,五服中的第四等,由稍微粗糙的熟麻布制成,服期五个月,服丧范围包括逝者的曾祖父母、伯叔祖父母、堂伯叔祖父母,未嫁祖姑、堂姑,已嫁堂姊妹,兄弟之妻,从堂兄弟及未嫁从堂姊妹;外亲为外祖父母、母舅、母姨等。五服是古代基于与逝者的亲疏关系而划分的服丧制度,共有五个层次,由亲及疏为斩衰(cuī)、齐衰、大功、小功、缌(sī)麻。

②疡(yáng)：疮，溃烂之处。
③病：古时称重病为"病"，小病为"疾"。
④毁瘠：在服丧时因过度哀伤而极度瘦弱。毁，服丧时过度哀伤而毁坏身体。瘠(jí)，身体瘦弱。
⑤君子谓为之无子：据《礼记正义·杂记下》改。儒家认为，身体发肤受之父母，不敢毁伤，所以因服丧以致毁伤身体是没有尽到身为人子的责任，故而叫作"无子"。
⑥齐(zhāi)：通"斋"，肃穆洁净。

〔译文〕

子夏向孔子请教道："凡是服丧，在小功以上的，虞祭、袝祭、练祭、祥祭时都要沐浴。在为父母守丧三年期间，子女要尽到哀伤地怀念父母之情。"

孔子答："哪里仅仅限于祭祀呢？服丧三年期间，孝子身体有溃烂之处可以洗身，头上有疮可以洗头，生病严重时可以喝酒吃肉。因服丧时过度哀伤而使身体极度瘦弱，以致造成重病，君子不会做这样的事。毁伤自己的身体等于是在寻死，君子认为这就相当于没有这个儿子。并且祭祀时要沐浴，是为了自身肃穆洁净，不是为了修饰自己。"

子夏问于孔子曰："客至，无所舍，而夫子曰：'生于我乎馆。'客死无所殡矣，夫子曰：'于我乎殡。'敢问礼与？仁者之心与？"

孔子曰："吾闻诸老聃曰：'馆人，使若有之，恶有有之而不得殡乎①?'夫仁者,制礼者也,故礼者不可不省也②。礼不同不异,不丰不杀③,称其义以为之宜④。故曰:'我战则克,祭则受福。'盖得其道矣。"

〔注释〕

①恶(wū):怎么,如何。
②省(xǐng):仔细深刻地思考。
③不丰不杀:不奢侈不吝啬。丰,丰盛,这里指奢侈。杀(shài),减省,这里指吝啬。
④称:相称,这里指符合。义:社会的道义和行为。宜:适宜,合适。

〔译文〕

子夏向孔子请教道:"有客人来,没地方住,老师您说:'由我提供客舍吧。'客人死了没有人殡殓,老师说:'由我来殡殓吧。'敢问这是遵从礼,还是出于仁爱之心?"

孔子说:"我听老聃说过:'为人提供客舍,就要让他感觉有所依归,哪里有有了依归却得不到殡殓的?'所谓仁心,是制定礼仪的依据。因此对于礼仪,不可以不仔细深刻地思考。礼仪既是不同的又是相同的,不奢侈也不吝啬,符合社会需要的道义和行为就是合宜的。所以有句话说:'我战斗就会胜利,祭祀就会得到庇佑。'这大概就是把握了以上道理才达到的效果吧。"

子贡问居父母丧①。

孔子曰:"敬为上,哀次之,瘠为下。颜色称情②,戚容称服③。"

曰:"请问居兄弟之丧?"

孔子曰:"则存乎书策矣。"

〔注释〕

①居:对待。

②颜:眉目之间,这里指脸色。称(chèn):符合,相符,相配。

③戚:悲哀,悲伤。容:仪容,容貌。

〔译文〕

子贡请教如何对待父母的丧事。

孔子说:"保持恭敬之心是最上等的,中等的是哀伤的心情,最下等的是因哀伤过度而形容枯槁。脸色要跟感情相符,悲哀的仪容要跟衣服相配。"

子贡接着问:"请问如何对待兄弟的丧事?"

孔子答道:"这些在书策中已有所记载。"

子贡问于孔子曰:"殷人既窆而吊于圹①,周人反哭而吊于家②,如之何?"

孔子曰:"反哭之吊也,丧之至也。反而亡矣,失之矣,于斯为甚,故吊之。死,人卒事也。殷以悫③,吾从周。殷人既练之明日④,而祔于祖⑤。周人既卒哭之明日⑥,而祔于祖。祔,祭神之始事也。周以戚⑦,吾从殷。"

〔注释〕

①窆(biǎn):埋葬逝者时下棺于墓穴之中。
②反:通"返",返回。
③慤(què):实在,真正(参用《周礼正义·檀弓下》郑玄注,孔颖达疏),意思是殷商的人在已故亲人的墓穴旁祭奠,因为刚刚把死者运送至此,并非其生前长期居住的环境,所以亲人才刚刚感觉到悲伤而尚未达到最强烈。
④练:练祭,又称小祥,父母过世十三个月时举行。
⑤祔(fù)祭:在宗祠家庙中举行祭祀。
⑥卒哭:古时丧葬礼仪,在父母过世后百日时举行卒哭祭。
⑦戚(cù):通"促",急速,这里指间隔时间短,仓促。

〔译文〕

子贡向孔子请教道:"殷商的人埋葬逝者以后即在墓穴旁祭奠死者,周朝的人返家以后哭着祭奠死者,哪一种更好?"

孔子说:"从墓地返回,哭着祭奠死者,是丧礼最悲伤的时候。亲属返回家中看到亲人没有了,已经失去他了,在这个时候悲伤的感受最为强烈,所以要祭奠他。死亡,是人生命的结束。殷人的做法尚未达到最悲伤之时,我选择周人的做法。殷人练祭之后的第二天,在宗祠中举行祔祭。周人则在卒哭祭的第二天,在宗祠举行祔祭。祔祭是祭祀人死后灵魂的开始。周人的做法过于仓促,我选择殷人的做法。"

子贡问曰:"闻诸晏子,少连、大连善居丧①,其有异称乎②?"

孔子曰:"父母之丧,三日不怠,三月不解③,期悲哀④,三年忧⑤。东夷之子⑥,达于礼者也。"

〔注释〕

①居丧:守丧服丧。
②异称:不同的地方,值得称道的地方。
③解(xiè):同"懈",松懈,懈怠。
④期(jī):周期,这里指一周年。
⑤忧:思,念。
⑥东夷:对黄河下游夷人方国的总称,是华夏民族的重要族源之一。

〔译文〕

子贡向孔子请教道:"我从晏子那里听说,少连和大连善于处理丧葬事宜,请问他们有什么特别称道的地方吗?"

孔子说:"对于父母的丧事,能做到三天不怠惰,三个月不懈怠,一周年时仍然哀伤,三年的时候仍然思念、忧伤。在东夷人之中,他二人是懂得礼仪的。"

叔孙武叔之母死①,既小敛②,举尸者出户③。武叔从之,出户乃袒,投其冠而括发④。子路叹之。

孔子曰:"是礼也。"

子路问曰:"将小敛则变服,今乃出户,而夫子以为知礼,何也?"

孔子曰:"汝问非也。君子不举人以质事。"

〔注释〕

①叔孙武叔:姬姓,叔孙氏,官至鲁国司马。
②小敛:丧礼之一,内容是在死者入棺而未加盖时为其沐浴,穿衣,覆衾等。
③户:单扇的门,连接室和堂的门。
④袒:行礼时脱去外衣左袖。冠:古代成年男子佩戴于头顶用以束发的发箍。括:结扎,捆束。

〔译文〕

叔孙武叔的母亲死了,小敛结束,负责抬尸身的人出门了。武叔跟着他们出来,出了内室的门以后才脱去外衣的左袖,扔掉发冠,并用麻绳捆起头发。子路叹了一口气。

孔子说:"这符合礼。"

子路问道:"将要小敛的时候就要改变装扮,现在已经出门了,夫子却认为他懂得礼,这是为什么?"

孔子答:"你问的方式不对。君子不针对具体的人来问事情的对错。"

齐晏桓子卒,平仲粗衰斩①,苴绖、带、杖,以菅屦②,

食粥,居傍庐③,寝苫枕草④。其老曰⑤:"非大夫丧父之礼也。"

晏子曰:"唯卿大夫。"

曾子以问孔子。

孔子曰:"晏平仲可谓能远害矣。不以己之是,驳人之非,逊辞以避咎,义也夫!"

〔注释〕

①衰斩:即斩衰,"五服"中最重、最粗糙的丧服,用最粗的生麻制成,以示哀思最深。

②苴绖(dié):着丧服时佩戴的用麻布制成的无顶冠和腰带。苴,麻的种子。绖,服丧期系在头上或缠在腰间的麻带。带:束衣的带子,这里指丧服中用麻布做成的腰带。杖:又称哀杖、丧杖、哭丧棒,丧礼过程中孝子手持,以表哀痛至深无法自持。菅屦(jù):用菅草编织的鞋,居丧时穿的鞋。

③傍庐:居丧期间,在坟墓旁边搭建的住处。傍(páng),同"旁",这里指坟墓旁边。

④苫(shān):用茅草编成的居丧时睡的草垫。

⑤老:大夫的家臣,这里指晏婴的家臣。

〔译文〕

晏桓子过世了,他的儿子晏婴穿着粗麻制成的斩衰孝服,佩戴无顶麻冠、麻布腰带,手持哀杖,穿着菅草编织的草鞋,吃粥,居住在坟墓旁边的草棚里,睡草垫,枕干草。晏婴的家臣说:

"这不符合大夫为父服丧的礼仪。"

晏子说:"只有卿才是大夫。"

曾子向孔子请教这件事。

孔子说:"晏平仲可以说是善于远离祸患了。不用自己的正确驳斥他人的过失,用谦逊的措辞规避过失,这是待人的正确方法。"

曲礼公西赤问第四十四

[题解]

　　本章题为"曲礼公西赤问",主要内容是丧葬和祭祀中的具体礼仪问题,选文十一篇。第一篇讲的是葬礼等级,士人如果因获罪而罢免职务,那么葬礼应该按士人等级办,如果是退休的,则应按退休前的职务等级办。第二篇讲的是古代的继承顺序,如果嫡子死了,应该立嫡孙,而非庶子。第三篇讲的是孔子为母亲办葬礼的细节,合葬父母时采取了鲁国习俗将夫妇葬在同一墓穴;在坟头的形式上采用了斧形,高一米左右;在听说坟墓因大雨而崩塌后,难过得说不出话来;在母亲辞世两年以后,仍然弹琴不成曲调。第四篇讲的是孔子在服丧期间,季氏的家臣阳虎来吊唁,跟孔子说季氏宴请士人而不请孔子,孔子用委婉的言语指出了阳虎言辞的不当。第五篇是孔子为鲁定公提供了吊唁颜回的礼仪建议,应自东阶而上,向尸而哭。第六篇讲的是孔子对陪葬器物的看法,他认为应该用明器,用活人使用的器物就接近于用活人殉葬了。第七篇也是讲这个问题,孔子认为用泥土和稻草制作的人马是出自善心,但用陶人就等于用活人殉葬了。第八篇讲的是孔子接受祥祭颜回的祭肉以后难过的心情。第九篇是讲孔子亲自主持秋祭的仪态,以及子贡对祭祀时仪态的疑问。第十篇讲的是子路为季氏主持祭祀时流程得当,孔子夸赞他知礼。第十一篇讲的是祭祀前斋戒十日的礼仪,前七天是散斋,应全心思考祭祀问题,后三天,是致斋应始终把慎思贯穿其中。

公西赤问于孔子曰①:"大夫以罪免,卒,其葬也,如之何?"

孔子曰:"大夫废其事②,终身不仕,死则葬之以士礼;老而致事者③,死则从其列④。"

〔注释〕

①公西赤:字子华,鲁国人,孔子弟子。《论语·先进·"侍坐"章》以公西华称之。而在该章中孔子称他为"赤"。这是因为《论语》为孔子弟子及再传弟子所编纂,所以用其字"华"称之,而孔子则直称其名。《家语》称其名,恐有误。

②废:废弃,罢止。其事:他的职责、事务。

③致事:古代常见词语,这里等于说辞职,意思是把事务、职责退还给君王。致:使……至。一本作"致仕",意为告老退休。

④列:位次,位序。这里指职位等级。

〔译文〕

公西赤向孔子问道:"大夫因罪过免职,死后,他的葬礼,该怎么办?"

孔子说:"大夫被罢免职务,一生不再出仕的,死后应该按照士人的礼仪来办葬礼;因年老而辞职的,死后应该按照他的职位等级举行葬礼。"

公仪仲子嫡子死①,而立其弟②。檀弓谓子服伯子曰③:"何居④?我未之前闻也。"

子服伯子曰:"仲子亦犹行古人之道。昔者文王舍伯邑考而立武王,微子舍其孙腯⑤,立其弟衍。"

子游以问诸孔子。子曰:"否,周制立孙。"

〔注释〕

①公仪仲子:人名,鲁国贵族,与鲁国同姓,字仲子。嫡子:正妻所生的长子。

②其弟:指公仪仲子嫡子的弟弟,即公仪仲子的庶子。

③檀弓:人名,鲁国一位懂礼的人。子服伯子:人名,鲁国大夫。

④居:语气助词,类似于"乎""也"。

⑤腯(tú):人名。

〔译文〕

公仪仲子的嫡子死了,仲子便立了自己的庶子做继承人。檀弓问子服伯子说:"这是什么道理?我以前从没听说过可以这样。"

子服伯子说:"仲子也是遵循古人之道。从前文王不立伯邑考而立了武王。微子不立他的孙腯,而立了庶子衍作为继承人。"

子游就此事向孔子请教。孔子说："不是这样的,周代的制度是应该立嫡孙。"

孔子之母既丧,将合葬焉。曰:"古者不祔葬①,为不忍先死者之复见也。《诗》云:'死则同穴。'自周公已来,祔葬矣②。故卫人之祔也,离之,有以间焉。鲁人之祔也,合之,美夫,吾从鲁。"遂合葬于防。

曰:"吾闻之,古者墓而不坟。今丘也,东西南北之人,不可以弗识也③。吾见封之若堂者矣④,又见若坊者矣,又见若覆夏屋者矣,又见若斧形者矣。吾从斧者焉。"于是封之,崇四尺⑤。

孔子先反虞⑥,门人后。雨甚,至墓崩,修之而归。孔子问焉,曰:"尔来何迟?"对曰:"防墓崩。"孔子不应。三云,孔子泫然而流涕⑦,曰:"吾闻之,古不修墓。"及二十五月而大祥⑧,五日而弹琴不成声,十日过禫而成笙歌⑨。

[注释]

①祔(fù)葬:先秦葬礼之一,这里指合葬。祔,"后死者合食于先祖"(《说文解字》)。"先祖",指先祖的"主",类似后代拜祭祖先的牌位。
②《诗》:指《诗经·王风·大车》。
③识(zhì):动词,这里指能够指认。

④封之:指聚土筑坟。堂:山之宽平处,这里指宽平的形状。
⑤尺:周代和秦朝一尺大约相当于现在的23厘米,四尺大约为1米。
⑥虞:安葬之后的祭祀,用以安顿逝者灵魂。
⑦泫(xuàn):水珠流下来的样子,这里形容落泪的样子。
⑧大祥:丧祭礼,父母过世后,两年(实为二十五个月)而后祭为大祥。
⑨禫(dàn):祭名,脱去丧服的祭礼,跟大祥礼间隔一个月。

[译文]

　　孔子的母亲过世了,将要和孔子的父亲合葬。孔子说:"古代不合葬,是因为不忍心再见到先死的亲人。《诗》上说:'死则同穴。'所以自周公以来,开始实行合葬。卫国人的合葬,夫妇的棺椁分别在两个墓穴,仍有间隔。鲁国的合葬,夫妇在同一墓穴,这样好啊,我将按照鲁国的规矩办。"于是,将父母合葬在防山。

　　孔子说:"我听说,古代建墓而不堆坟头。现在孔丘,是奔波于四方之人,不可以不能指认安葬自己父母的地点,所以必须要堆起坟头。我见过有的坟头堆成宽平的形状,见过像堤防形状的,也见过像有漫坡的夏代屋顶的,还见过像斧头形状的。我想堆成斧头形状的。"于是堆起坟头,高一米。

　　孔子先返回家中,举行虞祭,门人留下处理善后事宜。雨很大,致使墓穴崩塌,于是他们修复了墓穴以后才回来。孔子问他们说:"你们为什么回来迟了?"门人们答道:"是为了防止墓穴崩塌。"孔子不再回应。门人说了三次,孔子的泪珠夺眶而出流了下来,说:"我听说,古时不修墓穴。"到了第二十五个月举行大祥祭,那之后的五天孔子弹琴仍弹不成曲调,直到禫祭举行过十天以后,他吹笙的声音才能形成曲调。

　　孔子有母之丧,既练①。阳虎吊焉②,私于孔子曰:"今季氏将大飨境内之士③,子闻诸?"

　　孔子答曰:"丘弗闻也。若闻之,虽在衰绖④,亦欲与往。"

　　阳虎曰:"子谓不然乎?季氏飨士,不及子也。"

　　阳虎出,曾参问曰:"语之何谓也?"

　　孔子曰:"己则丧服,犹应其言,示所以不非也。"

〔注释〕

①既:已经。练:练祭,又称小祥,父母过世十三个月时举行。
②吊:吊唁,慰问死者亲属。
③季氏:即季孙氏。飨(xiǎng):设酒食款待。
④衰(cuī)绖(dié):指丧服。衰,丧服。绖,服丧期间戴在头上或系在腰间的麻带。

〔译文〕

　　孔子的母亲去世了,练祭完毕。阳虎来吊唁,私下对孔子说:"现在季氏要设酒食款待境内的士人,您听说这件事了吗?"

　　孔子回答说:"孔丘没有听说。如果听说了,虽然在服丧,也想前去参加。"

　　阳虎说:"您说的何尝不是?季氏款待士人,却不把您算在内。"

阳虎出去后,曾参问道:"您的话是什么意思?"

孔子说:"我在服丧,还回应他的话,是表示我没有责怪他说出违反礼数的话。"

颜回死,鲁定公吊焉①,使人访于孔子。

孔子对曰:"凡在封内,皆臣子也。礼,君吊其臣,升自东阶②,向尸而哭,其恩赐之施,不有筭也③。"

〔注释〕

①鲁定公:鲁国第二十五任君主,孔子曾陪同他参加齐鲁的"夹谷会盟"。

②东阶:古代居室前有堂,是主客相会的地方。堂高出庭院地面,筑有两个台阶,一东(右)一西(左)。东阶本为主人所登,孔子请定公走东阶,即不以他为客,因为他是封内之主,颜回、孔子都是他的臣子。

③筭(suàn):同"筹""算",计算。

〔译文〕

颜回死了,鲁定公想去吊唁,派人向孔子询问相关礼节。

孔子回答说:"所有在封地境内的,都是国君的臣子。礼仪是,国君吊唁臣子,从东面的台阶登上堂,面向尸身哭泣,这样所施的恩惠,就很大了。"

原思言于曾子曰①:"夏后氏之送葬也②,用明器③,

示民无知也;殷人用祭器,示民有知也;周人兼而用之,示民疑也。"

曾子曰:"其不然矣。夫以明器,鬼器也;祭器,人器也。古之人胡为而死其亲也?"

子游问于孔子。

曰:"之死而致死乎④,不仁,不可为也;之死而致生乎,不智,不可为也。凡为明器者,知丧道矣。备物而不可用也,是故竹不成用,而瓦不成膝,琴瑟张而不平,笙竽备而不和,有钟磬而无簨簴⑤。其曰明器,神明之也。哀哉!死者而用生者之器,不殆于用殉也⑥。"

[注释]

①原思:即原宪,字子思,孔子弟子。

②夏后氏:指夏朝,中国第一个世袭王朝,史称"夏后氏","后"是"君"的意思。

③明器:又称盟器、冥器,古代殉葬的器物。

④之:往。

⑤簨(sǔn)簴(jù):又作"簨虡",挂钟磬的架子。

⑥殆:近乎,几乎。

[译文]

原思对曾子说:"夏后氏送葬的器物,使用明器,是向人表明死者无知;殷人用祭祀的器物,是向人表明死者有知;周代的人两种都用,是表明不确定死者是否有知。"

曾子说:"恐怕不是这样。因为冥器,是鬼用的器物;祭器,是人用的器物。古人为什么要让自己的亲人在死后无知呢?"

子游向孔子请教这件事。

孔子说:"把死去的亲人当作死人祭祀,这不符合仁爱之道,不能这样做;把死去的亲人当作活人祭祀,是不明智的,也不能这样做。但凡准备了明器殉葬的,是懂得丧葬的礼仪。虽然准备了器物,但却没有精细到可以供人使用的程度,所以有竹编的器物却不能用,有瓦却没有经过烧制,有琴瑟且拉上了弦却不把弦拉紧而无法弹奏,笙竽虽然有外形但音律不协调而无法演奏,有钟磬却没有把它们挂起来的架子。所以把它们叫作'明器',是说把死者当作神明一样对待。悲哀呀!给死者用生者的器物,这不是近乎用活人殉葬了吗?"

子游问于孔子曰:"葬者涂车刍灵①,自古有之。然今人或有偶②,是无益于丧。"

孔子曰:"为刍灵者,善矣;为偶者,不仁。不殆于用人乎?"

〔注释〕

①涂车:泥车,古代送葬用的明器。刍(chú)灵:古代送葬用的茅草扎的人马。

②或:有人,有的。偶:陶俑。

〔译文〕

　　子游向孔子请教道:"送葬的泥车和茅草人马,自古就有。然而现在有的人却制作陶俑,这样做对丧葬没有好处。"

　　孔子说:"用泥草制作人马,是出自善心;而制作陶俑,就是不仁了。这不就近乎用活人陪葬了吗?"

　　颜渊之丧既祥,颜路馈祥肉于孔子①,孔子自出而受之。入,弹琴以散情,而后乃食之。

〔注释〕

　　①颜路:孔子的弟子,颜渊的父亲。

〔译文〕

　　颜渊的丧礼已经完成祥祭,颜路给孔子送来用于祥祭的肉,孔子亲自出来接受。进屋后,先弹琴疏解情绪,然后才吃肉。

　　孔子尝①,奉荐而进②,其亲也悫③,其行也趋趋以数④。已祭,子贡问曰:"夫子之言祭也,济济漆漆焉⑤。今夫子之祭,无济济漆漆,何也?"

　　孔子曰:"济济者,容也远也;漆漆者,以自反。容以远。若容以自反,夫何神明之及交?必如此,则何济济漆漆之有?反馈乐成⑥,进则燕俎⑦,序其礼乐,备其百官,于是君子致其济济漆漆焉。夫言,岂一端而已哉⑧?亦各有所当⑨。"

〔注释〕

①尝:尝祭,即秋祭,是每年农历八月祭拜天地、祖先和过世亲人的祭礼。

②荐:进献,指进献祭品。

③悫(què):实,这里指所献供品实在洁净。

④趋(qū):微弓上身,小步快行,以示尊敬。数(shuò):快速。

⑤济济:庄严、恭敬的样子。漆漆(qiè):谨慎、戒惧的样子。济济漆漆,这里的意思大约指过于严肃、外在,多礼仪而少情感。

⑥反:返回,回来。馈:进献食物,这里指进献祭品。成:乐曲一终为一成,这里指完成一曲乐曲。

⑦燕俎(zǔ):宴饮,宴席。燕,通"宴"。俎,礼器,形状似几,用以承载牺牲。

⑧端:顶头,头端。

⑨当(dàng):恰当,适合。

〔译文〕

孔子举行秋祭,恭敬地捧着祭品行进,亲自操办,所献供品都很洁净,他微弓上身,小步快走,以示恭敬。祭祀完毕,子贡问道:"老师您说祭祀,要仪态庄严恭敬、仪容端庄整肃。现在老师祭祀,并不是仪态庄严恭敬、仪容端庄整肃的样子,这是为什么?"

孔子说:"所谓济济,是说庄严恭敬的样子;所谓漆漆,是谨慎戒惧。仪容应该庄恭。如果仪容戒惧,怎么跟神明相交呢?一定要这样的话,哪里能够仪态庄严恭敬、仪容端庄整肃呢?天子诸侯的宗庙大祭,先在庙堂上荐血腥,向尸主献酒,再返回庙室举行馈食礼,乐舞合成,进献笾豆和肉俎,依序安排礼乐,让助祭的官员准备好,在这样的场合君子自然就仪态庄严恭敬、仪容端庄整肃了。我说的那句话难道只有一层意思吗?它也各有适用的场合。"

子路为季氏宰。季氏祭,逮昏而奠①,终日不足②,继以烛。虽有强力之容,肃敬之心,皆倦怠矣。有司跛倚以临事③,其为不敬也大矣。

他日祭,子路与焉。室事交于户④,堂事当于阶⑤。质明而始行事⑥,晏朝而彻⑦。

孔子闻之,曰:"以此观之,孰为由也而不知礼!"

〔注释〕

①逮昏:迫近黄昏的时候。逮,及也,这里指等到,临近。奠:摆放祭物。

②终日:由黄昏到子夜。

③有司:主管,这里指主管祭礼某一方面事务的家臣。跛:腿脚行动不便,一瘸一拐。倚:靠着某物,这里指已无力正常地直立。

④室事:这里指举行祭祀时需在室内进行的事务。交:指交接祭物、祭器。户:单扇的门,这里指屋室的门口。

⑤堂事:指需在堂上进行的事。当:面对着。

⑥质明:天刚亮。质:正。

⑦晏朝(zhāo):黄昏。彻:指撤去祭祀所用的祭物、祭器。

〔译文〕

　　子路在季氏做家臣总管。季氏祭祀,迫近黄昏的时候就开始摆放祭物,从黄昏一直持续到子夜还没完,又点燃蜡烛继续进行。参与祭祀的人虽然还有强而有力的仪容,谨慎恭敬的心,但是都疲倦懈怠了。主事者步伐不稳,无法正常直立着行事,这种样子是很大的不敬。

　　后来举行祭祀,子路参与其中。在室内举行的祭祀事务,在室屋的门口完成祭物、祭器的交接;在堂屋举行的事务,在堂外西面的台阶上完成交接,秩序井然。天亮开始举行仪式,黄昏就撤去了祭物、祭器,结束祭祀。

　　孔子听说了这件事,说:"由此看来,谁说仲由不懂礼!"

　　季桓子将祭,齐三日①,而二日钟鼓之音不绝。冉有问于孔子。

　　子曰:"孝子之祭也,散斋七日,慎思其事,三日致斋而一用之②,犹恐其不敬也,而二日伐鼓,何居焉③?"

〔注释〕

　　①齐(zhāi):通"斋",斋戒,在举行祭祀或其他庄重事情前整肃己心、洁净其身的礼仪。斋戒共十日,前七日为"散斋",后三日为"致斋",需独居、静谧、思念先人、反省自心。

曲礼公西赤问第四十四　|　371

②致:到达。一用之:指始终把"慎(敬)思"贯穿其中。
③伐:敲击。

[译文]

季桓子将要祭祀,斋戒三天,其中两天还有钟鼓奏乐的声音。冉有向孔子请教这件事。

孔子说:"孝子举行祭祀,散斋七天,要谨慎地思考祭祀的事情,致斋的三天要始终把慎思贯穿其中,这样还恐怕自己不够恭敬,却有两天在敲鼓奏乐,把敬慎怀念之心放在哪里了呢?"